21世纪高职高专会计类专业课程改革规划教材

出纳实务

主　编　蔡　蓉
副主编　毕克如　刘　宁

中国人民大学出版社
·北京·

前言

“出纳实务”是会计相关专业的基础课程，是财会课程的先行课，是为培养和提高学生处理出纳业务的实际能力而设置的一门职业技术课程。在一般人看来，出纳的工作再平常不过，就是点点钞票、填填支票、跑跑银行等事务性工作。但事实并非如此，出纳工作不仅是会计工作中必不可少的组成部分，而且需要一定的专门技术。

本教材的编写在内容上打破了传统章节教材模式，构建了以职业岗位能力为导向的项目教学教材体系，更贴近出纳岗位工作流程；教材中所选用的会计核算资料均采集于企业出纳岗位上经常发生的、真实的经济业务，根据工作项目确定教材编写项目，根据岗位工作任务确定学习性的工作任务。本教材以出纳岗位处理业务的工作顺序来组织编写，目的是让教材使用者在学习中就接触出纳岗位，熟悉和使用真实的出纳会计资料，增强感性认识，为今后走上出纳岗位、胜任出纳工作奠定良好的基础。

本教材是真正意义上仿真度极高的出纳实务教材，按照出纳工作的流程，将出纳岗位的日常工作分解成若干项目，每个项目内容的设计以工作任务为载体，每个工作任务又分为若干情景，每个情景下又以活动设计引出教学内容，具有很强的可操作性。

本教材由辽宁商贸职业学院蔡蓉任主编，负责构建教材总体框架，制定写作大纲及总纂定稿，由大连财经学院毕克如和辽宁商贸职业学院刘宁担任副主编。

由于编者水平有限，书中不足之处在所难免，恳请各位专家、读者批评指正。

编者

2014 年 6 月

目 录

项目一 出纳岗位描述

能力目标

1. 了解出纳的社会含义；
2. 熟悉出纳工作的特点、职责和工作流程；
3. 了解出纳机构的设置、出纳人员的基本素质要求和职业规划。

知识准备

出纳是商品经济的产物。随着商品经济的发展，很多兑换商通过兑换货币取得高额报酬，他们以此作为积累财富的手段，不断扩大自己的业务，并将这些财富作为资本办理存、放款业务，于是就有了专门为商人从事货币兑换及收付业务的工作，这便是社会出纳的产生。

如今，企业员工领取工资，业务人员报销有关差旅费用，采购物品支付各种材料货款等，这一系列的经济活动都与货币资金的收付、往来结算密不可分。如何对这些货币进行有效的管理，保证其安全、完整，把钱用在刀刃上，就成为各企事业单位财务管理的首要问题。这便是单位出纳的由来。从事出纳工作，首先要了解什么是出纳，什么是出纳工作，在我们的社会经济生活中出纳具体指的是什么。

一、出纳的社会含义

出纳是会计工作必不可少的组成部分，是出纳人员按照国家有关法规和企业的规章制度管理货币资金收支结算的经济活动。出纳工作是出纳概念的一个核心内容，是企事业单位的票据、货币资金和有价证券等的收付、保管、核算工作的总和。它既包括各单位会计部门专设出纳机构的各项票据、货币资金、有价证券的整理和保管，货币资金和有价证券的核算等工作；也包括各单位业务部门的货币资金收付、保管等方面的工作。

但通常所说的出纳，大多是指从事出纳工作的出纳人员。从广义上讲，出纳人员既包括会计部门的出纳工作人员，也包括业务部门的各类收款员（收银员）。因为收款员（收银员）从其工作内容、方法、要求，以及他们本身应具备的素质等方面看，与会计部门的专职出纳人员有很多相同之处，故同样属于出纳人员的范畴。首先，无论是出纳人员还是各类收款员（收银员），他们的主要工作是填制和审核原始凭证、办理货币资金和各种票据的收入，保证自己经手的货币资金和票据的安全与完整；其次，各类收款员（收银员）由于同样是直接与货币打交道，所以除了要有过硬的出纳业务知识外，还必须具备良好的财经法纪素养和职业道德修养。所不同的是，各类收款员（收银员）一般工作在经济活动的第一线，各种票据和货币资金的收入，特别是货币资金的收入，通常是由收款员（收银员）转交给专职出纳的；收款员（收银员）的工作过程是收入、保管、核对与上交，一般不专门设置账户进行核算。因此也可以说，收款员（收银员）是出纳或会计机构的派出人员，他们是各单位出纳队伍中的一员，他们的工作是整个出纳工作的一部分。

二、出纳工作的特点

出纳岗位直接与货币资金接触，与社会各方有直接的经济利益关系，因此它不同于一般的会计工作，有其相对独立的工作属性，同时还具有自身的特点，主要表现在以下四个方面。

（一）广泛的社会性

出纳工作担负着一个单位货币资金的收、付、存、取任务，而这些任务的完成是置身于整个社会经济活动的大环境之中的，是和整个社会的经济运转相联系的。只要这个单位发生经济活动，就必然要求出纳人员与之发生经济关系。如出纳人员要了解国家有关财会政策法规并参加这方面的学习和培训，要经常去银行办理业务等。因此，出纳工作具有广泛的社会性。

（二）较强的专业性

出纳工作作为会计工作的一个重要岗位，有着专门的操作技术和工作规则。如何填制、审核会计凭证，如何登记现金日记账、银行存款日记账，如何编制银行存款余额调节表，如何收付现金，如何签发支票、办理银行结算都很有学问，就连保险柜的使用与管理也是很讲究的。因此，要做好出纳工作，一方面要求受过一定的职业教育；另一方面也需要在实践中不断积累经验，掌握工作要领，熟练使用现代化办公工具，只有这样才能成为一名合格的出纳人员。

（三）全面的政策性

出纳工作是一项政策性很强的工作，工作的每一个环节都必须依照国家有关规定进行。如办理现金收付要按照国家现金管理规定进行，办理银行结算业务要根据国家支付结算办法进行。《中华人民共和国会计法》（以下简称《会计法》）、《会计基础工作规范》等法规都把出纳工作并入会计工作中，并对出纳工作提出具体规定和要求。出纳人员不掌握这些政策法规，就做不好出纳工作；不按这些政策法规办事，就违反了财经纪律。

（四）严格的时间性

出纳工作具有很强的时间性，何时发放职工工资，何时核对银行对账单等，都有严格的时间要求，一天都不能延误。因此，出纳人员心里应有个时间表，及时办理各项工作，保证出纳工作质量。

三、出纳人员的工作内容

出纳人员的工作内容与其工作权限相一致，但由于不同单位的组织形式不同，其具体的工作范围也不尽相同。各个单位的特点不同，资金运作也各有其特殊性，但只要有货币资金的收付，就要有出纳，出纳工作的目的就是让单位的钱“来得清清楚楚，用得明明白白”。因此，出纳人员的工作内容主要集中在以下两点。

（一）货币资金收支的核算

出纳核算工作包括两个方面：一是日常收支业务的办理；二是收支业务的账务核算。

（1）日常收支业务包括：现金的收支；银行存款结算业务的办理；现金、各种有价证券、支票、结算凭证、自制票据和有关印章的保管；发票的开具；其他与货币资金有关的事宜。

（2）收支业务的财务核算包括：与现金及银行存款有关的记账凭证的编制；现金日记账、银行存款日记账、发票领用登记簿、其他与货币资金相关的备查簿的登记；出纳日报表、银行存款余额调节表的编制等。

（二）货币资金收支的监督

货币资金收支过程中会面临很多消极因素，为了保证货币资金收支的安全，必须对其实施有效的监督。出纳监督是指依据国家有关的法律法规和企业的规章制度，在现行会计准则规定的工作权限内，坚决抵制不合法的收支和弄虚作假的行为。一名合格的出纳人员，应当保证所经手的货币资金收支业务合法、合理，保护单位的经济利益不受侵害。

四、出纳人员的职责

出纳是会计工作的重要环节，涉及现金收付、银行结算等活动，而这些又直接关系到职工个人、单位乃至国家的经济利益，工作出了差错，就会造成不可挽回的损失。因此，明确出纳人员的职责和权限，是做好出纳工作的基本条件。根据《会计法》、《会计基础工作规范》等法规的规定，出纳人员具有以下职责：

（1）按照国家有关现金管理和银行结算制度的规定，办理现金收付和银行结算业务。出纳人员应严格遵守现金开支范围，非现金结算范围不得用现金收付；遵守库存现金限额，超限额的现金按规定及时送存银行；现金管理要做到日清月结，账面余额与库存现金每日下班前应核对，发现问题，及时查对；银行存款日记账与银行对账单也要及时核对，如有不符，在确认企业记账无误后，应立即通知银行调整。

（2）登记现金日记账和银行存款日记账。根据会计制度的规定，在办理现金和银行存款收付业务时，要严格审核有关原始凭证，再据以编制收付款凭证，然后根据编制的收付款凭证，逐日逐笔续时登记现金日记账和银行存款日记账，并结出余额。

（3）掌握银行存款余额，不准签发空头支票，不准出租、出借银行账户为其他单位办理结算。这是出纳人员必须遵守的一条纪律，也是防止经济犯罪、维护经济秩序的重要方面。出纳人员应严格支票和银行账户的使用与管理，从出纳这个岗位上堵塞结算漏洞。

(4) 按照国家外汇管理和结汇、购汇制度的规定及有关批件，办理外汇出纳业务。外汇出纳业务是政策性很强的工作，随着改革开放的深入发展，国家间经济交往日益频繁，外汇出纳也越来越重要。出纳人员应熟悉国家外汇管理制度，及时办理结汇、购汇、付汇，避免国家外汇损失。

(5) 保管库存现金和各种有价证券（如国库券、债券、股票等）的安全与完整。要建立适合本单位情况的现金和有价证券保管责任制，如发生短缺，属于出纳人员责任的要进行赔偿。

(6) 保管有关印章、空白收据和空白支票。印章、空白票据的安全保管十分重要，在实际工作中，因丢失印章和空白票据给单位带来经济损失的不乏其例。对此，出纳人员必须高度重视，建立严格的管理办法。通常，单位财务专用章和法人名章要实行分管，交由出纳人员保管的出纳印章要严格按规定用途使用，各种票据要办理领用和注销手续。

五、出纳机构的设置与人员配备

（一）出纳机构的设置

我国《会计法》对各单位会计、出纳机构的设置和人员配备没有做出硬性规定，而是要求各单位根据实际需要来设定。各单位应当结合自身经济活动的特点、规模和业务量的大小以及会计人员数量等设置出纳机构，配备必要的出纳人员，建立健全出纳规章制度和岗位责任制。出纳机构一般设置在会计部门内部，如各单位的会计（财务）部门内设置专门处理出纳业务的出纳科、出纳组、出纳室；规模小、人员少、业务简单的单位，可以只指定一名专职或兼职的出纳人员。无论采用何种形式，因出纳工作的特殊性，一般也要设立专门的办公场所，习惯上称为出纳室或出纳组。

（二）出纳人员配备

出纳人员配备的数量，主要取决于单位出纳业务量的大小及繁简程度，要以业务需要为前提，既要满足出纳工作量的需要，又要避免徒具形式、人浮于事的现象。一般可以采取以下三种形式：

(1) 一人一岗：适用于规模不大的单位，出纳工作量不大，可设专职出纳人员一名。

(2) 一人多岗：适用于规模较小的单位，出纳工作量较小，可设兼职出纳人员一名。无条件单独设置会计机构的单位，至少要在有关机构中（如单位的办公室、后勤部门等）配备兼职出纳人员一名。但兼职出纳人员不得兼管收入、费用、债权债务账目的登记工作及稽核工作和会计档案保管工作。

(3) 一岗多人：适用于规模较大的单位，出纳工作量较大，可设多名出纳人员，如分设管理收付的出纳员和管账的出纳员，或分设现金出纳员和银行结算出纳员等。

六、出纳人员的基本素质要求

出纳岗位具有特殊性，整天与金钱打交道，没有良好的职业道德和政策水平，很难适应市场经济条件下复杂的社会环境，很难抵制金钱主义的不良影响。此外，如果没有娴熟的专业技能，也不能胜任烦琐、细致的出纳工作。

（一）具有基本的从业资格

会计人员上岗实行会计从业资格证书管理制度，出纳人员也必须先取得会计从业资格证书。出纳人员和所有的会计人员一样，必须持有财政部门颁发的会计从业资格证书，未取得会计从业资格证书的人员不得从事出纳工作。任何单位和个人不得聘用无会计从业资格证书的人员从事出纳工作，不得伪造、转借会计从业资格证书。

（二）具有良好的职业道德修养

出纳工作是一项重要的基础工作，会计职业道德是出纳人员在工作中正确处理人与人、人与社会关系的行为规范。它主要包括以下几个方面的内容：

（1）敬业爱岗。出纳人员应当热爱本职工作，努力钻研业务，使自己的知识和技能适应所从事工作的要求。

（2）依法办事。出纳人员应当按照会计法律、法规和国家统一会计准则规定的程序与要求进行会计工作，保证提供的会计信息合法、真实、准确、及时和完整。

（3）客观公正。出纳人员在办理会计事务中，应当实事求是、客观公正。

（4）搞好服务。出纳人员应当尽其所能，为改善单位的内部管理、提高经济效益服务。

（5）保守秘密。出纳人员应当保守本单位的商业秘密，除法律规定和单位领导同意外，不得私自向外界提供或泄露单位的会计信息。

（6）清正廉洁。清正廉洁是出纳人员的立业之本，是出纳人员职业道德的首要素养。出纳人员掌握着一个单位的现金和银行存款，若把公款据为己有或挪作私用，均有便利的条件和较多的机会。同时，外部的经济违法分子也往往会在出纳人员身上打主意，施以小惠，拉其下水。在现实生活中，有少数出纳人员利用职务之便贪污或挪用公款，到头来既害了集体也害了自己。

（7）坚持原则。为了保障国家和集体的利益，出纳人员要真正肩负起出纳监督的职责，在出纳工作中坚持原则，自觉抵制不正之风，为维护正常的会计工作秩序贡献自己的力量。

（三）具有较高的政策水平

出纳工作涉及的“规矩”很多，有《会计法》及各种会计制度、现金管理制度及银行结算制度、《会计基础工作规范》、成本管理条例及费用报销额度、税收管理制度及发票管理办法，以及本单位的财务管理规定等。做好出纳工作的第一件大事就是学习、了解、掌握财经法规和制度，提高自己的政策水平。出纳人员只有努力掌握政策法规和制度，明白自己哪些该干、哪些该抵制，工作起来才会得心应手，不会犯错。

（四）具有过硬的业务技能

作为专职出纳人员，不但要具备处理一般会计事务的基本财会知识，还要具备较高的处理出纳事务的专业知识水平和较强的数字运算能力。出纳的数字运算往往在结算过程中进行，要按计算结果当场开出票据或收付现金，速度要快，且不能出错。

（五）具有极强的安保意识和相应的安保常识

现金、有价证券、票据、各种印鉴，既要有内部的保管分工，各负其责，相互牵制；又要有对外的保管措施，从办公房间的建造，门、屉、柜的锁具配置，到保险柜密码的管理，都要符合保管的要求。出纳人员要密切配合安保部门的工作，同时要增强自身的安保意识，学习安保知识，把保护自己分管的公共财物的安全、完整作为首要任务来完成。

七、出纳的工作流程

出纳人员每天要处理大量的经济业务，协调各方面的经济利益关系，如何才能提高工作效率，保证工作质量呢？这就需要制定一个合理而有效的工作流程，使得出纳工作有条不紊地进行，满足单位财务管理的需要。

（一）出纳与会计分开办公的工作流程

有些单位的出纳和会计是分开办公的，一般情况下，货币资金的收付业务都是先由出纳进行处理，再将收付款的原始凭证传递给会计，会计再据此编制记账凭证，登记分类账簿。在这种工作方式下，出纳的工作流程如下所示。

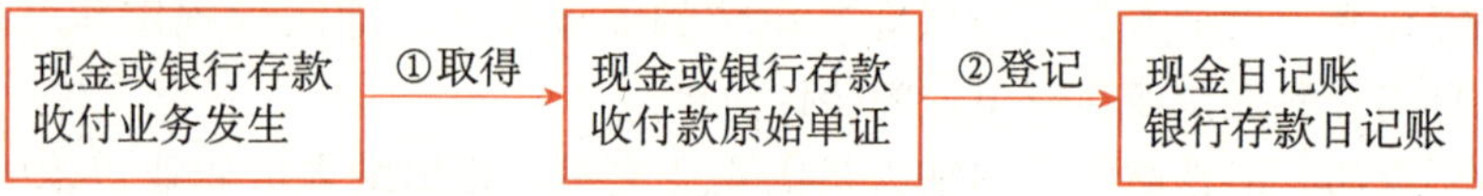

（二）出纳与会计同时办公的工作流程

很多单位的出纳和会计是同时办公的，所以货币资金的收付业务是由出纳和会计同时处理的。一般情况下，都是先由会计对现金或银行存款的收付款原始凭证进行审核，根据这些收付款原始凭证编制记账凭证，再传递给出纳人员，出纳人员据此进行现金或银行存款的收付，并登记现金日记账和银行存款日记账；随后出纳人员再将这些记账凭证返回给会计，会计再作账务处理。在这种情况下，出纳的工作流程如下所示。

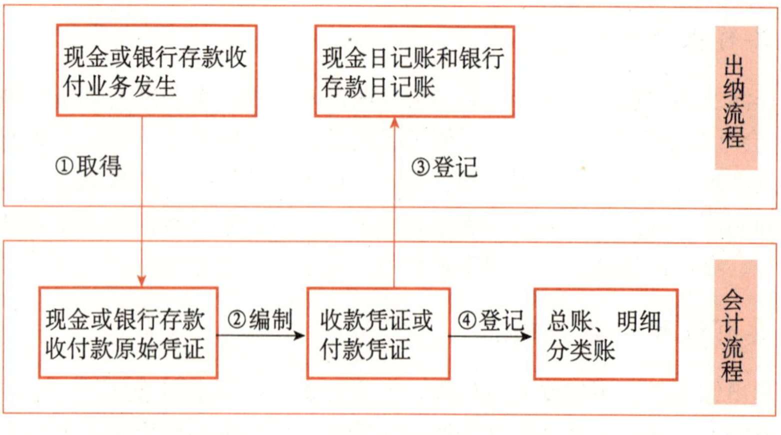

八、出纳人员的职业规划

出纳人员在不断的工作和实践中，其知识结构、业务技能、思想道德、人际交往等各个方面都会得到充实和发展。在做好本职工作的同时，出纳人员可以为自己的职业生涯规划一个蓝图。

规划一：在一个单位先从出纳做起，然后做普通会计，再做会计师直至高级会计师。

规划二：在会计师事务所从最底层的职员做到高层经理。

规划三：从最底层的出纳人员干起，然后脱离财务岗位，走向领导岗位；或进军会计服务行业，如创办会计咨询公司、会计培训学校及代理记账公司等。

知识拓展

一、出纳工作的基本原则

《会计法》规定："会计机构内部应当建立稽核制度。出纳人员不得兼管稽核、会计档案保管和收入、支出、费用、债权债务账目的登记工作。"出纳工作的基本原则主要指内部牵制原则或者说钱账分管原则。钱账分管原则是指凡是涉及款项和财物收付、结算及登记的任何一项工作，必须由两人或两人以上分工办理，以起到相互制约的作用。例如，现金和银行存款的支付，应由会计主管人员或其授权的代理人审核、批准，出纳人员付款，记账人员记账；发放工资，应由工资核算人员编制工资单，出纳人员向银行提取现金和分发工资，记账人员记账。实行钱账分管，主要是为了加强会计人员相互制约、相互监督、相互核对，提高会计核算质量，防止工作误差和营私舞弊等行为。

《会计法》专门规定出纳人员不得兼管稽核、会计档案保管和收入、费用、债权债务账目的登记工作，是由于出纳人员是各单位专门从事货币资金收付业务的会计人员，根据复式记账原则，每发生一笔货币资金收付业务，必然引起收入、费用或债权、债务等账簿记录的变化，或者说每发生一笔货币资金收付业务都要登记收入、费用或债权、债务等有关账簿，如果这些账簿登记工作都由出纳人员来办理，会给贪污舞弊行为以可乘之机。同样的道理，如果稽核、内部档案保管工作也由出纳人员经管，也难以防止利用抽换单据、涂改记录等手段进行舞弊的行为。当然，出纳人员也不是完全不能记账，只要所记的不是收入、费用、债权、债务方面的账目，其是可以承担一部分记账工作的。总之，钱账分管原则是出纳工作的一项重要原则，各单位都应建立健全这一制度，防止营私舞弊行为的发生，维护国家和单位财产的安全。

二、出纳与会计的关系

在单位的财务工作中，出纳与会计是相辅相成的职业搭档，既是一个统一体的两个方面，相互联系；又在工作中相互制约、相互监督。通俗地讲，出纳与会计就是管钱与管账的关系，二者既密切联系，又有明显的区别。

在实际工作中，二者分工不同。会计主要负责企业经济业务的核算，通过对企业经济活动的记录，为企业的经济管理决策提供所需的核算资料；出纳则分管企业票据、货币资金，以及有价证券等的收付、保管、核算工作，为企业经济管理和经营决策提供各种经济信息。

出纳与会计之间又有着很强的依赖性，二者核算的依据是相同的，都是会计原始凭证和会计记账凭证，这些作为记账凭证的会计凭证必会在出纳与会计之间按照一定的顺序传递。同时，二者之间又相互牵制与控制，出纳的现金日记账和银行存款日记账与会计的现金和银行存款总分类账有金额上的等量关系，必须相互核对、保持一致。

综上所述，在单位内部任用出纳应该实行回避制度，即会计负责人或会计主管人员的直系亲属不得在本单位会计机构中担任出纳工作。这里需要回避的直系亲属是指夫妻关系、直系血亲关系、三代以内旁系血亲以及配偶血亲关系。

项目二 出纳人员必备的专项技能

能力目标

1. 了解原始凭证的基本知识；
2. 能够填制和审核常见的原始凭证；
3. 能够填制和审核记账凭证；
4. 能够进行出纳账簿管理；
5. 掌握票币整点技术和真假人民币的识别。

项目背景

1. 企业名称：北京长江股份有限公司（增值税一般纳税人）；法人代表：李云飞；会计主管：赵明；记账：张君；复核：陈雪；出纳：李丽；纳税人识别号：111222333444555；开户行：工商银行北京海淀支行；账号：100000000；公司地址：北京市胜利路1号；电话：12345678。

2. 企业名称：北京市宏大公司（增值税一般纳税人）；法人代表：姜立志；纳税人登记号：223344556677889；开户行：工商银行北京海淀支行；账号：200000000；公司地址：北京市翠微路2号；电话：66866888。

工作任务一 填制与审核原始凭证

知识准备

一、原始凭证的含义

原始凭证也叫原始单据，是在经济业务发生或完成时取得或填制的，用以证明经济业务发生或完成情况的书面证明，它是会计核算的重要依据，具有法律效力。为了保证会计核算的质量，原始凭证应能够正确、及时、清楚地反映各项经济业务的真实情况。原始凭证按其来源不同，分为外来原始凭证（如发票、收据）和自制原始凭证（如领料单、入库单）。

二、原始凭证填制的基本要求

原始凭证是编制记账凭证的依据，是会计核算最基础的资料。要保证会计核算工作的质量，必须保证原始凭证的正确填制。原始凭证的填制应符合下列要求：

（1）记录要真实。原始凭证所填列的经济业务内容和数字必须真实可靠，符合实际情况。

（2）内容要完整。原始凭证所要求填列的项目必须逐项填列齐全，不得遗漏和省略，应根据实际情况详尽地填写各项要素，以确保原始凭证所反映的经济业务真实可靠，符合实际。

（3）手续要完备。取得的原始凭证必须符合手续完备的要求，以明确经济责任，确保凭证的合法性、真实性。

（4）书写格式要规范。原始凭证要用蓝色或黑色笔书写，字迹清楚、规范，填写支票必须使用碳素笔；需要套写的凭证，必须一次套写清楚；合计的小写金额前应加注币值符号，如“￥”、“$”等。

（5）编号要连续。如果原始凭证已预先印定编号，在写坏作废时，应加盖“作废”戳记，妥善保管，不得撕毁。

（6）不得涂改、刮擦、挖补。原始凭证有错误的，应当由出具单位重开或更正，更正处应当加盖出具单位印章。原始凭证金额有误的，应当由出具单位重开，不得在原始凭证上更正。

（7）填制及时。各种原始凭证一定要及时填写，并按规定程序及时送交会计机构、会计人员审核。

三、原始凭证填制的注意事项

（1）原始凭证的基本内容包括：原始凭证的名称，填制凭证的日期，接受凭证单位的名称，经济业务的主要内容，经济业务事项的计量单位，规格、数量、单价和金额，填制凭证单位和接受凭证单位的有关人员的签章等。发票上应印有税务专用章；行政事业单位按规定收取费用时，应使用财政部门统一印制的收据。

（2）从外单位取得的原始凭证必须盖有填制单位的公章。从个人处取得的原始凭证，必须有填制人员的签名或盖章。自制原始凭证必须有经办单位负责人或其指定人员的签名或盖章。对外开出的原始凭证，必须加盖本单位公章。

（3）凡填有大写和小写金额的原始凭证，大小写金额必须相符。购买实物的原始凭证必须有验收证明。支付款项的原始凭证必须有收款单位和收款人的收款证明。

（4）一式几联的原始凭证，应当注明各联的用途，只能以一联作为报销凭证。一式几联的发票和收据，必须用双面复写纸（发票和收据本身具备复写纸功能的除外）套写，并连续编写。作废时应当加盖“作废”戳记，连同存根一起保存，不得撕毁。

（5）企业核算中发生销货退回时，除填制退货发票外，还必须有退货验收证明；退款的，必须取得对方的收款收据或者汇款银行的凭证，不得以退货发票代替收据。

(6) 职工因公出差的借款凭据，必须附在记账凭证之后；收回借款时，应当另开收据或者退还借款凭据副本，不得退还原借款凭据。

(7) 经上级有关部门批准的经济业务，应当将批准文件作为原始凭证附件。如果批准文件需要单独归档的，应当在凭证上注明批准机关名称、日期和文件字号。

(8) 原始凭证要用蓝色或黑色笔填写，文字、数字书写要规范。

(9) 原始凭证须根据经济业务执行情况或完成情况，按照规定时间及时填制，避免事后回忆填制造成差错，贻误工作。

四、原始凭证审核的基本要求

审核原始凭证是为了正确反映和监督各项经济业务，保证核算资料的真实、准确、合法。会计部门和经办业务的有关部门，必须对原始凭证进行认真的审核。原始凭证审核的主要内容有：

(1) 真实性。即审核原始凭证记载的经济业务的日期是否真实、业务内容是否真实、数据是否真实等。

(2) 合法性。即审核经济业务是否符合国家有关政策、法规、制度的规定，是否有违法乱纪等行为。

(3) 合理性。即审核原始凭证所记录的经济业务是否符合会计主体经济业务活动的需要、是否符合有关的计划和预算等。

(4) 完整性。即审核原始凭证的内容是否齐全，包括有无漏记项目、日期是否完整、数字是否清晰、文字是否工整、有关签章是否齐全、凭证联次是否正确等。

(5) 正确性。即审核各项金额的计算及填写是否正确，如阿拉伯数字不得连写，大小写金额相符，无刮擦、涂改和挖补等。

(6) 及时性。即审核填制日期，尤其是支票、银行汇票、银行本票等时效性较强的原始凭证，更应仔细验证其填制日期。

五、原始凭证审核的具体要求

(1) 审核“要素”。外来原始凭证应确认是否是财政、税务部门允许使用的票据，内部自制的原始凭证应确认是否有效地反映了经济业务的发生。即审核以下要素：凭证的名称；凭证的填制日期和编号；接收单位名称；经济业务内容；数量、单价和金额；填制凭证单位名称及经办人的签名和盖章等。

(2) 审核“抬头”。主要审核凭证上的“抬头”是否与本单位名称相符，有无添加、涂改的现象。

(3) 审核“号码”、“开票日期”、“报销日期”。同一单位出具的凭证，其号码与日期是否矛盾。

(4) 审核“填写内容”。各项内容填写不规范、不齐全、不正确，以及涂改现象严重，是虚假原始凭证的主要表现特征。

(5) 审核“数字”。具体检查以下方面：数量乘单价是否等于金额；分项金额相加是否等于合计数；小写金额是否等于大写金额；阿拉伯数字是否有涂改。

（6）审核是否“阴阳票”。采用多联式发票办理结算业务，复写是必不可少的环节，应审核发票各联次内容是否一致。

（7）审核“限额”。有的发票规定最高限额为“千位”，但是开票人却在发票上人为地增添一栏“万位”，这就属于违规开票。

（8）审核“经济内容”。审核行业专用发票与填写的经济内容是否一致。

（9）审核“印章”。主要是检查印章是否符合规定。

（10）审核“业务量”。根据本单位的规模、经济活动的规律、会计结算等特点，审核支出发票的真实性。

（11）审核“手续”。重点检查原始支出凭证报销必须经过的程序。例如：采购货物的入库验收程序等。

（12）审核“开支标准”。根据现行有关财经法规、财务制度的规定，严格审查修理费、会议费、招待费、差旅费、电话费等各项费用是否合理和符合开支标准。

（13）审核是否为“报销联”。平时审核原始支出凭证时，要留心此事项，以防重复报销。

（14）审核“审批”。主要审核领导审批签字是否有误。支付款项的外来原始凭证，除经办人员必须签字或盖章外，还必须按本单位规定的审批程序、权限，由相应的负责人审批盖章。自制的原始凭证，也必须由经办单位的领导人或者由领导人指定的人员审批签章。

情景一　原始凭证的填制

活动设计 1

2013 年 3 月 1 日，北京长江股份有限公司的出纳员李丽收到北京市宏大公司业务员王芳交来的包装物押金 1 200 元，收到现金。

业务办理

（1）收到现金应向对方开具收款收据，下面是空白收款收据及填写方法。

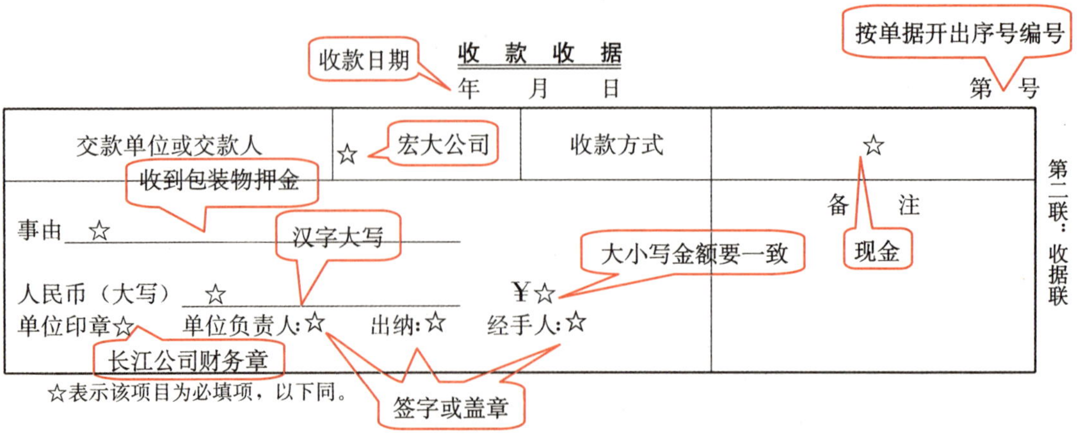

☆表示该项目为必填项，以下同。

（2）填制好的收款收据如下所示。

收 款 收 据

2013 年 3 月 1 日　　　　第××号

交款单位或交款人	北京市宏大公司	收款方式	现金
事由 收到包装物押金款 人民币（大写）壹仟贰佰元整　　¥1 200.00 单位印章　单位负责人：李云飞　出纳：李丽　经手人：王芳			备　注

第二联：收据联

小提示

收款收据一般为三联，需要用圆珠笔套写。第一联为存根联，本单位留底用（不撕下来）；第二联为收款收据联，交付款人；第三联为本单位记账联。

活动设计 2

2013 年 3 月 1 日，办公室王红到财务部申请开出转账支票 1 000 元，到北京市大华百货商场购买办公用品。

业务流程

办公室负责人审批购买项目 → 填制请款单 → 财务主管审批 → 出纳员填制转账支票

业务办理

（1）出纳员李丽领取并填写转账支票。下面是空白转账支票正面及填写方法。

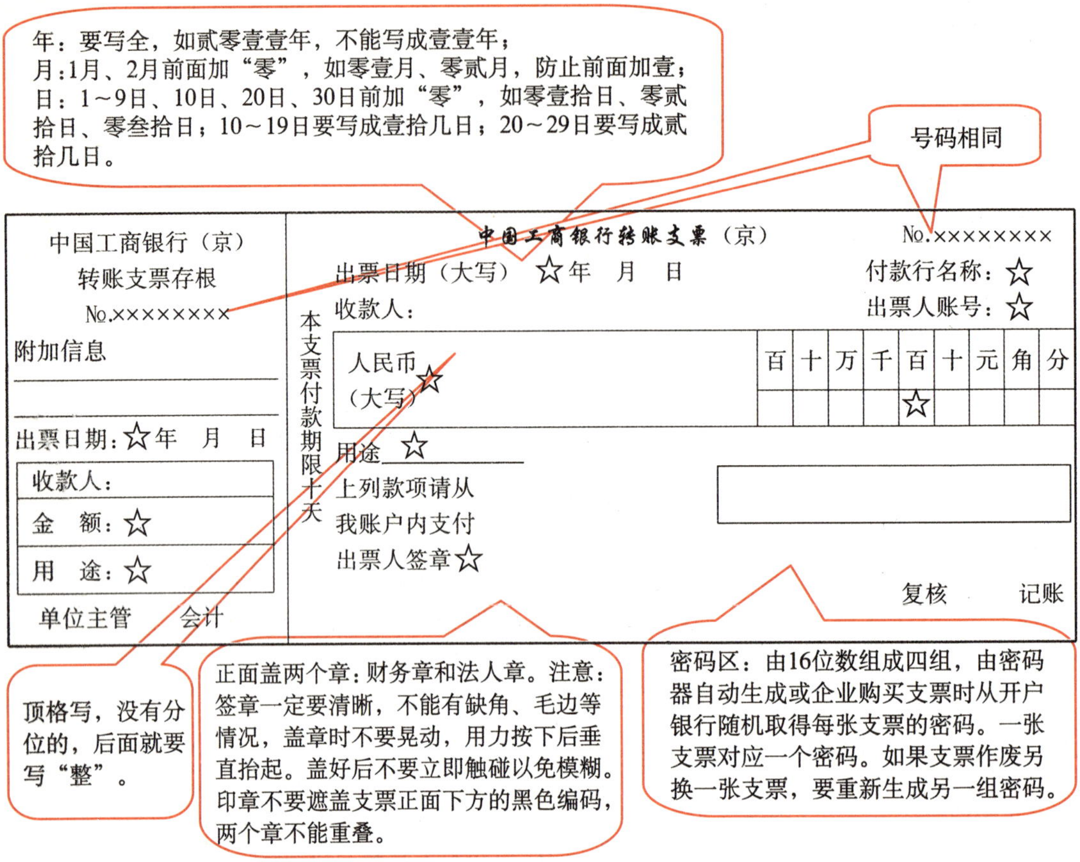

空白转账支票背面及填写方法如下所示。

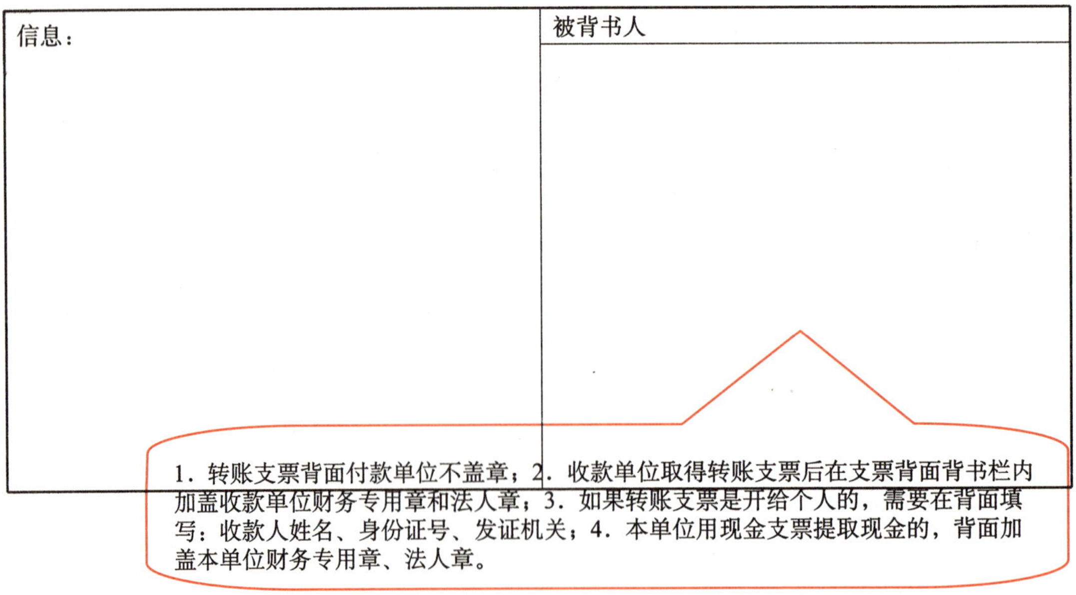

（2）填好的转账支票正面如下所示。

中国工商银行（京） 转账支票存根 No. 25354555 附加信息 出票日期：2013 年 3 月 1 日 收款人：大华百货 金　额：¥1 000.00 用　途：购办公用品 单位主管　　会计	本支票付款期限十天	**中国工商银行转账支票**（京）　　No. 25354555 出票日期（大写）贰零壹叁年叁月零壹日　付款行名称：工行北京海淀支行 收款人：北京市大华百货商场　　出票人账号：100000000 人民币（大写）壹仟元整　　百 十 万 千 百 十 元 角 分：¥ 1 0 0 0 0 0 用途购办公用品 上列款项请从 我账户内支付 出票人签章　[印章：北京长江股份有限公司 财务专用章] [印章：李飞 云印]　　复核　　记账

被背书人

（3）填好的转账支票背面如下所示。

信息：	[印章：北京市大华百货商场 财务专用章] [印章：孙大 华印]

（4）填写支票领用登记簿。其格式如下所示。

支票领用登记簿

日期	支票类型	支票号码	银行名称	收款单位	金额	领用人	核准人
2013-03-01	转账支票	25354555	工行北京海淀支行	大华百货	1 000.00	王红	李丽

小提示

填写好的支票核准无误后，将支票的正联撕下交给收款单位，存根联交给会计做账。

活动设计 3

2013 年 3 月 1 日，北京长江股份有限公司销售给北京市宏大公司甲产品 100 件，每件 100 元。收到转账支票，开具增值税专用发票。

业务办理

（1）空白增值税专用发票格式如下所示。

北京增值税专用发票

发票联

（印章：全国统一发票监制 国家税务总局监制）

开票日期： 年 月 日

购货单位	名　　称：☆ 纳税人识别号：☆ 地 址、电 话：☆ 开户行及账号：☆			密码区	（略）		
货物或应税劳务名称 合　计	规格型号 ☆	单位 ☆	数量 ☆	单价 ☆	金额 ☆	税率 ☆	税额 ☆
价税合计（大写）	☆				（小写）☆		
销货单位	名　　称：☆ 纳税人识别号：☆ 地 址、电 话：☆ 开户行及账号：☆			备注			

收款人：　　复核：　　开票人：　　销货单位：（章）

第三联：发票联　购货方记账凭证

价款和税率乘积算出税额

汉字大写金额是价款和税款合计数

和大写金额一致

卖出商品的总价款

（2）打印好的增值税专用发票如下所示。

北京增值税专用发票

发票联

（印章：全国统一发票监制 国家税务总局监制）

开票日期：2013 年 3 月 1 日

购货单位	名　　称：北京市宏大公司 纳税人识别号：223344556677889 地 址、电 话：北京市翠微路 2 号　66866888 开户行及账号：工商银行北京海淀支行 200000000			密码区	（略）		
货物或应税劳务名称 甲产品 合　计	规格型号 X35	单位 件	数量 100	单价 100.00	金额 10 000.00 ¥10 000.00	税率 17%	税额 1 700.00 ¥1 700.00
价税合计（大写）	壹万壹仟柒佰元整				（小写）11 700.00		
销货单位	名　　称：北京长江股份有限公司 纳税人识别号：111222333444555 地 址、电 话：北京市胜利路 1 号　12345678 开户行及账号：工商银行北京海淀支行 100000000			备注			

收款人：李丽　　复核：陈雪　　开票人：王晶　　销货单位：（章）

（印章：北京长江股份有限公司 财务专用章）

第三联：发票联　购货方记账凭证

小提示

一般纳税人销售产品应通过防伪税控系统开具增值税专用发票。增值税专用发票一般为三联，需要用电脑打印，第一联为记账联，销货方记账凭证；第二联为抵扣联，购货方扣税凭证；第三联为发票联，购货方记账凭证。

活动设计 4

2013 年 3 月 1 日下班前，出纳员李丽将当日超出库存限额的 2 000 元现金和收到的北京市宏大公司的购货款转账支票一张交存银行。

业务办理

（1）出纳员李丽填写现金交款单。空白的现金交款单如下所示。

中国工商银行现金交款单（回单联）1

年　月　日

交款单位	☆						交款人	☆						
款项来源	☆						账号	☆			开户银行			
大写金额	人民币（大写）☆											亿 千 百 十 万 千 百 十 元 角 分		
票面	张数	亿	千	百	十	万	千	百	十	元	角	分	合计金额	科目（贷） 对方科目（借）现金
壹佰元														
伍拾元														
贰拾元														
拾元														

本单位全称

本单位出纳员

超限额现金

大小写金额应一致

开户银行现金收讫章

（2）银行收妥现金核对无误后盖章退回现金交款单（回单联）。现金交款单（回单联）如下所示。

中国工商银行现金交款单（回单联）1

2013 年 3 月 1 日

交款单位	北京长江股份有限公司						交款人	李丽						
款项来源	超限额现金						账号	100000000			开户银行	工商银行北京海淀支行		
大写金额	人民币（大写）贰仟元整											亿 千 百 十 万 千 百 十 元 角 分 ¥ 2 0 0 0 0 0		
票面	张数	亿	千	百	十	万	千	百	十	元	角	分	合计金额	科目（贷） 对方科目（借）现金
壹佰元	20						2	0	0	0	0	0	¥2 000.00	中国工商银行北京海淀支行 2013.3.1 现金收讫(1)
伍拾元														
贰拾元														
拾元														

小提示

现金交款单一式两联，需要用圆珠笔套写，第一联为回单联，由交款单位开户行收存现金核对无误盖章后退回交款单位作记账的原始凭证；第二联为交款单位开户行作收款贷方凭证（银行记账）。

（3）将收到的支票送存银行，出纳需填制银行进账单。银行进账单的格式如下所示。

中国工商银行进账单（收账通知）1

年　　月　　日

出票人	全　　称	☆	收款人	全　　称	☆
	账　　号	☆		账　　号	☆
	开户银行	☆		开户银行	☆

金额	人民币（大写）	☆	亿	千	百	十	万	千	百	十	元	角	分

票据种类		票据张数	
票据号码			

款项来源：

单位主管　　会计　　复核　　记账

持票人开户行盖章 ☆

此联是持票人开户行交给持票人的收账通知

出票人的全称及账号、开户银行全称

收款人的全称及账号、开户银行全称

大小写金额应紧接“人民币”书写，不得留有空白

大小写金额应一致，最高位前加人民币符号￥

票据种类一般为：转账支票、银行本票和银行汇票等

（4）收到进账单第一联（收账通知），格式如下所示。

中国工商银行进账单（收账通知）1

2013 年 3 月 1 日

出票人	全　　称	北京市宏大公司	收款人	全　　称	北京长江股份有限公司
	账　　号	200000000		账　　号	100000000
	开户银行	工商银行北京海淀支行		开户银行	工商银行北京海淀支行

金额	人民币（大写）	壹万壹仟柒佰元整	亿	千	百	十	万	千	百	十	元	角	分
						￥	1	1	7	0	0	0	0

票据种类	转账支票	票据张数	1
票据号码	11000012		

款项来源：销货款

单位主管　　会计　　复核　　记账

中国工商银行股份有限公司 北京海淀支行 业务用公章

持票人开户行盖单

此联是持票人开户行交给持票人的收账通知

知识拓展

阿拉伯数字书写的相关规定

一、三位分节制

书写阿拉伯数字时采用分节制，能够较容易地辨认数的数位，有利于数字的书写、阅读和计算工作。四位和四位以上的整数部分，可采用国际通行的“三位分节制”，即从个位起，向左每三位数作为一节，节与节之间用分节号“,”分开，也可以用空位分开。

【例 2—1】 23,854,739（用分节号）

23 854 739（用空位）

带小数的数字，应将小数点写在个位与十分位之间的下方。

【例 2—2】 78,135.47（用分节号）

78 135.47（用空位）

我国会计工作中通常采用“,”分节的办法。

一般账表凭证的金额栏内印有分位格，“元”位前每三位之间印有一粗线代表分节号，“元”位与“角”位之间的粗线则代表小数点，所以记数时不需要再另加分节号或小数点。

二、关于人民币符号“¥”的使用

（1）在填制凭证时，小写金额前应冠写人民币符号“¥”。

“¥”是人民币基本单位“元”的汉语拼音“yuan”的缩写，“¥”既代表人民币币制，又表示人民币“元”的单位。

小提示

小写金额前填写了“¥”以后，金额数字之后就不必再写人民币单位“元”。

【例 2—3】 ¥3 268.47，即为人民币叁仟贰佰陆拾捌元肆角柒分。

书写小写金额时，在人民币符号“¥”与数字之间不得留有空位，以防金额数字被人涂改；书写人民币符号“¥”，尤其是草写“¥”时，要注意“¥”应与阿拉伯数字有明显的区别，特别注意不要与阿拉伯数字的 7 或 9 混淆；人民币符号“¥”主要应用于填写票证（发票、支票、存单等），在登记账簿、编制报表时一般不能使用“¥”符号。因为在账簿或报表上使用“¥”符号，反而会增加错误的可能性。

（2）关于金额角和分的写法。

所有以“元”为单位的阿拉伯数字金额，除表示单价等情况外，一律写到角、分。

1）到“元”为止无“角”、“分”的金额数字，“角”位和“分”位可写“00”或用符号“—”表示。

【例 2—4】 人民币捌拾柒元整，应写成“¥87.00”，也可写成“¥87.—”。

2）有角无分的金额数字，分位应写“0”，而不能用符号“—”代替。

【例 2—5】 人民币壹佰肆拾叁元伍角整，应写成“¥143.50”，而不能写成“¥143.5—”。

三、账表凭证上阿拉伯数字的书写要求

在有金额分位格的账表凭证上，阿拉伯数字的书写，结合记账规则的需要，有特定的书写要求。

1. 规范化写法实例

数字书写练习看似简单，实则不易，小写数字练习尤其如此。练习小写数字时，应对照标准，仔细观察各数字的高度、斜度和运笔顺序，放慢速度，认真书写，千万不要求快。阿拉伯数字的规范写法（手写体）如下所示。

2. 书写要求

（1）书写数字时应自上而下，先左后右，逐个地认真书写，不得连笔写，以免分辨不清。

（2）账表凭证上书写的阿拉伯数字应使用斜体，斜度大约以 60°为准。

（3）数字高度约占账表凭证金额分位格的二分之一，这样既美观又便于改错。

（4）除“7”和“9”上低下半格的四分之一、下伸次行上半格的四分之一处外，其他数字都要靠在底线上书写。

（5）“0”既不要写得太小（以防将 0 改为 6、8、9），又不要有缺口（以防将 0 改为 3）。

（6）“1”的下端应紧靠分位格的左下角。

（7）“4”的顶部不封口，写“<”时应上抵中线，下至下半格的四分之一处，并注意中间是最关键的一笔，斜度应为 60°，否则“4”就写成正体了。

（8）“6”的上半部分应斜伸出上半格的四分之一高度。

（9）写“8”时，上边要稍小，下边应稍大，注意起笔应成“S”形，终笔与起笔交接处应成棱角，以防将 3 改为 8。

（10）从最高位起，后面各分位格数字必须写完整。

【例 2—6】 壹万陆仟玖佰元整，应写成：

千	百	十	万	千	百	十	元	角	分
		¥	1	6	9	0	0	0	0

而不能写成：

千	百	十	万	千	百	十	元	角	分
		¥	1	6	9	0	0	—	—

更不能写成：

千	百	十	万	千	百	十	元	角	分
		¥	1	6	9				

情景二　原始凭证的审核

活动设计 1

2013 年 3 月 6 日，出纳员李丽将收到的自制原始凭证进行记账前的审核。

业务办理

1. 收款收据的审核

2013 年 3 月 5 日，收到采购科李建返还的差旅费借款 800 元，原借款 3 000 元，核销 2 200 元。审核已经开出的收款收据。

统一收款收据（三联单）

2013 年 3 月 5 日　　No. 119

交款单位或交款人	采购科李建	收款方式	现金
事　由报销差旅费、交回余款 人民币（大写）捌佰元整　现金付讫　¥500.00			备注： 核销 2 200 元 退回现金 800 元

第二联：收据

收款单位（盖章）　　收款人（签章）李丽

(1) 对统一收款收据审核后发现以下错误：

1) 金额大小写不一致；

2) 加盖的收款印章有误；

3) 收款单联次有误。

(2) 正确的统一收款收据如下所示。

统一收款收据（三联单）

2013 年 3 月 5 日　　No. 119

交款单位或交款人	采购科李建	收款方式	现金
事　由报销差旅费、交回余款 人民币（大写）捌佰元整　现金收讫　¥800.00			备注： 核销 2 200 元 退回现金 800 元

第三联：记账

收款单位（盖章）　　收款人（签章）李丽

2. 差旅费报销单的审核

差旅费报销单

部门：采购科　　2013 年 3 月 4 日

姓名			采购科			出差事由		采购材料			出差自 2013 年 3 月 1 日 至 2013 年 3 月 3 日				共 3 天	
起讫时间及地点						车船票		夜间乘车补助费			出差乘补费			住宿费	其他	
月	日	起	月	日	讫	类别	金额	时间	标准	金额	日数	标准	金额	金额	摘要	金额
3	1	北京	3	1	太原	飞机	380.00									
3	3	太原	3	3	北京	飞机	380.00				3	180.00	540.00	900.00		
小计							760.00						540.00	900.00		
合计金额（大写）：贰仟贰佰贰拾元整																
备注：预借 3 000.00　核销 2 200.00　退补 800.00																

附单据共　张

单位领导：　　会计：　　出纳：　　报销人：

（1）对差旅费报销单审核后发现以下错误：

1）大写金额多记；

2）交款人只填写所属部门未明确到人；

3）附单据张数未填写；

4）各责任人未签字或盖章。

（2）正确的差旅费报销单如下所示。

差旅费报销单

部门：采购科　　2013 年 3 月 4 日

姓名			李建			出差事由		采购材料			出差自 2013 年 3 月 1 日 至 2013 年 3 月 3 日				共 3 天	
起讫时间及地点						车船票		夜间乘车补助费			出差乘补费			住宿费	其他	
月	日	起	月	日	讫	类别	金额	时间	标准	金额	日数	标准	金额	金额	摘要	金额
3	1	北京	3	1	太原	飞机	380.00									
3	3	太原	3	3	北京	飞机	380.00				3	180.00	540.00	900.00		
小计							760.00						540.00	900.00		
合计金额（大写）：贰仟贰佰元整																
备注：预借 3 000.00　核销 2 200.00　退补 800.00																

附单据共 3 张

单位领导：李云飞　　会计：张君　　出纳：李丽　　报销人：李建

3. 领料单的审核

领　料　单

领料部门：　　2013 年 3 月 2 日

材料		单位	数量		单位成本	金额	过账
名称	规格		请领	实发			
材料		千克	400	400	100.00		
材料		千克	300	300	50.00		
工作单号		用途					
工作项目							

会计主管：赵明　　记账：张君　　发料：赵军　　领料：林放

（1）对领料单审核后发现以下错误：

1）金额未计算并填写；

2）材料未填写具体名称；

3）材料规格如有应填写；

4）领料部门未填写；

5）生产用途未填写。

（2）正确的领料单如下所示。

领 料 单

领料部门：生产车间　　2013 年 3 月 2 日

材料		单位	数量		单位成本	金额	过账
名称	规格		请领	实发			
A 材料		千克	400	400	100.00	40 000.00	
B 材料		千克	300	300	50.00	15 000.00	
工作单号		用途	生产甲产品				
工作项目							

会计主管：赵明　　记账：张君　　发料：赵军　　领料：林放

活动设计 2

2013 年 3 月 6 日，出纳员李丽将收到的外来原始凭证进行记账前的审核。

业务办理

1. 普通商业发票的审核

2013 年 3 月 1 日，办公室王红到北京市大华百货商场购买办公用品，取得商业发票一张。

国统一发票监制 国家税务局监制

北京市商品销售统一发票

客户名称及地址：北京长江股份有限公司　　2013 年 3 月 1 日

品名	单位	数量	单价	金额 万	千	百	十	元	角	分
笔记本	本	60	6.00			3	6	0	0	0
订书器	台	20	25.00			5	0	0	0	0
合　计					¥	8	6	0	0	0
合计金额（大写）陆佰陆拾元整										

第一联：记账联

填票人：李飞　　收款人：王萍　　单位名称（盖章）

（1）对普通发票审核后发现以下错误：

1）大小写金额不一致；

2）发票联次错误；

3）未加盖收款单位公章。

（2）正确的普通发票如下所示。

北京市商品销售统一发票

客户名称及地址：北京长江股份有限公司　　　　　　2013 年 3 月 1 日

品名	单位	数量	单价	金额 万	千	百	十	元	角	分
笔记本	本	60	6.00			3	6	0	0	0
订书器	台	20	25.00			5	0	0	0	0
合　计					¥	8	6	0	0	0
合计金额（大写）捌佰陆拾元整										

第二联：发票

填票人：李飞　　　收款人：王萍　　　单位名称（盖章）北京市大华百货商场

2. 增值税专用发票的审核

2013 年 3 月 1 日，北京长江股份有限公司销售给北京市宏大公司甲产品 100 件，每件 100 元，开出增值税专用发票。

北京增值税专用发票

发票联

开票日期：　　年　月　日

购货单位	名　称：北京市宏大公司 纳税人识别号：223344556677889 地 址、电 话：北京市翠微路 2 号　66866888 开户行及账号：工商银行北京海淀支行 200000000	密码区	（略）

货物或应税劳务名称	规格型号	单位	数量	单价	金额	税率	税额
	X35	件		100.00	10 000.00		1 700.00
合　计					¥10 000.00		¥1 700.00
价税合计（大写）	壹万壹仟柒佰元整				（小写）11 700.00		

销货单位	名　称：北京长江股份有限公司 纳税人识别号：111222333444555 地 址、电 话：北京市胜利路 1 号　12345678 开户行及账号：工商银行北京海淀支行 100000000	备注	

第二联：发票联　购货方记账凭证

收款人：李丽　　复核：陈雪　　开票人：王晶　　销货单位：（章）

（1）对增值税专用发票审核后发现以下错误：

1）开票日期未填写；

2）货物或应税劳务的名称未填写；

3）数量、税率未填写；

4）发票联次错误；

5）未加盖单位财务章或发票专用章。

（2）正确的增值税专用发票如下所示。

北京增值税专用发票

发票联

开票日期：2013 年 3 月 1 日

<table>
<tr><td rowspan="4">购货单位</td><td colspan="4">名　　　称：北京市宏大公司</td><td rowspan="4">密码区</td><td colspan="3" rowspan="4">（略）</td></tr>
<tr><td colspan="4">纳税人识别号：223344556677889</td></tr>
<tr><td colspan="4">地 址、电 话：北京市翠微路 2 号　66866888</td></tr>
<tr><td colspan="4">开户行及账号：工商银行北京海淀支行 200000000</td></tr>
<tr><td colspan="2">货物或应税劳务名称
甲产品
合　计</td><td>规格型号
X35</td><td>单位
件</td><td>数量
100</td><td>单价
100.00</td><td>金额
10 000.00
￥10 000.00</td><td>税率
17%</td><td>税额
1 700.00
￥1 700.00</td></tr>
<tr><td colspan="2">价税合计（大写）</td><td colspan="7">壹万壹仟柒佰元整　　　　（小写）11 700.00</td></tr>
<tr><td rowspan="4">销货单位</td><td colspan="4">名　　　称：北京长江股份有限公司</td><td rowspan="4">备注</td><td colspan="3" rowspan="4"></td></tr>
<tr><td colspan="4">纳税人识别号：111222333444555</td></tr>
<tr><td colspan="4">地 址、电 话：北京市胜利路 1 号　12345678</td></tr>
<tr><td colspan="4">开户行及账号：工商银行北京海淀支行 100000000</td></tr>
</table>

收款人：李丽　　　复核：陈雪　　　开票人：王晶　　　销货单位：（章）

第三联：发票联　购货方记账凭证

3. 支票的审核

2013 年 3 月 1 日，北京长江股份有限公司销售给北京市宏大公司甲产品 100 件，每件 100 元，收到转账支票。

<table>
<tr><td>中国工商银行（京）
转账支票存根
Ⅳ 12131416
附加信息

出票日期：2013 年 3 月 2 日
收款人：长江股份公司
金　额：￥11 700.00
用　途：购货款
单位主管　　会计</td>
<td>本支票付款期限十天</td>
<td>中国工商银行转账支票（京）　　　Ⅳ 12131415
出票日期（大写）贰零壹叁年三月零壹日　付款行名称：工行北京海淀支行
收款人：北京长江股份有限公司　　　出票人账号：200000000
人民币（大写）壹万叁仟柒佰元整
千 百 十 万 千 百 十 元 角 分
　　 ￥ 1 1 7 0 0 0 0
用途________
上列款项请从
我账户内支付
出票人签章　　　　　　复核　　记账</td></tr>
</table>

（1）对转账支票审核后发现以下错误：

1）出票日期汉字大写不正确；

2）正联和存根日期不同；

3）正联和存根的票号不同；

4）正联用途未填写；

5）大小写金额填写不一致；

6）未加盖公司财务专用章和法人名章。

（2）正确的转账支票如下所示。

中国工商银行（京）
转账支票存根
Ⅳ 12131415
附加信息

出票日期：2013年3月1日

收款人：长江股份公司
金　额：￥11 700.00
用　途：购货款

单位主管　　会计

本支票付款期限十天

中国工商银行转账支票（京）　　Ⅳ 12131415
出票日期（大写）贰零壹叁年叁月零壹日 付款行名称：工行北京海淀支行
收款人：北京长江股份有限公司　　出票人账号：200000000

人民币（大写）壹万壹仟柒佰元整	千	百	十	万	千	百	十	元	角	分
			￥	1	1	7	0	0	0	0

用途购货款
上列款项请从
我账户内支付
出票人签章　　北京市宏大公司 财务专用章　　志姜印立　　复核　　记账

工作任务二　填制与审核记账凭证

知识准备

一、记账凭证的含义

记账凭证也称传票、记账凭单或分录凭单，是会计人员根据审核无误的原始凭证，按照经济业务事项的内容加以归类，并据以确定会计分录后而填制的会计凭证。它是登记账簿的直接依据。

在实际工作中，为了便于登记账簿，需要将来自不同单位、种类繁多、数量庞大、格式不一的原始凭证加以归类、整理，填制具有统一格式的记账凭证，确定会计分录并将相关的原始凭证附在记账凭证后面。

二、记账凭证的分类

记账凭证按其适用的经济业务分为专用记账凭证和通用记账凭证。

（一）专用记账凭证

专用记账凭证是指用来专门记录某一类经济业务的记账凭证。专用记账凭证按其所记录的经济业务与库存现金和银行存款的收付有无关系，又分为收款凭证、付款凭证和转账凭证三种。

1. 收款凭证

用于记录库存现金和银行存款收款业务的会计凭证。它根据有关现金和银行存款收入业务的原始凭证填制，是登记现金日记账、银行存款日记账以及有关明细账和总账等账簿的依据，也是出纳人员收讫款项的依据。

2. 付款凭证

用于记录库存现金和银行存款付款业务的会计凭证。它根据有关现金和银行存款支付业务的原始凭证填制，是登记现金日记账、银行存款日记账以及有关明细账和总账等账簿的依据，也是出纳人员付讫款项的依据。

3. 转账凭证

用于记录不涉及库存现金和银行存款业务的会计凭证。它根据有关转账业务的原始凭证填制。转账凭证是登记总分类账及有关明细分类账的依据。

采用收款凭证、付款凭证和转账凭证进行会计核算，有利于区别不同经济业务，进行分类管理，但工作量较大，适用于规模较大、收付业务较多的企业。

（二）通用记账凭证

通用记账凭证是指用来记录各种经济业务的记账凭证。在经济业务比较简单的单位，为了简化凭证，可以使用通用记账凭证记录所发生的各种经济业务。

采用通用记账凭证的企业不再区分收款、付款及转账业务，而将所有经济业务统一编号，在统一格式中进行记录。

三、记账凭证填制的基本要求

记账凭证的填制应符合以下基本要求：

（1）审核无误：是指在对原始凭证审核无误的基础上填制记账凭证，这是内部牵制制度的一个重要环节。

（2）内容完整：是指记账凭证应该包括的内容都要具备。应该注意的是，以自制的原始凭证或者原始凭证汇总表代替记账凭证使用的，也必须具备记账凭证所应有的内容；记账凭证的日期，一般为编制记账凭证当天的日期，按权责发生制原则计算收益、分配费用、结转成本利润等调整分录和结账分录的记账凭证，虽然需要到下月才能编制，仍应填写当月月末的日期，以便在当月的账内进行登记。

（3）分类正确：即根据经济业务的内容，正确区别不同类型的原始凭证，正确应用会计科目。在此基础上，记账凭证可以根据每一张原始凭证填制，或者根据若干张同类原始凭证汇总填制，也可以根据原始凭证汇总表填制，但不得将不同内容和类别的原始凭证汇总填制在一张记账凭证上。

（4）连续编号：即记账凭证应当连续编号。这有利于分清会计事项处理的先后顺序，便于记账凭证与会计账簿之间的核对，确保记账凭证完整。

四、记账凭证填制的具体要求

（1）除结账和更正错误外，记账凭证必须附有原始凭证并注明所附原始凭证的张数。所附原始凭证张数的计算，一般以原始凭证的自然张数为准。与记账凭证中的经济业务记录有关的每一张单据，都应当作为原始凭证的附件。如果记账凭证中附有原始凭证汇总表，则应该把所附的原始凭证和原始凭证汇总表的张数一起计入附件的张数之内。但报销差旅费等的零散票券，可以粘贴在一张纸上，作为一张原始凭证。一张原始凭证如果涉及几张记账凭证的，可以将该原始凭证附在一张主要的记账凭证后面，在其他记账凭证上注明该主要记账凭证的编号或者附上该原始凭证的复印件。附件的张数应用阿拉伯数字填写。

（2）一张原始凭证所列的支出需要由两个以上的单位共同负担时，应当由保存该原始凭证的单位开给其他应负担单位原始凭证分割单。原始凭证分割单必须具备原始凭证的基本内容，包括凭证的名称、填制凭证的日期、填制凭证单位的名称或填制人的姓名、经办人员的签名或盖章、接受凭证单位的名称、经济业务内容、数量、单价、金额和费用的分担情况等。

（3）记账凭证编号。记账凭证编号的方法有多种，可以按现金收付、银行存款收付和转账业务三类分别编号，也可以按现金收入、现金支出、银行存款收入、银行存款支出和转账五类进行编号，或者将转账业务按照具体内容再分成几类编号。各单位应当根据本单位业务繁简程度、人员多寡和分工情况来选择便于记账、查账、内部稽核的简单严密的编号方法。无论采用哪一种编号方法，都应该按月顺序编号，即每月都从1号编起，按顺序编至月末。一笔经济业务需要填制两张或者两张以上记账凭证的，可以采用分数编号法编号，如1号会计事项分录需要填制三张记账凭证，就可以编成$1\frac{1}{3}$号、$1\frac{2}{3}$号、$1\frac{3}{3}$号。

（4）填制记账凭证时如果发生错误，应当重新填制。已经登记入账的记账凭证在当年内发现错误的，可以用红字注销法进行更正。在会计科目应用上没有错误，只是金额错误的情况下，可以按正确数字同错误数字之间的差额，另编一张调整记账凭证。发现以前年度的记账凭证有错误时，应当用蓝字填制一张更正的记账凭证。

（5）实行会计电算化的单位，其机制记账凭证应当符合对记账凭证的一般要求，并应认真审核，做到会计科目使用正确、数字准确无误。打印出来的机制记账凭证上，须加盖制单人员、审核人员、记账人员和会计主管人员印章或者签名，以明确责任。

（6）记账凭证填制完经济业务事项后，如有空行，应当在金额栏自最后一笔金额数字下的空行处至合计数上的空行处划线注销。

（7）正确编制会计分录并保证借贷平衡。必须根据国家统一会计制度的规定和经济业务的内容，正确使用会计科目和编制会计分录，记账凭证借、贷方的金额必须相等，合计数必须计算正确。

（8）摘要应与原始凭证内容一致，并正确反映经济业务的主要内容，要求表述简短精练，使阅读的人通过摘要就能了解该项经济业务的性质、特征，判断出会计分录正确与否。写物要有品名、数量、单价；写事要有过程；银行结算凭证要注明号码、去向；送存款项要注明现金、支票、汇票等。遇有冲转业务，不应只写冲转，应写明冲转某年、某月、某日、某项经济业务和凭证号码，也不能只写对方科目。

（9）只涉及现金和银行存款之间收入或付出的经济业务，应以付款业务为主，只填制付款凭证，不填制收款凭证，以免重复。

五、专用记账凭证的填制要求

（一）收款凭证的填制要求

收款凭证根据现金和银行存款收款业务的原始凭证填制。凡是涉及增加现金或者银行存款账户金额的，都必须填制收款凭证。收款凭证左上方的“借方科目（或账户）”，应填写“库存现金”或“银行存款”；右上方应填写凭证编号。收款凭证的编号一般按“现收字第×号”和“银收字第×号”分类，业务量少的单位也可不分“现收”与“银收”，而按收款业务发生的先后顺序统一编号，如“收字第×号”。“摘要”栏内填写经济业务的内容梗概；“贷方科目（或账户）”栏内填写与“库存现金”或“银行存款”科目相对应的总账(一级)科目及其所属明细（二级）科目；“金额”栏内填写实际收到的现金或银行存款数额；“记账符号”栏供记账员在根据收款凭证登记有关账簿以后做记号用，表示该项金额已经记入有关账户，避免重记或漏记。

（二）付款凭证的填制要求

付款凭证根据现金和银行存款付款业务的原始凭证填制。凡是涉及减少现金或者银行存款账户金额的，都必须填制付款凭证。付款凭证的填制方法和要求与收款凭证基本相同，不同的只是在付款凭证的左上方应填列“贷方科目（或账户）”，因为库存现金和银行存款的减少应记账户的贷方；付款凭证的对应科目为“借方科目（或账户）”，需填写与库存现金或银行存款支出业务有关的总账（一级）科目和明细（二级）科目。

（三）转账凭证的填制要求

凡是不涉及库存现金和银行存款增加或减少的业务，都必须填制转账凭证。按照先借后贷的顺序记入会计科目中的一级科目和二级及明细科目，并按应借、应贷方向分别记入“借方金额”或“贷方金额”栏。其他项目的填列与收、付款凭证相同。

六、通用记账凭证的填制要求

通用记账凭证集收款、付款和转账凭证于一身，通用于收款、付款和转账等各种类型的经济业务，其格式及填制方法与转账凭证相同。

七、记账凭证中日期的写法

填写日期一般填财会人员填制记账凭证的当天日期，也可以根据管理需要，填写经济业务发生的日期或月末日期。如报销差旅费的记账凭证填写报销当日的日期；现金收、付款记账凭证填写办理收、付现金的日期；银行收款业务的记账凭证一般按财会部门收到银行进账单或银行回执的戳记日期填写；当实际收到的进账单日期与银行戳记日期相隔较远，或次月初收到上月的银行收、付款凭证，按财会部门实际办理转账业务的日期填写；银行付款业务的记账凭证，一般以财会部门开出银行存款单据的日期或承付的日期填写；属于计提和分配费用等转账业务的记账凭证，应以当月最后的日期填写。

八、记账凭证的审核

记账凭证填制完成后，必须由专人进行审核，对经济业务的真实性、合法性、合理性进行监督，并检查记账凭证的编制是否符合要求。特别要审核最初证明经济业务实际发生、完成的原始凭证。记账凭证审核的基本内容包括：

（1）审核是否按已审核无误的原始凭证填制记账凭证；记录的内容与所附原始凭证是否一致，金额是否相等；所附原始凭证的张数是否与记账凭证所列附件张数相符。

（2）审核记账凭证所列会计科目（包括一级科目、明细科目）及应借、应贷方向和金额是否正确；借贷双方的金额是否平衡；明细科目金额之和与相应的总账科目的金额是否相等。

（3）审核记账凭证摘要是否填写清楚，日期、凭证编号以及有关人员签章等各个项目填写是否齐全。若发现记账凭证的填制有差错或者填列不完整、签章不齐全，应查明原因，责令更正、补充或重填。只有经过审核无误的记账凭证，才能据以登记账簿。

（4）审核书写是否规范，是否文字工整、数字清晰，是否按规定进行更正。

九、记账凭证常见的错误

记账凭证常见的错误有以下几种：

（1）摘要记录错误。记账凭证摘要应当简单、明了地反映经济业务的基本情况，应避免以下几种情况：一是记录过于简单或记录反映的内容和形式不规范，不能最低限度地说明经济业务活动的情况；二是用语不准确，造成误解；三是文字说明词不达意，与实际情况相距甚远；四是空缺不写，给舞弊者以可乘之机。

（2）科目运用错误。没有正确运用有关会计科目，发生了性质运用错误（如将应收与应付、预收与预付、应收账款与其他应收款、应付账款与其他应付款、虚账户与实账户、固定资产与低值易耗品混淆）、内容错误（将科目所包括的业务内容弄错，如混淆了银行支票、汇票和本票的区别，将银行汇票、本票列入银行存款之中，将销售费用列入财务费用或管理费用之中等）、对应关系错误（将科目借方与贷方关系列错，出现多借多贷或者其他对应关系不明的现象）等。

（3）凭证使用错误。对收款凭证、付款凭证和转账凭证的用途不明，例如许多人认为转账凭证反映的是银行转账业务的一种，这是错误的理解；另外还有对从银行提取现金或向银行存入现金，未按规定编制付款凭证，而是分别编制收款凭证和付款凭证，出现重复记账。

（4）记账凭证无编号或者编号错误。记账凭证经常涉及两份及以上的原始凭证，此时应对原始凭证进行编号，用序号区分表示所附的不同的原始凭证；对于同一份原始凭证需要编制多张记账凭证的，也要按规定进行编号。

（5）附件数量和金额错误。记账凭证所附的原始凭证的张数和内容与记账凭证不符，或者各张原始凭证所记金额的合计数与记账凭证记录的金额不符。

（6）印鉴错误。对已入账记账凭证未加盖有关印章，或者印章不全，使已入账的凭证与未入账凭证难以区分；记账凭证中没有记账、审核等人员的签章等。

小提示

本书例题采用专用记账凭证，即用收款凭证、付款凭证和转账凭证进行会计核算。

情景一　记账凭证的填制

活动设计 1

2013 年 3 月 4 日，制证会计收到经过审核无误的与收款业务有关的原始凭证。

统一收款收据（三联单）

2013 年 3 月 3 日　　　　No. 120

交款单位或交款人	王晶	收款方式	现金
事　由报销差旅费、交回余款 人民币（大写）叁佰伍拾元整　现金收讫　¥350.00			备注： 核销 1 150 元 退回现金 350 元

第三联：记账

收款单位（盖章）　　　　收款人（签章）李丽

中国工商银行进账单（收账通知）1

2013 年 3 月 3 日

出票人	全　称	天津红发公司	收款人	全　称	北京长江股份有限公司
	账　号	3334444		账　号	100000000
	开户银行	工商银行天津海河支行		开户银行	工商银行北京海淀支行

金额	人民币（大写）	亿	千	百	十	万	千	百	十	元	角	分
	伍万陆仟元整				¥	5	6	0	0	0	0	0

票据种类	转账支票	票据张数	1
票据号码	98712345		
款项来源：前欠货款 单位主管　会计　复核　记账		中国工商银行股份有限公司 北京海淀支行 业务用公章 持票人开户行盖章	

此联是持票人开户行交给持票人的收账通知

业务办理

（1）依据审核无误的收款收据填制记账凭证。

收　款　凭　证

借方科目：库存现金　　　　2013 年 3 月 4 日　　　　现收字第××号

摘　要	贷方科目 总账科目	贷方科目 明细科目	百	十	万	千	百	十	元	角	分
报销差旅费收回余款	其他应收款	王晶					3	5	0	0	0
合　计						¥	3	5	0	0	0

附件 1 张

会计主管　赵明　　记账　张君　　复核　陈雪　　出纳　李丽　　制单　杨光

（2）依据银行进账单（收账通知）编制记账凭证。

收款凭证

借方科目：银行存款　　　　2013 年 3 月 4 日　　　　银收字第××号

摘要	贷方科目		金额								
	总账科目	明细科目	百	十	万	千	百	十	元	角	分
收回前欠货款	应收账款	天津红发			5	6	0	0	0	0	0
合计				¥	5	6	0	0	0	0	0

附件1张

会计主管　赵明　　记账　张君　　复核　陈雪　　出纳　李丽　　制单　杨光

活动设计 2

2013 年 3 月 4 日，制证会计收到经过审核无误的与付款业务有关的原始凭证。

中国工商银行（京）
现金支票存根
No. 01200227

附加信息

出票日期 2013 年 3 月 3 日

收款人：	长江股份公司
金　额：	¥5 000.00
用　途：	备用金

单位主管　　　会计　张君

借款单

2013 年 3 月 3 日

部门	供应科		借款事由		出差
借款金额	金额（大写）叁仟元整		¥3 000.00	现金付讫	
批准金额	金额（大写）叁仟元整		¥3 000.00		
部门经理	王菲	会计主管	赵明	借款人	刘岩

业务办理

（1）根据原始凭证现金支票存根编制付款凭证。

付　款　凭　证

贷方科目：银行存款　　　　2013 年 3 月 4 日　　　　银付字第××号

摘　要	借方科目		金　额								
	总账科目	明细科目	百	十	万	千	百	十	元	角	分
提现备用	库存现金	备用金				5	0	0	0	0	0
合　计					¥	5	0	0	0	0	0

附件 1 张

会计主管　赵明　　记账　张君　　复核　陈雪　　出纳　李丽　　制单　杨光

（2）根据原始凭证借款单编制付款凭证。

付　款　凭　证

贷方科目：库存现金　　　　2013 年 3 月 4 日　　　　现付字第××号

摘　要	借方科目		金　额								
	总账科目	明细科目	百	十	万	千	百	十	元	角	分
刘岩预借差旅费	其他应收款	刘岩				3	0	0	0	0	0
合　计					¥	3	0	0	0	0	0

附件 1 张

会计主管　赵明　　记账　张君　　复核　陈雪　　出纳　李丽　　制单　杨光

活动设计 3

2013 年 3 月 4 日，制证会计收到经过审核无误的与转账业务有关的原始凭证。

差旅费报销单

部门：办公室　　　　2013 年 3 月 3 日

姓名		王晶				出差事由		开会			出差自 2013 年 3 月 1 日 至 2013 年 3 月 2 日				共 2 天	
起讫时间及地点						车船票		夜间乘车补助费			出差乘补费			住宿费	其他	
月	日	起	月	日	讫	类别	金额	时间	标准	金额	日数	标准	金额	金额	摘要	金额
3	1	北京	3	1	天津	高铁	180.00									
3	2	天津	3	2	北京	高铁	180.00				2	180.00	360.00	430.00		
小计							360.00						360.00	430.00		
合计金额（大写）：壹仟壹佰伍拾元整																
备注：预借 1 500.00　核销 1 150.00　退补 350.00																

附单据共 4 张

单位领导：李云飞　　会计：张君　　出纳：李丽　　报销人：王晶

领　料　单

领料部门：生产车间　　　　　　　　2013 年 3 月 2 日

材料		单位	数量		单位成本	金额	过账
名称	规格		请领	实发			
A 材料		千克	400	400	100.00	40 000.00	
B 材料		千克	300	300	50.00	15 000.00	
工作单号		用途	生产甲产品				
工作项目							

会计主管：赵明　　　　记账：张君　　　　发料：赵军　　　　领料：林放

业务办理

（1）根据原始凭证差旅费报销单编制转账凭证。

转　账　凭　证

2013 年 3 月 4 日　　　　转字第××号

摘要	总账科目	明细科目	记账	借方金额								记账	贷方金额							
				十	万	千	百	十	元	角	分		十	万	千	百	十	元	角	分
报销差旅费	管理费用	差旅费				1	1	5	0	0	0									
	其他应收款	王晶													1	1	5	0	0	0
合计					¥	1	1	5	0	0	0			¥	1	1	5	0	0	0

附件 1 张

会计主管　赵明　　　记账　张君　　　复核　陈雪　　　出纳　李丽　　　制单　杨光

（2）根据原始凭证领料单编制转账凭证。

转　账　凭　证

2013 年 3 月 4 日　　　　转字第××号

摘要	总账科目	明细科目	记账	借方金额								记账	贷方金额							
				十	万	千	百	十	元	角	分		十	万	千	百	十	元	角	分
生产领用	生产成本				5	5	0	0	0	0	0									
	原材料	A 材料												4	0	0	0	0	0	0
	原材料	B 材料												1	5	0	0	0	0	0
合计				¥	5	5	0	0	0	0	0		¥	5	5	0	0	0	0	0

附件 1 张

会计主管　赵明　　　记账　张君　　　复核　陈雪　　　出纳　李丽　　　制单　杨光

情景二　记账凭证的审核

活动设计

2013 年 3 月 10 日，会计人员取得审核无误的原始凭证，编制记账凭证并进行审核。

全国统一发票监制章 国家税务总局监制

北京增值税专用发票

记账联

开票日期：2013 年 3 月 10 日

购货单位	名　　称：北京市宏大公司 纳税人识别号：223344556677889 地 址、电 话：北京市翠微路 2 号　66866888 开户行及账号：工商银行北京海淀支行 200000000			密码区	（略）		
货物或应税劳务名称	规格型号	单位	数量	单价	金额	税率	税额
甲产品	X35	件	300	100.00	30 000.00	17%	5 100.00
合　计					￥30 000.00		￥5 100.00
价税合计（大写）	叁万伍仟壹佰元整				（小写）35 100.00		
销货单位	名　　称：北京长江股份有限公司 纳税人识别号：111222333444555 地 址、电 话：北京市胜利路 1 号　12345678 开户行及账号：工商银行北京海淀支行 100000000			备注	北京长江股份有限公司 财务专用章		

收款人：李丽　　复核：陈雪　　开票人：王晶　　销货单位：（章）

第一联：记账联　销货方记账凭证

中国工商银行进账单（收账通知）1

2013 年 3 月 10 日

出票人	全　　称	北京市宏大公司	收款人	全　　称	北京长江股份有限公司
	账　　号	200000000		账　　号	100000000
	开户银行	工商银行北京海淀支行		开户银行	工商银行北京海淀支行

金额	人民币（大写）	亿	千	百	十	万	千	百	十	元	角	分
叁万伍仟壹佰元整					￥	3	5	1	0	0	0	0

票据种类	转账支票	票据张数	1
票据号码	11000018		

款项来源：销货款

单位主管　会计　复核　记账

中国工商银行股份有限公司 北京海淀支行 业务用公章

持票人开户行盖章

此联是持票人开户行交给持票人的收账通知

中国工商银行（京）
转账支票存根
No. 01200338

附加信息

出票日期：2013 年 3 月 8 日

收款人：	北京华联商厦
金　额：	￥3 350. 00
用　途：	购买办公用品

单位主管　　　　会计：张君

北京市商品销售统一发票

国家税务局监制

客户名称及地址：北京长江股份有限公司　　　　2013 年 3 月 8 日

品名	单位	数量	单价	金额 万	千	百	十	元	角	分
打印纸	包	20	35.00			7	0	0	0	0
文件夹	个	30	25.00			7	5	0	0	0
墨盒	盒	5	380.00		1	9	0	0	0	0
合　计				￥	3	3	5	0	0	0
合计金额（大写）叁仟叁佰伍拾元整										

第二联：发票

填票人：李木　　　收款人：王真　　　单位名称（盖章）北京华联商厦 财务专用章

业务办理

（1）依据增值税专用发票记账联和银行进账单（收账通知）编制记账凭证。

收　款　凭　证

借方科目：银行存款　　　　2013 年 3 月 10 日　　　　现收字第××号

摘　要	贷方科目 总账科目	明细科目	金额 百	十	万	千	百	十	元	角	分
销售货物	主营业务收入	甲产品			5	0	0	0	0	0	0
	应交税费	增值税（销项税额）				3	1	0	0	0	0
合　计				￥	3	5	1	0	0	0	0

附件2张

会计主管　赵明　　记账　张君　　复核　陈雪　　出纳　李丽　　制单　杨光

（2）依据转账支票存根和统一发票编制记账凭证。

付　款　凭　证

贷方科目：银行存款　　　　2013 年 3 月 10 日　　　　现付字第××号

摘　　要	借方科目		金　　额								
	总账科目	明细科目	百	十	万	千	百	十	元	角	分
购买办公用品	管理费用	低值易耗品				3	5	5	0	0	0
合　　计					¥	3	5	5	0	0	0

附件1张

会计主管　赵明　　记账　张君　　复核　陈雪　　出纳　李丽　　制单　杨光

（3）对记账凭证审核后发现以下错误：

1）金额多记、少记及上下不一致；

2）摘要不明确；

3）明细科目有误；

4）附件张数有误；

5）凭证右上角现收、现付有误。

（4）正确的会计凭证编制如下所示。

收　款　凭　证

借方科目：银行存款　　　　2013 年 3 月 10 日　　　　银收字第××号

摘　　要	贷方科目		金　　额								
	总账科目	明细科目	百	十	万	千	百	十	元	角	分
销售甲产品	主营业务收入	甲产品			3	0	0	0	0	0	0
	应交税费	应交增值税 （销项税额）				5	1	0	0	0	0
合　　计				¥	3	5	1	0	0	0	0

附件2张

会计主管　赵明　　记账　张君　　复核　陈雪　　出纳　李丽　　制单　杨光

付　款　凭　证

贷方科目：银行存款　　　　2013 年 3 月 10 日　　　　银付字第××号

摘　　要	借方科目		金　　额								
	总账科目	明细科目	百	丨	万	千	百	丨	元	角	分
购买办公用品	管理费用	办公费				3	3	5	0	0	0
合　　计					¥	3	3	5	0	0	0

附件2张

会计主管　赵明　　记账　张君　　复核　陈雪　　出纳　李丽　　制单　杨光

工作任务三 发票的管理

知识准备

一、发票的含义

发票是指单位或个人在购销商品、提供劳务或接受劳务、服务以及从事其他经营活动时，提供给对方的收付款的书面证明。发票是财务收支的法定凭证，是会计核算的原始依据，也是审计机关、税务机关执法检查的重要依据。

普通发票的基本联次为三联：第一联为存根联，开票方留存备查用；第二联为发票联，收执方作为付款或收款原始凭证；第三联为记账联，开票方作为记账原始凭证。

发票一般包括：票头、字轨号码、联次及用途、客户名称、银行开户账号、商（产）品名称或经营项目、计量单位、数量、单价、金额，以及大小写金额、经手人、单位印章、开票日期等。实行增值税的单位所使用的增值税专用发票还应有税种、税率、税额等内容。

二、发票的种类

常用的发票有增值税专用发票、普通发票和专业发票。

（一）增值税专用发票

增值税专用发票是指专门用于结算销售货物和提供加工、修理修配劳务使用的一种发票。增值税专用发票只限于增值税一般纳税人领购使用，增值税小规模纳税人不得领购使用。

（二）普通发票

普通发票主要由营业税纳税人和增值税小规模纳税人使用，增值税一般纳税人在不能开具增值税专用发票的情况下也可使用普通发票。

（三）专业发票

专业发票是指国有金融、保险企业的存贷、汇兑、转账凭证、保险凭证；国有邮政、电信企业的邮票、邮单、话务、电报收据；国有铁路、国有航空企业和交通部门、国有公路、水上运输企业的客票、货票等。专业发票是一种特殊种类的发票，但不套印税务机关的统一发票监制章。

三、发票的开票规定

在销售商品、提供服务以及从事其他经营活动对外收取款项时，应向付款方开具发票。特殊情况下，由付款方向收款方开具发票。开具发票的规定有：

（1）开具发票应当按照规定的时限、顺序、逐栏、全部联次一次性如实开具，并加盖单位发票专用章或财务专用章。

（2）使用计算机开具发票，须经国家主管税务机关批准，使用国税机关统一监制的机外发票，并要求开具后的存根联按顺序号装订成册。

（3）发票限于领购的单位和个人在本市、县范围内使用，跨出市县范围的，应当使用经营地的发票。

（4）开具发票的单位和个人的税务登记内容发生变化时，应办理相应发票和发票领购簿的变更手续；注销税务登记前，应当缴销发票领购簿和发票。

（5）所有单位和从事生产、经营的个人，在购买商品、接受服务，以及从事其他经营活动支付款项时，向收款方取得发票，不得要求变更品名和金额。

（6）对不符合规定的发票，不得作为报销凭证，任何单位和个人有权拒收。

（7）发票应在有效期内使用，过期应当作废。

（8）一般纳税人有下列行为的，不得开具增值税专用发票：

1）向消费者个人销售货物或者应税劳务；

2）销售货物或者应税劳务适用免税规定；

3）小规模纳税人销售货物或者应税劳务；

4）销售报关出口的货物；

5）在境外销售应税劳务；

6）将货物用于非应税项目；

7）将货物用于集体福利和个人福利；

8）将货物无偿赠送他人；

9）提供非应税劳务、转让无形资产或销售不动产。

四、发票填开的要求

发票启用前要检查，且应遵守以下要求：

（1）检查内容。看有无缺联少页、重号少号、字迹模糊不清、错装混订、漏章错章、断纸废页等问题。如果发现问题，则该发票不能使用，应及时向主管税务机关报告，待请示后再作处理，不得擅自处理。

（2）按规定的顺序填开。用票人必须按发票号码顺序，包括本数顺序，按每本号码的顺序填开发票。既不能跳本、跳号填开，也不能多本同时填开。

（3）逐栏填开发票。用票人应按照发票票面规定的内容逐项进行填写，不得空格、漏项或简略，这是保证发票使用完整性的基本要求。

（4）全部联次一次性如实开具。用票人必须按照经济业务活动的真实内容，全份一次复写或打印。填开发票时，应做到字迹清楚、工整，不得涂改套用和冲洗重用，对因填开或计算错误而作废的发票，应当全份完整保存，并加盖“作废”戳记。

（5）加盖单位财务专用章或发票专用章。发票填开后，只有在发票联和抵扣联加盖了开具方的财务专用章或发票专用章，该发票才能最终成为合法有效的发票；否则，该发票就不具备法律效力，付款方也不能将此发票作为财务核算的有效凭证。

（6）任何单位和个人不得转借、转让、代开发票。

（7）未经当地税务机关批准，不得拆本使用发票；不得自行扩大专业发票的使用范围。

五、发票的领购

发票领购是指依法办理税务登记并取得税务登记证的单位和个人（以下简称纳税人），在购销商品、提供或者接受经营服务以及从事其他经营活动中需要使用发票的，应向其生产经营所在地主管税务机关申请使用发票并办理相关购票手续。领购发票时，纳税人应当持税务登记证、经办人身份证明、按照国务院税务主管部门规定式样制作的发票专用章印模等材料，向主管税务机关办理发票领购手续。主管税务机关根据纳税人的经营范围和规模，确认领购发票的种类、数量以及领购方式，发放发票领购簿。税务机关是发票的主管机关，负责发票印制、领购、开具、取得、保管、缴销的管理和监督。纳税人应当按照规定开具、使用、取得发票。纳税人领购发票时，应当按税务机关规定报告发票使用情况；税务机关应当按照规定进行查验。

（一）普通发票的领购

纳税人可凭发票领购簿核准的种类、数量以及购票方式，向主管税务机关领购发票。纳税人应提供以下资料：

（1）发票购领簿；

（2）税控 IC 卡；

（3）财务专用章或发票专用章印模；

（4）已用发票存根（初次购买除外，购税控发票携带已开具的最后一张发票的记账联）。

（二）增值税专用发票的首次领购

对于已取得一般纳税人资格的纳税人，首次购票时，应到所在区国税局办税服务大厅受理待批文书窗口领取税务行政许可申请书和票种核定申请审批表。

办理完专用发票领购资格审核和票种核定后，纳税人应携带税务机关审批的《准予税务行政许可决定书》、《专用发票票种核定书》、税务登记证（国、地税）副本、一般纳税人资格证书、经办人身份证复印件及一张一寸登记照片、企业财务专用章或发票专用章印模，到发票发售窗口办理发票领购簿，凭发票领购簿和税控 IC 卡领取发票。

（三）增值税专用发票的日常领购

纳税人应指定购票人凭以下资料到发票窗口领购增值税专用发票：

（1）发票领购簿；

（2）税控 IC 卡；

（3）通过增值税防伪税控开票系统生成打印的上次增值税专用发票汇总表；

（4）已开具专用发票的最后一份纸质发票原件；

（5）上次领购并已开具且符合作废专用发票规定的所有纸质作废增值税专用发票的全部联次原件；

（6）上次领购并开具的所有红字专用发票存根联及相应购买方所在地主管国税机关开具的《开具红字增值税专用发票通知单》原件；

（7）经办人身份证明。

票证管理中心发售发票时应认真审核，对有违章记录的一律不得发售发票。

六、发票的保管

按照发票的管理办法，在发票保管中应遵守以下规定：

(1) 建立规章制度，设置台账，已开具的发票存根联和发票登记簿及账册应当保存5年，保存期满报经国税机关查验后销毁；

(2) 增值税专用发票要专人保管，放在保险柜内，设置领、用、存登记簿，对取得的发票抵扣联装订成册；

(3) 未经批准，不得跨区域携带、邮寄、运输空白的发票，禁止携带、邮寄、运输空白的发票出入境；

(4) 纳税人丢失、被盗普通发票时，应于当日书面报告主管税务机关，在报刊和电视等传播媒介上公告声明作废，并接受税务机关处罚；

(5) 纳税人丢失、被盗增值税专用发票的，应在事发当日书面报告国税机关，并在《中国税务报》公开声明作废。

七、发票的缴销

发票缴销是指已领购发票的纳税人，依照规定向主管税务机关上缴已使用或者未使用的发票，由主管税务机关进行查验销毁的税务活动。下列情况需要进行发票缴销处理：

(1) 纳税人办理注销税务登记或变更税务登记的；

(2) 发票被盗或丢失的；

(3) 流失发票；

(4) 发票改版、换版；

(5) 超期限未使用的空白发票；

(6) 霉变、水浸、火烧、虫蛀、鼠咬等发票；

(7) 已开具的发票存根联保管期满的；

(8) 纳税人出现严重违反税务管理和发票管理法规行为的。

八、违反发票管理法规的行为

违反发票管理法规的行为有以下几种：

(1) 未按照规定印制发票或者生产发票防伪专用品；

(2) 未按照规定领购发票；

(3) 未按照规定开具发票；

(4) 未按照规定取得发票；

(5) 未按照规定保管发票；

(6) 未按照规定接受税务机关检查。

对有上述所列行为之一的单位和个人，由税务机关责令限期改正，没收非法所得，可以并处一万元以下的罚款。有上述所列两种以上行为的，可以分别处罚。

小 提 示

发票的填制和审核详见本项目工作任务一中情景一、情景二。

情景　开具增值税专用发票

活动设计

2013 年 5 月 12 日，北京长江股份有限公司销售给北京市宏大公司乙产品 300 件，每件 80 元，收到转账支票，开具增值税专用发票。

业务办理

根据业务内容填制增值税专用发票。填制好的增值税专用发票如下所示。

北京增值税专用发票

发票联

开票日期：2013 年 5 月 12 日

购货单位	名　　称：北京市宏大公司 纳税人识别号：223344556677889 地 址、电 话：北京市翠微路 2 号　66866888 开户行及账号：工商银行北京海淀支行 200000000	密码区	（略）

货物或应税劳务名称	规格型号	单位	数量	单价	金额	税率	税额
乙产品	Y12	件	300	80.00	24 000.00	17%	4 080.00
合　计					￥24 000.00		￥4 080.00
价税合计（大写）	贰万捌仟零捌拾元整				（小写）28 080.00		

销货单位	名　　称：北京长江股份有限公司 纳税人识别号：111222333444555 地 址、电 话：北京市胜利路 1 号　12345678 开户行及账号：工商银行北京海淀支行 100000000	备注	

收款人：李丽　　复核：陈雪　　开票人：王晶　　销货单位：（章）

第三联：发票联　购货方记账凭证

工作任务四　记账凭证的装订、传递及保管

知识准备

一、记账凭证装订前的准备工作

记账凭证装订前的准备工作是指对记账凭证进行排序、粘贴和折叠。因为原始凭证的纸张面积与记账凭证的纸张面积不可能全部一样，这就需要出纳人员在制作记账凭证时对原始凭证加以适当整理，以方便下一步装订成册。整理方法如下：

（1）对于纸张面积大于记账凭证的原始凭证，可按记账凭证的面积，先自右向后，再自下向后两次折叠。应把凭证的左上角或左侧面让出来，以便装订后，还可以展开查阅。

（2）对于纸张面积过小的原始凭证，一般不能直接装订，可先按一定次序和类别排列，再粘在一张同记账凭证大小相同的白纸上，粘贴时宜用胶水。证、票应分张排列，同类、同金额的单据尽量粘在一起；同时，在一旁注明张数和合计金额。如果是板状票证，可以将票面、票底轻轻撕开，厚纸板弃之不用。

（3）对于纸张面积略小于记账凭证的原始凭证，可先用回形针或大头针别在记账凭证后面，待装订时再抽去回形针或大头针。有的原始凭证不仅面积大，而且数量多，可以单独装订，如工资单、领料单等，但在记账凭证上应注明保管地点。

（4）原始凭证附在记账凭证后面的顺序应与记账凭证所记载的内容顺序一致，不应按原始凭证的面积大小来排序。

记账凭证经过上述的加工整理之后，就可以装订了。

二、记账凭证装订的要求

记账凭证的装订是指把定期整理完毕的记账凭证按照编号排序，外加封面、封底，装订成册，并在装订线上加贴封签。在封面上，应写明单位名称、年度、月份、记账凭证的种类、起讫日期、起讫号数，以及记账凭证和原始凭证的张数，并在封签处加盖会计主管的骑缝图章。

记账凭证装订的要求如下：

（1）如果采用单式记账凭证，在整理、装订凭证时，必须保持会计分录的完整。为此，应按凭证号码顺序还原装订成册，不得按科目归类装订。对各种重要的原始单据，以及各种需要随时查阅和退回的单据，应另编目录，单独登记保管，并在有关的记账凭证和原始凭证上相互注明日期和编号。

（2）汇总装订后的记账凭证封面样式如下所示。

单位全称			
凭证类别			
册　　数	第　册共　册		
凭证起止日期	年　月　日至　　年　月　　日	装订时间	
凭证起止号数	本册自第　　号至第　　号	保管期限	
凭证张数	本册共　　张	会计主管	
附件张数	本册共　　张	装 订 人	

记账凭证装订要求既美观大方又便于翻阅，所以在装订时要先设计好装订册数及每册的厚度。一般来说，每册凭证厚度以 1.5cm 至 2.0cm 为宜。

（3）凭证装订册数可根据凭证的多少来定，原则上以月份为单位装订，每月订成一册或若干册。有些单位业务量小，凭证不多，可把若干个月的凭证合并订成一册，只要在凭证封面注明本册所含的凭证月份即可。

三、记账凭证装订的方法

记账凭证常用的装订方法有以下两种。

（一）侧面装订法

为了使侧面装订成册的记账凭证外形美观，在装订时要考虑到凭证的整齐均匀，特别是装订线的位置；如果太薄，可用纸折一些三角形纸条，均匀地垫在此处，以保证它的厚度与凭证中间的厚度一致。

（二）角订法

角订法装订起来简单易行，其具体操作步骤如下：

（1）将凭证封面和封底裁开，分别附在凭证前面和后面，再拿一张质地相同的纸（可以再找一张凭证封皮，裁下一半用，另一半为订下一本凭证备用）放在封面上角，做护角线。

（2）在凭证的左上角画一个边长为 5 厘米的等腰三角形，用夹子夹住，用装订机在底线上分布均匀地打两个孔。

（3）用大针引线绳穿过两个孔。如果没有针，可以将回形别针顺直，然后将两端折向同一个方向，将线绳从中间穿过并夹紧，即可把线引过来，因为一般装订机打出的孔是可以穿过的。

（4）在凭证的背面打线结。

（5）将护角向左上侧折，并将一侧剪开至凭证的左上角，然后抹上胶水。

（6）向后折叠，并将侧面和背面的线绳扣粘死。

（7）待晾干后，在凭证本的脊背上面写上“×年×月第×册共×册”字样。装订人在装订线封签处签名或者盖章。现金凭证、银行存款凭证和转账凭证最好依次按顺序编号，一个月从头编一次序号。如果单位的凭证少，可以全年按顺序编号。

四、记账凭证的传递及其作用

（一）记账凭证的传递

记账凭证的传递是指从记账凭证的取得或填制时起至归档保管过程中，在单位内部有关人员和部门之间传送、交接的过程。各单位应根据自身经济业务的特点，规定各种凭证的填写、传递单位与份数，规定记账凭证传递的程序、时间、接受与保管等。

（二）记账凭证传递的作用

为了能够利用记账凭证及时反映各项经济业务，提供会计信息，发挥会计监督的作用，必须正确、及时地进行记账凭证的传递，不得积压。正确组织记账凭证的传递，对于及时处理和登记经济业务、明确经济责任、实行会计监督具有重要作用。记账凭证传递的作用主要有以下两点。

1. 有利于完善经济责任制度

经济业务的发生或完成及记录，是由若干责任人共同负责、分工完成的。记账凭证作为记录经济业务、明确经济责任的书面证明，体现了经济责任制度的执行情况。单位会计制度可以通过对凭证传递程序和传递时间的规定，进一步完善经济责任制度，使各项业务的处理顺利进行。

2. 有利于及时进行会计记录

从经济业务的发生到账簿登记，有一定的时间间隔。通过记账凭证的传递，能使会计部门尽早了解经济业务的发生和完成情况，并通过会计部门内部的凭证传递，及时记录经济业务、进行会计核算、实行会计监督。

五、记账凭证的保管

记账凭证是重要的会计档案和经济资料，每个单位都要建立保管制度，妥善保管。对各种记账凭证要分门别类，按照编号顺序整理、装订成册。封面上要注明记账凭证的名称、起讫号、时间以及有关人员的签章。要妥善保管好记账凭证，在保管期间记账凭证不得外借，对超过保管期限（一般是 15 年）的记账凭证，要严格依照有关程序销毁。需永久保管的记账凭证，不能销毁。

情景 装订记账凭证

活动设计

2013 年 5 月 1 日，出纳员李丽装订上月（4 月 1 日—30 日）的记账凭证（起止号数 1—46，共 46 张，所附原始凭证单据 66 张），连同填写好的记账凭证封皮一起装订。

业务办理

（1）填制好的记账凭证封皮如下所示。

单位全称	北京长江股份有限公司		
凭证类别	收款记账凭证		
册　　数	第 1 册　共 1 册		
凭证起止日期	2013 年 4 月 1 日至 2013 年 4 月 30 日	装订时间	2013 年 5 月 1 日
凭证起止号数	本册自第 1 号至第 46 号	保管期限	15 年
凭证张数	本册共 46 张	会计主管	赵明
附件张数	本册共 66 张	装 订 人	李丽

（2）将填制好的记账凭证封皮和记账凭证装订在一起。

工作任务五 出纳账簿的管理

知识准备

一、出纳账簿的设置

出纳账簿是会计账簿的一种，它是由出纳人员根据审核无误的原始凭证及有关的记账凭证，全面、系统、连续地记录各项经济业务，按时间先后顺序逐日、逐笔进行登记的一类账簿。

出纳账簿主要设置订本式的“现金日记账”、“银行存款日记账”和有关有价证券方面的一些明细分类账。日记账可以选用“三栏式”账簿，也可以根据经济业务的特点和经营管理的需要选用“多栏式”账簿。三栏式现金日记账和银行存款日记账格式如下所示。

现金日记账

年		凭证		对方科目	摘要	借方金额										贷方金额										余额									
月	日	种类	号数			千	百	十	万	千	百	十	元	角	分	千	百	十	万	千	百	十	元	角	分	千	百	十	万	千	百	十	元	角	分

银行存款日记账

年		凭证		对方科目	摘要	借方金额										贷方金额										余额									
月	日	种类	号数			千	百	十	万	千	百	十	元	角	分	千	百	十	万	千	百	十	元	角	分	千	百	十	万	千	百	十	元	角	分

二、出纳账簿的启用

启用出纳账簿时，应当在账簿封面上写明单位名称和账簿名称。在账簿扉页上附启用表，内容包括启用日期、账簿页数、记账人员和会计机构负责人、会计主管人员姓名，并加盖名章和单位公章。记账人员或者会计机构负责人、会计主管人员调动时，应注明交接日期、接办人员或者监交人员姓名，并由交接双方人员签名或者盖章。

启用订本式账簿，应当从第一页到最后一页按顺序编定页数，不得跳页、缺号；启用活页式账页，应当按账户顺序编号，并定期装订成册，装订后再按实际使用的账页顺序编定页码。在总分类账和明细分类账第一页的前面，分别另加目录，记明每个账户的名称和页次，以便检查、登记和防止账页散失。

三、账簿启用表的填制

为保证出纳账簿记录的合法性和资料的完整性，以及明确记账责任，在启用账簿时要填写账簿启用表。填制账簿启用表应注意以下几个方面：

（1）填写记账人员姓名和会计主管人员姓名并加盖印章，以示慎重和负责。

（2）填写启用日期和启用账簿的起止页数。如启用的是订本式账簿，起止页数已经印好不需再填；启用活页式账簿，起止页数可等到装订成册时再填。

（3）加盖单位财务专用章，以示严肃。

（4）当记账人员或会计主管人员工作变动时，应办好账簿移交手续，并在账簿启用表上明确记录交接日期及接办人员、监交人员的姓名，账簿启用表要加盖单位公章。账簿启用表的格式如下所示。

账簿启用表

<table>
<tr><td colspan="3">单位名称</td><td colspan="4"></td><td>单位公章</td></tr>
<tr><td colspan="3">账簿名称</td><td colspan="4">第　册</td><td rowspan="4"></td></tr>
<tr><td colspan="3">账簿编号</td><td colspan="4"></td></tr>
<tr><td colspan="3">账簿页数</td><td colspan="4"></td></tr>
<tr><td colspan="3">启用日期</td><td colspan="4"></td></tr>
<tr><td rowspan="3">经管人员</td><td colspan="2">会计主管</td><td colspan="2">稽核</td><td colspan="2">记账</td><td rowspan="6">印花税票粘贴处</td></tr>
<tr><td>姓名</td><td>盖章</td><td>姓名</td><td>盖章</td><td>姓名</td><td>盖章</td></tr>
<tr><td></td><td></td><td></td><td></td><td></td><td></td></tr>
<tr><td rowspan="3">交接记录</td><td colspan="2">经营人员</td><td colspan="2">接管</td><td colspan="2">交出</td></tr>
<tr><td>职务</td><td>姓名</td><td>年月日</td><td>盖章</td><td>年月日</td><td>盖章</td></tr>
<tr><td></td><td></td><td></td><td></td><td></td><td></td></tr>
</table>

四、账簿登记的基本要求

（一）准确、完整

登记账簿时，应当将会计凭证的日期、编号、业务内容摘要、金额和其他有关资料逐项记入账簿内，做到数字准确、摘要清楚、登记及时、字迹工整。每一会计事项，一方面要记入有关的总账，另一方面要记入该总账所属的明细账。账簿记录中的日期，应该填写记账凭证上的日期；以自制的原始凭证，如收料单、领料单等作为记账依据的，账簿记录中的日期应按有关自制凭证上的日期填列。

（二）注明记账符号

登记完毕后，要在记账凭证上签名或者盖章，并注明已经记账的符号，表示已经记账，以免发生重记或漏记。

（三）文字和数字整洁清晰、准确无误

在登记书写时，不要滥造简化字，不得使用同音异义字；摘要文字紧靠左线；数字要写在金额栏内，不得越格错位、参差不齐；文字、数字字体大小适中，紧靠下线书写，上面要留有适当空距，一般应占格宽的1/2，以备按规定的方法改错。记录金额时，如为没有角、分的整数，应分别在角、分栏内写上“0”，不得省略不写或以“—”号代替。阿拉伯数字一般可自左向右适当倾斜，以使账簿记录整齐、清晰。为防止字迹模糊，墨迹未干时不要翻动账页；夏天记账时，可在手臂下垫一块软质布或纸板等，以防汗浸。

（四）正常记账使用蓝黑墨水或者碳素墨水

登记账簿要用蓝黑墨水或者碳素墨水书写，不得使用圆珠笔（银行的复写账簿除外）或者铅笔书写。

（五）特殊记账使用红墨水

（1）按照红字冲账的记账凭证，冲销错误记录。
（2）在不设借、贷等栏的多栏式账页中，登记减少数。
（3）在三栏式账户的余额栏前，如未印明余额方向的，在余额栏内登记负数余额。
（4）根据国家统一会计制度的规定可以用红字登记的其他会计记录。

（六）按页次顺序连续登记

各种账簿按页次顺序连续登记，不得跳行、隔页。如果发生跳行、隔页，不得随便更换账页和撤出账页，作废的账页也要留在账簿中，应当将空行、空页划线注销，或者注明“此行空白”、“此页空白”字样，并由记账人员签名或者盖章。

（七）结出余额

凡需要结出余额的账户，结出余额后，应当在“借或贷”栏内写明“借”或者“贷”字样；没有余额的账户，应当在“借或贷”栏内写“平”字，并在余额栏内用“0”表示。现金日记账和银行存款日记账必须逐日结出余额。一般来说，对于没有余额的账户，在余额栏内标注的“0”应当放在“元”位。

（八）承前页

每一账页登记完毕结转下页时，应当结出本页合计数及金额，写在本页最后一行，并在摘要栏内注明“本页合计”字样；也可以将本页合计数及金额只写在下页第一行有关栏内，并在摘要栏内注明“承前页”字样。

（九）登记发生错误时，必须按规定方法更正

严禁刮、擦、挖、补，或使用化学药物清除字迹。发现差错，必须根据差错的具体情况采用划线更正、红字更正及补充登记等方法更正。

五、账簿登记的具体方法

（一）日期

“日期”栏中填入的应为据以登记账簿的会计凭证上的日期，现金日记账一般依据记账凭证登记，因此，此处日期为编制该记账凭证的日期。不能填写原始凭证上记载的发生或完成该经济业务的日期，也不是实际登记该账簿的日期。

（二）凭证字号

“凭证字号”栏中应填入据以登账的会计凭证类型及编号。如企业采用通用凭证格式，根据记账凭证登记现金日记账时，填入“记字第×号”；企业采用专用凭证格式，根据现金收款凭证登记现金日记账时，填入“收字第×号”。

（三）摘要

“摘要”栏说明入账的经济业务的内容，力求简明扼要。

（四）对方科目

“对方科目”栏应填入会计分录中“库存现金”或“银行存款”科目的对应科目，用以反映库存现金或银行存款增减变化的来龙去脉。在填写对方科目时，应注意以下几点：

(1) 对方科目只填总账科目，不需要填明细科目。

(2) 当对方科目有多个时，应填入主要对方科目，如销售产品收到现金，则“库存现金”的对方科目有“主营业务收入”和“应交税费”，此时可在对方科目栏中填入“主营业务收入”。在“借方金额”栏中填入取得的现金总额，而不能将一笔现金增加业务拆分成两个对方科目金额填入两行。

(3) 当对方科目有多个且不能从科目上划分出主次时，可在对方科目栏中填入其中金额较大的科目，并在其后加上“等”字。如用现金800元购买零星办公用品，其中300元由车间负担，500元由行政管理部门负担，则在现金日记账“对方科目”栏中填入“管理费用等”，在“贷方金额”栏中填入支付的现金总额800元。

（五）借方、贷方

“借方金额”栏、“贷方金额”栏应根据相关凭证中记录的“库存现金”或“银行存

款”科目的借、贷方向及金额记入。

（六）余额

“余额”栏应根据“本行余额＝上行余额＋本行借方－本行贷方”公式计算填入。

正常情况下，库存现金不允许出现贷方余额，因此，现金日记账余额栏前未印有借贷方向，其余额方向默认为借方。若在登记现金日记账过程中，由于登账顺序等特殊原因出现了贷方余额，则在余额栏用红字登记，表示贷方余额。

（七）结转

每一张账页登记完毕结转下页时，应当结出自本页初起至本页末止的发生额合计数及金额，写在本页最后一行和下页第一行有关栏内，并在摘要栏注明“过次页”和“承前页”字样；也可以将本页合计数及金额只写在下一页第一行有关栏内，并在摘要栏注明“承前页”字样。

六、现金日记账和银行存款日记账

（一）现金日记账

现金日记账是用来记录企业库存现金每天收到、支出和结存情况的账簿，由出纳人员按时间先后顺序逐日、逐笔进行登记。也就是根据现金收款凭证和与现金有关的银行存款、付款凭证（从银行提取现金的业务）登记现金收入；根据现金付款凭证登记现金支出；根据“上日余额＋本日收入－本日支出＝本日余额”的公式，逐日结出现金余额，并每天与库存现金实存数进行核对，以检查每日现金收付是否准确无误。

（二）银行存款日记账

银行存款日记账是用来记录银行存款每天收入、支出和结余情况的账簿。银行存款日记账应该按照企业在银行的币种分别设置，每个银行账户设置一本日记账，由出纳人员按时间先后顺序逐日、逐笔进行登记。也就是根据银行存款收款凭证和有关的现金付款凭证（库存现金存入银行的业务）登记银行存款的收入栏，根据银行存款付款凭证登记其支出栏，每日结出存款余额。

银行存款日记账的格式与现金日记账格式相同，通常采用三栏式（银行存款日记账的登记方法和现金日记账的方法基本相同，这里不作重复介绍）。每日终了，应当计算出银行存款收入合计和支出合计，并结出余额，定期与开户银行打印出来的对账单进行核对。月末终了，同样要进行月底结账。

七、对账和结账

（一）出纳对账

对账是指为了保证账簿记录的正确性而进行的有关账项的核对工作。具体包括：

（1）账证核对。主要是由出纳人员将现金日记账和银行存款日记账记录与其相关的收、付记账凭证及其所附原始凭证进行核对。

（2）账账核对。主要是由出纳人员将现金日记账和银行存款日记账的期末余额与其相应的库存现金和银行存款总账的期末余额进行核对。

（3）账实核对。主要是由出纳人员将现金日记账账面余额与库存现金实有数额进行核对，将银行存款日记账账面余额与银行对账单的余额进行核对。

（二）出纳结账

结账是指在把一定时期内发生的全部经济业务登记入账的基础上，计算并记录本期发生额和期末余额。

现金日记账和银行存款日记账要在每月最后一笔经济业务记录下划通栏单红线，结出本月发生额和余额，在摘要栏内注明“本月合计”字样，在下面再划一条通栏单红线。从第二个月起“本月合计”下面记“本年合计”或“本年累计”，同样也要划一条通栏单红线，也就是说每年的一月要在“本月合计”的上方和下方各划一条通栏单红线，以后每个月除了要在“本月合计”的上方和下方各划一条通栏单红线外，还要在“本年累计”下方划一条通栏单红线。到十二月份，年度终了结账时，要将现金日记账和银行存款日记账余额结转下年，并在“本年合计”下方划通栏双红线。在次行的摘要栏注明“结转下年”字样（金额不再抄写），以下空格从左下角至右上角划斜线注销，然后将其余额直接记入新的现金日记账和银行存款日记账第一行余额栏内，并在摘要栏注明“上年结转”字样。

情景一　出纳账簿的设置及启用

活动设计

2013年1月1日，北京长江股份有限公司出纳员启用新的现金日记账账簿。账簿编号01—01，第1册，共200页，会计主管赵明。请填写账簿启用表。

业务办理

（1）根据活动设计填写账簿启用表。

账簿启用表

单位名称		北京长江股份有限公司					单位公章
账簿名称		现金日记账　　第 1 册					北京长江股份有限公司 财务专用章
账簿编号		01—01					
账簿页数		200 页					
启用日期		2013 年 1 月 1 日					
经管人员	会计主管		稽核		记账		印花税票粘贴处
	姓名	盖章	姓名	盖章	姓名	盖章	
	赵明	赵明	陈雪	陈雪	李丽	李丽	
交接记录	经营人员		接管		交出		
	职务	姓名	年月日	盖章	年月日	盖章	

小提示

设立账簿需要缴纳印花税，记载资金的账簿，按固定资产原值与自有流动资产总金额的万分之五贴花，其他账簿都按每本 5 元贴花。启用的账簿贴印花税票后在印花税票中间划两条出头横线或竖线，表示注销。

（2）建立账簿。

情景二　出纳账簿的登记、对账及结账

活动设计

2013 年 5 月 31 日，北京长江股份有限公司出纳依据审核无误的收付款凭证登记现金日记账，并于 2013 年 12 月 31 日对银行存款日记账进行结账（相关记账凭证略）。

业务办理

现金日记账

2013 年		凭证		对方科目	摘要	借方金额							贷方金额							余额						
月	日	字	号			万	千	百	十	元	角	分	万	千	百	十	元	角	分	万	千	百	十	元	角	分
5	1				期初余额																1	0	0	0	0	0
5	9	银付	1		提现备用		5	0	0	0	0	0									6	0	0	0	0	0
5	10	现收	2		报销差旅费			6	5	0	0	0									6	6	5	0	0	0

续前表

2013年		凭证		对方科目	摘要	借方金额							贷方金额							余额						
月	日	字	号			万	千	百	十	元	角	分	万	千	百	十	元	角	分	万	千	百	十	元	角	分
5	12	现付	3		购办公用品									1	5	0	0	0	0		5	1	5	0	0	0
5	15	现付	4		交罚款										5	0	0	0	0		4	6	5	0	0	0
	31	现收	5		收押金		1	0	0	0	0	0									5	6	5	0	0	0
					本月合计		6	6	5	0	0	0		2	0	0	0	0	0		5	6	5	0	0	0

银行存款日记账

2013年		凭证		对方科目	摘要	借方金额							贷方金额							余额						
月	日	字	号			万	千	百	十	元	角	分	万	千	百	十	元	角	分	万	千	百	十	元	角	分
1	1				上年结转																6	0	0	0	0	0
					……																					
1	20				本日合计		4	0	0	0	0	0		5	0	0	0	0	0		3	0	0	0	0	0
					……																					
					……																					
1	31				本日合计		6	0	0	0	0	0		3	0	0	0	0	0		7	0	0	0	0	0
1	31				本月合计	1	5	0	0	0	0	0	1	4	0	0	0	0	0		7	0	0	0	0	0
					……																					
					……																					
3	31				本日合计		6	0	0	0	0	0		6	0	0	0	0	0		9	0	0	0	0	0
	31				本月合计	1	7	0	0	0	0	0	1	5	0	0	0	0	0		9	0	0	0	0	0
	31				……																					
					……																					
					……																					
					……																					
12	31				本日合计		7	0	0	0	0	0		6	0	0	0	0	0	1	2	0	0	0	0	0
12	31				本月合计	1	8	0	0	0	0	0	1	6	0	0	0	0	0	1	2	0	0	0	0	0
12	31				本年合计	9	9	0	0	0	0	0	9	3	0	0	0	0	0	1	2	0	0	0	0	0
					结转下年																					

工作任务六 出纳报告单的编制

知识准备

一、出纳报告单的编制要求

（一）编制要及时

出纳报告单的报告周期要与本企业的总账会计汇总记账的周期相一致，如果本企业总账 10 天汇总一次，则出纳报告单也应 10 天汇总一次。

（二）账表内容必须一致

出纳报告单的项目内容应当与出纳日记账、有关明细账和备查簿内容相符，保证出纳报告单信息的真实、完整、准确。

（三）报送范围和程序要确定

未经有关领导批准，不得随意泄露出纳报告单的内容。

二、出纳报告单的编制方法

出纳报告单的编制方法如下：

（1）“上期结存数”是指报告期前一期期末结存数，即本期报告期前一天的账面结存金额，也是上一期出纳报告单的“本期结存数”。

（2）“本期收入”按账面本期借方合计数字填列。

（3）“合计”是上期结存与本期收入的合计数字。

（4）“本期支出”按账面本期贷方合计数字填列。

（5）“本期结存”是指本期期末账面结存数字。它等于“合计”数字减去“本期支出”数字。本期结存必须与账面实际结存数一致。

三、出纳报告单的格式

出纳报告单的格式如下所示。

出 纳 报 告 单

编制单位：　　　　年　月　日至　　年　月　日　　　　编号：

项目	库存现金	银行存款	有价证券	备注
上期结存数				
本期收入				
合计				

续前表

项目	库存现金	银行存款	有价证券	备注
本期支出				
本期结存				

会计主管　　记账　　复核　　出纳　　制单

情景　编制出纳报告单

活动设计

北京长江股份有限公司出纳每 10 天出具一张出纳报告单。2013 年 5 月 11 日，现金日记账余额为 2 800 元，银行存款日记账余额为 150 000 元；2013 年 5 月 11 日—20 日，库存现金和银行存款借方发生额合计数分别为 15 000 和 230 000；贷方发生额合计数分别为 15 500 元和 270 000 元；2013 年 5 月 20 日，库存现金和银行存款余额分别为 2 300 元和 110 000 元。

业务办理

出纳依据现金日记账和银行存款日记账填制的出纳报告单如下所示。

出纳报告单

编制单位：北京长江股份有限公司　　2013 年 5 月 11 日至 2013 年 5 月 20 日　　编号：××

项目	库存现金	银行存款	备注
上期结存数	2 800.00	150 000.00	
本期收入	15 000.00	230 000.00	
合计	17 800.00	380 000.00	
本期支出	15 500.00	270 000.00	
本期结存	2 300.00	110 000.00	

会计主管　赵明　　记账　张君　　复核　陈雪　　出纳　李丽　　制单　杨光

工作任务七　出纳点钞技术

知识准备

点钞技术，即票币整点技术，是财经、商贸类专业学生应该掌握的一项基本技能，也是各单位会计人员，尤其是现金出纳人员必须具备的一项基本功。点钞方法分为手工点钞和机器点钞两种，机器点钞易学易懂，本书项目六将专门介绍点钞机的使用。

一、点钞的基本步骤

（一）做好准备工作

点钞前，应保持桌面干净整齐，不得乱放其他杂物，尤其是现金，以免出现混杂不清的情况。

（二）将票币按券别分类

出纳员收到票币后，先按硬币和纸币分类，再按不同的面值分类。硬币应当码齐，纸币应当平放铺开。

（三）挑选、整理票币

（1）清点票币时，有损伤的票币要挑出来。断裂的纸币可用纸粘好，但不得用大头针、回形针或订书钉随意夹订。对于破损严重、难以辨别的票币应予以退回；不便退回的应做书面记录并由交款人确认，待送存银行时参照有关规定办理。

（2）对于伪造、变造的票币必须当场向有关当事人声明，同时予以退回或做作废处理。

（3）对于停止流通的票币应予以退回。

（4）挑选完毕，将票币墩好码齐，准备清点。

（四）清点数量

出纳人员根据券别，按一定的要求（如好、烂分开）清点张（枚）数，进行一次初点。初点后，应采用不同的点钞方法再重点一次，核对无误后即可捆扎并写好数量。

（五）计算金额

根据复点无误的数量与相应的票币面值进行计算，得出实有票币的实际金额，最后统计并与收款收据核对金额，确认无误后收好票币并出具收款单据，完成点钞工作。

二、点钞的基本要求

（一）坐姿端正

点钞时的坐姿会直接影响点钞技术的发挥。正确的坐姿是直腰挺胸，全身自然，肌肉放松，双肘自然放在桌上，持票的左手腕部接触桌面，右手腕部稍微抬起，这样可使整点票币轻松持久、活动自如。

（二）操作定型，用品定位

点钞时使用的算盘、印泥、图章、海绵壶、点钞机、捆钞条等要按使用顺序固定位置放好，以便点钞时使用顺手，又可以避免因忙乱而拿错，从而提高工作效率和工作质量。

（三）点数准确

点钞技术的关键是一个“准”字，清点和记数的准确是点钞的基本要求。点数不准确不仅影响日常工作的质量，而且会产生差错，造成损失。

（四）扇面均匀

手工点钞时，应把钞票打成扇面，使钞票均匀错开，便于清点。扇面均匀是指打开扇面后，扇面上每张钞票的间隔距离均匀。扇面开得均匀与否，将影响钞票清点的准、快程度。

（五）动作连贯

动作连贯是保证点钞质量和提高效率的必要条件。它包含两个方面的含义：一是指点钞过程中的拆把、点数、扎把、盖章等每个环节衔接紧密、动作协调、环环紧扣；二是指清点时动作连贯，即点钞时，双手动作协调，清点速度均匀，切忌忽快忽慢。

（六）钞票墩齐

点完钞票，要把钞票墩齐后才能扎把。钞票墩齐的要求：四条边水平，不露头，券角拉平。

（七）扎把捆紧

扎小把，以提起把中第一张钞票不能被抽出为准；按“双十”字形捆扎的大捆，以用力推不变形、抽不出票把为准。

（八）盖章清晰

盖章是点钞过程的最后一个环节，在扎条的上侧加盖点钞员的名章，以明确责任。名章一定要盖得清晰可辨。

三、点钞的常用方法

手工点钞根据持票姿势不同，又可划分为手按式点钞法和手持式点钞法。手按式点钞法是将钞票放在台面上操作；手持式点钞法是在手按式点钞法的基础上发展而来的，其速度远比手按式点钞法快，因此，手持式点钞法在全国各地应用比较普遍。本书仅介绍手持式点钞法。手持式点钞法是将钞票拿在手上进行清点的点钞方法，点钞时，捻钞的手指与钞票的接触面要小，一般是指尖的右侧面与钞票相接触，如果手指接触面过大，手指往返动作的幅度会随之增大，从而使手指运动的频率降低，影响点钞的速度。手持式点钞法一般有手持式单指单张点钞法、手持式单指多张点钞法和手持式扇面点钞法等多种具体方法。

（一）手持式单指单张点钞法

手持式单指单张点钞法是一种适用面较广的点钞方法，可用于收款、付款和整点各种新旧大小钞票。这种点钞法的优点是持票人持票所占的票面较小，视线可及票面的四分之三，容易发现假票及残破币，缺点是速度较慢。其具体操作如下：

1. 拆把持钞

拆把的方法有以下两种：

第一种方法：持把时左手拇指在钞票正面的左端，约在票面的四分之一处，食指和中指在钞票背面与拇指一起捏住钞票，无名指和小指自然弯曲；捏起钞票后，无名指和小指伸向票前压住钞票的左下方，中指弯曲稍用力，与无名指和小指夹住钞票；食指伸直，拇指向上移动按住钞票的侧面将钞票压成瓦形，并使左手手心向下，然后用右手脱去钞票上的腰条。同时左手将钞票往桌面上轻擦，拇指借用桌面的摩擦力将钞票向上翻成微扇形票面。右手的拇指、食指、中指沾水作点钞准备。这种拆把方法不撕断腰条，便于保留原腰条查看名章，常用于初点现金。

第二种方法：钞票横执，正面朝着身体，用左手的中指和无名指夹住票面的左上角，拇指按住钞票上边沿处，食指伸直，中指稍用力，把钞票放在桌面上，并使左端翘起成瓦形，然后用左手食指向前伸，勾断腰条纸并抬起食指使腰条自然落在桌面上，左手大拇指翻起钞票的同时用力向外推，使钞票微成扇面形，右手拇指、食指、中指沾水作好点钞准备。这种方法的特点是左右手可同时操作，拆把速度快，但腰条纸勾断后不能再使用，常用于复点现金。

2. 清点

拆把后，左手持钞稍斜，正面对胸前，用右手拇指尖向下捻动钞票的右上角，拇指不要抬得太高，动作的幅度也不宜太大，以免影响速度；食指在钞票背面托住少量钞票配合拇指工作，随着钞票的捻出要向前移动，以及时托住另一部分钞票；无名指将捻下来的钞票往怀里方向弹，每捻下一张弹一次，要注意轻点快弹；中指翘起不要触及票面，以免妨碍无名指动作。同时，左手手指也要配合动作，当右手将钞票下捻时，左手手指要随即向后移动，并用指尖向外推动钞票，以利捻钞时下钞均匀。在这一环节中，要注意右手拇指捻钞时，主要负责将钞票捻开，下钞主要靠无名指弹拨。在清点过程中，如果发现残破券应按剔旧标准将其挑出。为了不影响点钞速度，点钞时不要急于抽出残破券，只要用右手中指、无名指夹住残破券将其折向外边，待点完 100 张后再将残破券替换为完整券。

3. 记数

在清点钞票的同时要记数。由于单指单张每次只捻一张钞票，记数也必须一张一张记，直至记到 100 张。从“1”到“100”的数中，绝大多数是两位数，记数速度往往跟不上捻钞速度，所以必须巧记。通常可采用分组计数法。把 10 作 1 记，即 1、2、3、4、5、6、7、8、9、1；1、2、3、4、5、6、7、8、9、2；……1、2、3、4、5、6、7、8、9、10（即 100）。这种方法将 100 个数编成 10 个组，每个组都由 10 个一位数组成，前面 9 个数都表示张数，最后一个数既表示这一组的第 10 张，又表示这一组的组序号码（即第几组）。这样在点数时记数的频率和捻钞的速度能基本吻合。这种记数方法既简捷迅速又省力好记，有利于准确记数。记数时不要念出声，要用心记，做到心、眼、手三者密切配合。

（二）手持式单指多张点钞法

手持式单指多张点钞法是在手持式单指单张点钞法的基础上发展起来的。它适用于收款、付款和整点工作，各种钞票的清点都能使用这种点钞方法。其优点是点钞效率高，记数简单省力。但是由于一指一次捻几张钞票，除第一张外，后面几张看到的票面较少，不易发现残破券和假币。

（三）手持式扇面点钞法

把钞票捻成扇面状进行清点的方法叫手持式扇面点钞法。这种点钞方法速度快，是手工点钞中效率最高的一种。但它只适合清点新钞票，不适于清点新、旧、破混合钞票。其操作方法如下：

1. 持钞

钞票竖拿，左手拇指在票前下部中间票面约四分之一处。食指、中指在钞票后同拇指一起捏住钞票，无名指和小指蜷向手心。右手拇指在左手拇指的上端，用虎口从右侧卡住钞票成瓦形，食指、中指、无名指、小指均横在钞票背面，做开扇准备。

2. 开扇

开扇是扇面点钞的一个重要环节，扇面要开得均匀，为点数做好准备。其方法是：以左手为轴，右手食指将钞票向胸前左下方压弯，然后再猛向右方闪动，同时右手拇指在票前向左上方推动钞票，食指、中指在钞票后面用力向右捻动，左手指在钞票原位置向逆时针方向捻动，食指、中指在钞票后面用力向左上方捻动，右手手指逐步向下移动，至右下角时即可将钞票推成扇面形。如有不均匀的地方，可用双手持钞抖动，使其均匀。打扇面时，左右两手一定要配合协调，不要将钞票捏得过紧；如果点钞时采取一按十张的方法，扇面要开小一些，便于点清。

3. 点数

左手持扇面，右手中指、无名指、小指托住钞票背面，拇指在钞票右上角 1cm 处，一次按下五张或十张；接下来用食指压住，拇指继续向前按第二次，以此类推，同时左手应随右手点数速度向内转动扇面，以迎合右手按动，直到点完 100 张为止。

4. 记数

采用分组记数法。一次按 5 张为一组的，记满 20 组为 100 张；一次按 10 张为一组的，记满 10 组为 100 张。

5. 合扇

清点完毕合扇时，将左手向右倒，右手托住钞票右侧向左合拢，左右手指向中间一起用力，使钞票竖立在桌面上，两手松拢轻墩，把钞票墩齐，准备扎把。

四、硬币的整点

（一）手工整点硬币

手工整点硬币一般常用在收款、收点硬币尾零款，以 100 枚为一卷，一次可清点 5 枚、12 枚、14 枚或 16 枚，最多的可一次清点 18 枚，主要依个人技术熟练程度而定。其操作方法如下：

1. 拆卷

右手持硬币卷的三分之一部位，放在待清点完包装纸的中间，左手撕开硬币包装纸的一头，然后右手大拇指向下从左到右端开包装纸，把纸从卷上面压开后，左手食指平压硬币，右手抽出已压开的包装纸，这样即可准备清点。

2. 点数

按币值由大到小的顺序进行清点，用左手持币，右手拇指、食指分组清点。为保证准确，用右手中指从一组中间分开查看，如一次点 18 枚为一组，即从中间分开一边 9 枚；如一次点 10 枚为一组，一边为 5 枚。记数方法：分组计数，一组为一次，如点 10 组即记 10 次，其他以此类推。

3. 包装

硬币清点完毕后，用双手的无名指分别顶住硬币的两头，用拇指、食指、中指捏住硬币的两端，将硬币取出放入已准备好的包装纸 1/2 处，再用双手拇指把里半部的包装纸向外掀起掖在硬币底部，再用右手掌心用力向外推卷，然后用双手的中指、食指、拇指分别将两头包装纸压下均贴至硬币，这样使硬币两头压三折，包装完毕。

4. 盖章

硬币包装完毕后，要盖上整点人员的名章，以明确责任。

（二）工具整点硬币

工具整点硬币是指用整点工具整点硬币，具体操作步骤如下：

1. 拆卷

拆卷有两种方法，一种是震裂法拆卷，即用双手的拇指、食指与中指捏住硬币的两端向下震动，在震动的同时左手稍向里扭动，右手稍向外扭动。需要注意的是，用力要适度，使包装纸震裂，取出震裂的包装纸准备清点。另一种是刀划法拆卷，在硬币整点器的右端安装一个坚硬刃向上的刀片，拆卷时用双手的拇指、食指、中指捏住硬币的两端，从左端向右端从刀刃上划过，这样包装纸被刀刃划破一道口，硬币进入整点器盘内，然后将被划开的包装纸拿开，准备点数。

2. 点数

硬币放入整点器内进行清点时，用双手食指扶在整点器的两端，拇指推动弹簧轴，眼睛从左端到右端，看清每格内是否是 5 枚，如有氧化变形及伪币随时挑出并如数补上，然后准备包装。

3. 包装

工具整点硬币的包装方法与手工整点硬币法相同。

4. 盖章

硬币包装完毕后，要盖上整点人员的名章，以明确责任。

工作任务八 出纳验钞技术

知识准备

为避免假币给企事业单位造成经济损失，出纳人员应掌握鉴别人民币的基本方法，增强识别能力，在日常的现金收付工作中提高警惕，保证现金收支的安全性。

一、人民币常识

人民币是中华人民共和国的法定货币，鉴别假币首先应了解目前使用的人民币的特点。中国人民银行自 1948 年 12 月 1 日成立时发行第一套人民币以来，至今一共发行了五套人民币，其中第一套、第二套、第三套已不再使用，目前正在使用的是第四套和第五套人民币，以第五套人民币为主。

（一）第一套人民币

第一套人民币共发行 62 种不同版面图案的纸币。面值从壹圆到伍万圆。第一套人民币发行时，限于条件，纸张和印刷质量参差不齐，色差极其严重，在防伪性能上除了一些特定的暗记外，均无水印。

（二）第二套人民币

第二套人民币是在第一套人民币的基础上于 1955 年 3 月 1 日开始发行的。第二套人民币共 16 种，1 分券 2 种、2 分券 2 种、5 分券 2 种、1 角券 1 种、2 角券 1 种、5 角券 1 种、l 元券 2 种、2 元券 1 种、3 元券 1 种和 5 元券 2 种、10 元券 1 种。

（三）第三套人民币

第三套人民币是中国人民银行于 1962 年 4 月 15 日开始发行的。这套人民币与第二套人民币相比，取消了 3 元纸币，增加了 1 角、2 角、5 角和 1 元四种金属币。纸币中“中国人民银行”六字由马文蔚先生所书写。票面上两方印章分别为“行长之章”和“副行长章”。纸币背面印有用汉语拼音、蒙古文、维吾尔文、藏文、壮文书写的“中国人民银行”字样。

（四）第四套人民币

中国人民银行自 1987 年 4 月 27 日起，陆续发行第四套人民币，共有 1 角、2 角、5 角、1 元、2 元、5 元、10 元、50 元、100 元 9 种面额。为适应反假人民币工作的需要，1992 年 8 月 20 日，又发行了改版后的 1990 年版 50 元、100 元券，增加了安全线与无色荧光油墨印刷等新技术。

（五）第五套人民币

1999 年 10 月 1 日，在中华人民共和国成立 50 周年之际，中国人民银行陆续发行第五套人民币（1999 年版），在基本图案不变的情况下，2005 年又开始发行 2005 年版第五套人民币，所以当前流通的第五套人民币有 1999 年和 2005 年两种版别。第五套人民币共 8 种面额：100 元、50 元、20 元、10 元 、5 元、1 元纸币和 5 角、1 角硬币。第五套人民币根据市场流通中低面额纸币实际承担起大量找零角色的状况，增加了 20 元面额，取消了 2 元面额，使面额结构更加合理。

第五套人民币纸币各券别正面主景均为毛泽东头像，采用手工雕刻凹版印刷工艺，形象逼真、传神，凹凸感强，易于识别。各券别正面胶印图案中，多处均印有缩微文字，100 元缩微文字为“RMB”和“RMB100”；50 元为“50”和“ RMB50”；20 元为“RMB20”；10 元为“RMB10”；5 元为“RMB5”和“5”字样。人像、盲文点、中国人民银行行名等处均有凹凸感。人民币的纸张具有挺括、耐折、不易撕裂的特点。手持钞票用力抖动、手指轻弹或两手一张一弛轻轻对称拉动，能听到清脆、响亮的声音。

二、假币的种类与特征

（一）假币的种类

钞票的防伪有许多办法，但在印钞时不可能把这些技术都应用上，而只能根据国家的技术水平和实际情况，选择一些最适用的反假技术和措施。假币是真币的伴生物，综合各种人民币假币的主要特征和制作手段，一般可以归纳为伪造币和变造币两大类。

1. 伪造币

伪造币是指仿造真币的图案、形状、色彩等，采取各种手段制作的假币。有用油印定位，手工着色，正背两面经分别仿制后粘贴而成的；有用木刻后手工修饰的；有仿造人民币图案绘画、着色的（这种纯手工绘制的很少见）；有彩色复印或黑白复印后手工着色的。更多的是用印刷机印制的。

2. 变造币

变造币是指在真币的基础上，利用挖补、揭层、涂改、拼凑、移位、重印等多种方法，改变真币原形态的假币。变造币由于其变造后改变了真币的一些特征，一般容易识别。如将人民币剪成若干条，每张取出其中一条，数条可拼凑一张完整的票面，以少张变多张，从中牟利；或将人民币进行一定处理，然后一揭为二，再用白纸进行粘贴，一面是真币，另一面是假币。

（二）假币的主要特征

无论采用何种方式伪造的假人民币与真币总有一定的差别，假币的特征主要有以下几个：

（1）固定人像、花卉水印。假币伪造水印的方法一般有两种：一种是在纸张夹层中涂入白色浆料，透光观察水印所在位置的纸张明显偏厚；另一种是在票面上面、背面或正面同时使用无色或淡黄色油墨印刷类似水印的图案，图案不透光也清晰可见，立体感较差。

（2）安全线。假币伪造安全线的方法有三种：第一种是在钞票表面，用油墨印制一条深色线，以此伪造安全线，仪器检测无磁性；第二种是在纸张夹层中放置与安全线等宽的聚酯类线状物，因其与纸张结合较差，极易抽出，安全线上的缩微文字字形较为粗糙，仪器检测无磁性特征；第三种方法是伪造开窗安全线，使用双层纸张，在正面的纸张上，对应开窗位置留有断口，使镀有金属反射表面的聚酯类线状物从一个断口伸出，再从另一个断口埋入，用以伪造开窗安全线。安全线与纸张结合较差，无全息图像。

（3）红、蓝彩色纤维。假币使用红、蓝两色油墨印刷一种与真钞的彩色纤维形状近似的细线，用以伪造红、蓝彩色纤维。

（4）雕刻凹版印刷图案。假币的正、背面主景图案多由细点组成（真钞由点、线组成），图案颜色不正，缺乏层次，明暗过渡不自然。特别是人像目光无神，发丝模糊。因图案无凹凸感，也有一部分假币在凹印图案部位涂抹胶水或压痕来模仿凹印效果。

（5）隐形面额数字。假币隐形面额数字是使用无色油墨印刷而成的，图文线条与真钞差别较大，而且即使垂直票面观察也可看到。

（6）假币的缩微文字模糊不清，无法分辨。

（7）光变油墨面额数字。假币一般使用两种方式伪造光变面额数字：一种是用普通单色油墨平版印刷，无真钞特有的颜色变换特征，用手触及其表面时无凹凸感；另一种是使用珠光油墨丝网印刷，其变色特征与真钞有较明显的区别。如 100 元假币，使用绿色珠光油墨伪造光变面额数字，具有一定的光泽，但其线条粗糙，只有绿色珠光效果，无蓝色特征。

（8）阴阳互补对印图案。假币的对印图案，在迎光透视时正背面图案重合不够完整，线条有明显的错位现象。

（9）有色、无色荧光图案。在紫外光下，假币要么没有有色、无色荧光图案，要么其颜色及亮度与真钞有一定的差别。

（10）专用纸张。大部分假币所使用的纸张，在紫外光下会发出较强的蓝色荧光，也有少量假币荧光较弱或没有荧光。假币纸张中不含无色荧光纤维。

三、人工鉴别假币的基本方法

由于伪造假币的仿真技术较高，因此鉴别时多采用综合鉴别的方法。最常用的方法就是一“看”、二“摸”、三“听”、四“比”。

（一）一“看”

“看”是指在现金收付、整点过程中，注意看票面的颜色、花纹、线条、图案、水印、安全线等。下面以第五套人民币 100 元和 50 元券为例来具体说明。

1. 看票面的颜色、花纹、线条、图案

真币颜色鲜明，花纹、线条粗细均匀，图文清晰，层次分明；假币则颜色黯淡，花纹、线条粗细不一，图文模糊，层次平淡。

2. 看水印

水印是最安全、最可靠的大众防伪特征之一。真币水印嵌于纸张内部，层次丰富，透过光线观察时，图形清晰可见，人像生动逼真，立体感很强；而假币水印层次较差，图像模糊不清，没有立体感。

3. 看安全线

安全线也是大众防伪特征之一。真币安全线嵌于纸张内部，纸与线融为一体；假币的安全线是在纸张夹层中放置的，纸与线有分离感，还有的假币则在正反两面各印刷一个条状图案，仔细观察便能看出破绽。

4. 看特殊防伪标记

如人民币冠号的磁性特征。真币用专用设备测试冠号，会显现磁性特征；假币则无磁性特征。再如荧光防伪印记，真币在紫外光照射时，发出黄绿色荧光，100 元和 50 元券正面左下角会分别显现出清晰的“YIBAI”和“WUSHI”汉语拼音防伪字母，正面右边会分别显现出清晰的“100”和“50”防伪数字；而假币在紫外光照射下，发出的荧光极为黯淡，防伪字母和防伪数字也极不清晰。

（二）二“摸”

“摸”是指对有疑问的钞票，用手摸纸张的质量、凹印图文等。同样以第五套人民币

100 元和 50 元券为例来具体说明。

1. 摸纸张手感

真币用手摸时，纸张手感挺括；而假币纸张手感绵软。

2. 摸凹印图文

真币正背面主景、“中国人民银行”行名、面额数字、盲文面额标记及汉语拼音行名等，均采用雕刻凹版印刷，凹印图文具有突出于票面的浮雕感，用手指触摸时有明显的凹凸感；而假币多采用全胶印（四色网点）方式印刷，票面图文平滑，无浮雕感，以手指触摸时无凹凸感。

（三）三“听”

“听”是指以手指弹钞票，或用手捏住票面的一端甩动钞票，仔细听钞票发出的声响，真币声音清脆，而假币声音沉闷。

（四）四“比”

“比”是指用眼看、手摸、耳听发现了可疑钞票后，仍不能准确加以确定的，比如流通时间较久的、破损比较严重的钞票或仿照比较逼真的钞票等，就需要用真币与可疑币进行仔细比较识别。必要时可以借助放大镜、显微镜等仪器，来判明真假。

四、1999 年版第五套人民币的防伪特征

（一）100 元券人民币票面特征及防伪措施

1. 100 元券人民币的票面特征图示

100 元券人民币的票面特征图示如下所示。

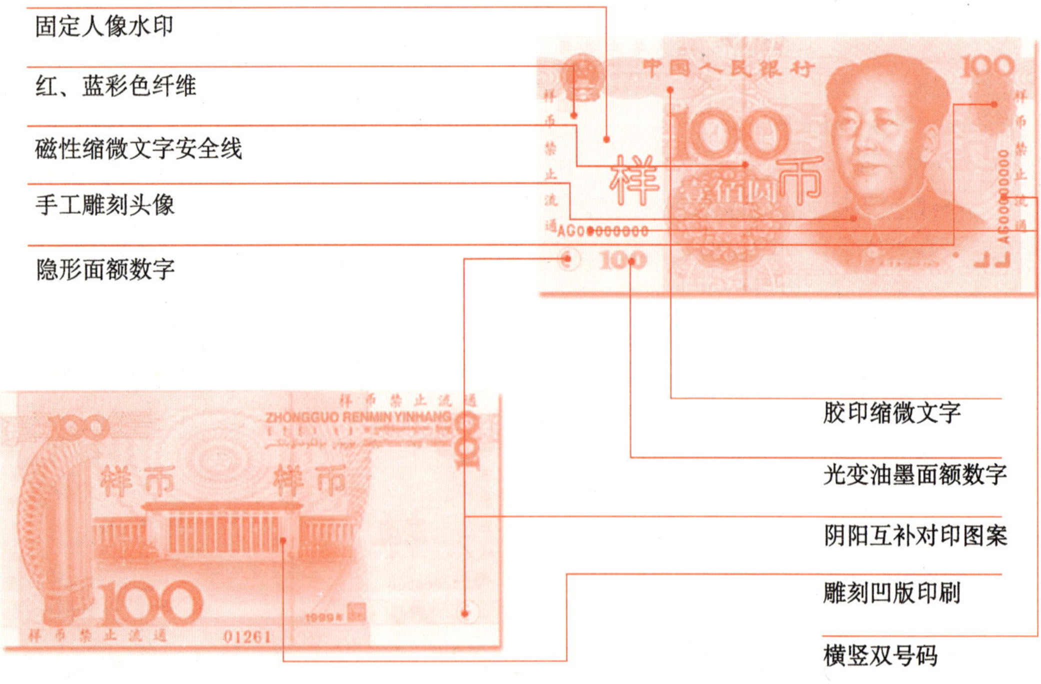

2. 100 元券人民币防伪措施图解

（1）固定人像水印。位于票面正面左侧空白处，迎光透视，可见与主景人像相同、立体感很强的毛泽东头像水印。

（2）红、蓝彩色纤维。在票面上，可看到纸张中有不规则分布的红色和蓝色纤维。

（3）全埋磁性缩微文字安全线。位于钞票正面中间偏左的纸张内部，迎光观察，可见“RMB100”微小文字，仪器检测有磁性。

（4）手工雕刻头像。票面正面主景毛泽东头像采用手工雕刻凹版印刷工艺，形象逼真、传神，凹凸感强，易于识别。

（5）隐形面额数字。票面正面右上方有一椭圆形图案，将钞票置于与眼睛接近平行的位置，面对光源作平面旋转 45°或 90°，即可看到面额“100”字样。

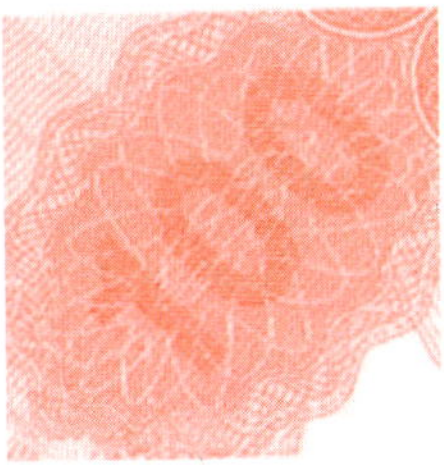

（6）胶印缩微文字。票面正面上方椭圆形图案中，多处印有胶印缩微文字，在放大镜下可看到“RMB”和“RMB100”字样。

（7）光变油墨面额数字。票面正面左下方“100”字样，与票面垂直角度观察为绿色，倾斜一定角度则变为蓝色。

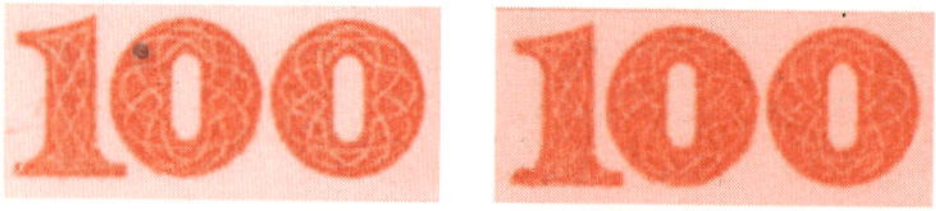

（8）阴阳互补对印图案。票面正面左下方和背面右下方均有一圆形局部图案，迎光观察，正背图案重合并组合成一个完整的古钱币图案。

（9）雕刻凹版印刷。票面正面主景毛泽东头像、“中国人民银行”行名、盲文及背面主景人民大会堂等均采用雕刻凹版印刷，用手指触摸有明显凹凸感。

（10）横竖双号码。票面正面采用横竖双号码印刷（均为两位冠字、八位号码），横号码为黑色，竖号码为蓝色。

（二）50元券人民币的票面特征及防伪措施

1. 50元券人民币的票面特征图示

50元券人民币的票面特征图示如下所示。

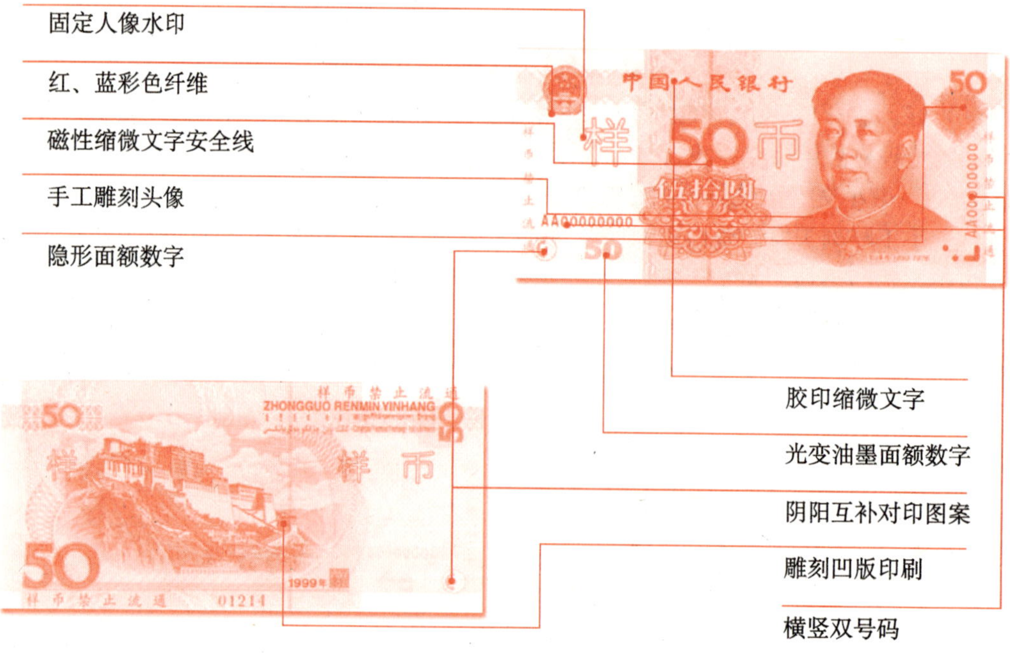

2. 50元券人民币的防伪措施

（1）固定人像水印。位于票面正面左侧空白处，迎光透视，可以看到与主景人像相同、立体感很强的毛泽东头像水印。

（2）红、蓝彩色纤维。在票面上可以看到纸张中有不规则分布的红色和蓝色纤维。

（3）磁性缩微文字安全线。钞票纸张内部的安全线，迎光透视，可以看到缩微文字“RMB50”字样，仪器检测有磁性。

（4）手工雕刻头像。票面正面主景毛泽东头像采用手工雕刻凹版印刷工艺，凹凸感强，易于识别。

（5）隐形面额数字。票面正面右上方有一装饰图案，将钞票置于与眼睛接近平行的位置，面对光源作平面旋转45°或90°，即可以看到面额数字“50”字样。

（6）胶印缩微文字。票面正面上方图案中，多处印有胶印缩微文字“50”、“RMB50”字样。

（7）光变油墨面额数字。票面正面左下方“50”字样，与票面垂直角度观察为金色，倾斜一定角度则变为绿色。

（8）阴阳互补对印图案。票面正面左下角和背面右下角均有一圆形局部图案，迎光透视，可以看到正背面图案合并组成一个完整的古钱币图案。

（9）雕刻凹版印刷。票面正面主景毛泽东头像、“中国人民银行”行名、面额数字、盲文面额标记及背面主景“布达拉宫”图案等均采用雕刻凹版印刷，用手指触摸有明显凹凸感。

（10）横竖双号码。正面采用横竖双号码印刷，横号码为黑色，竖号码为红色。

（三）20元券人民币的票面特征及防伪措施

1. 20元券人民币的票面特征图示

20元券人民币的票面特征图示如下所示。

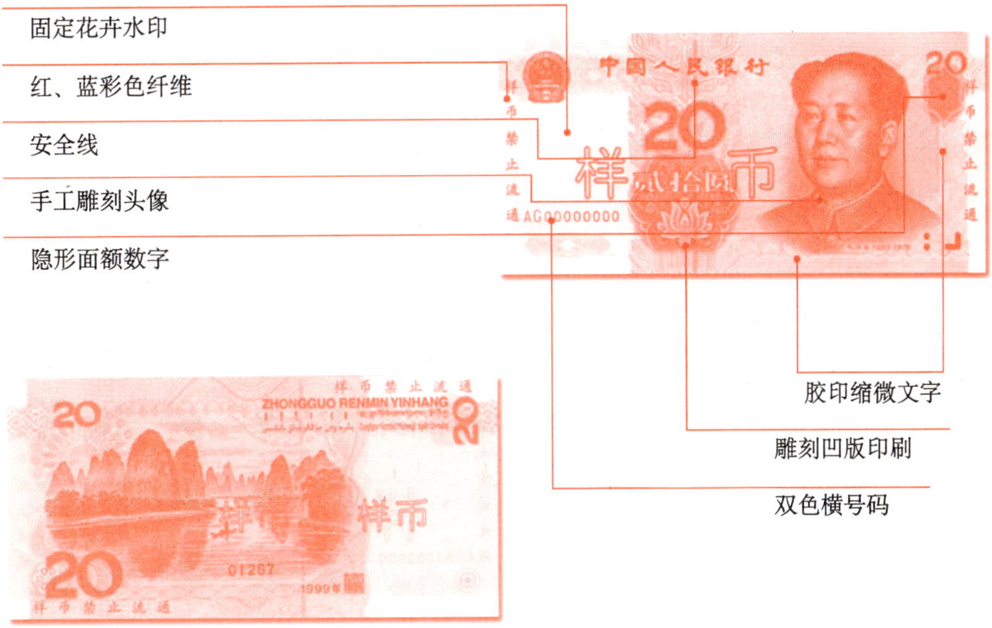

2. 20 元券人民币的防伪措施

（1）固定花卉水印（荷花）。位于钞票正面左侧空白处，迎光透视，可以看到立体感很强的荷花图案。

（2）手工雕刻头像。位于钞票正面右侧，采用手工雕刻凹版印刷工艺，形象逼真传神，凹凸感强，易于识别。

（3）隐形面额数字。位于钞票正面右上角位置的装饰性图案中，将钞票置于与眼睛接近平行的位置，面对光源作平面旋转 45°或 90°，即可看到面额数字“20”字样。

（4）胶印缩微文字。票面正面右侧和下方及背面图案中，多处印有缩微文字“RMB20”字样。

（5）雕刻凹版印刷（正面）。毛泽东头像、“中国人民银行”行名、面额数字、盲文面额标记等均采用雕刻凹版印刷，用手指轻轻触摸有明显的凹凸感。

（6）双色横号码。票面正面右侧下方的号码左半部分（两位冠字、两位数字）为红色，右半部分（六位数字）为黑色。

（7）红、蓝彩色纤维。在票面上可以看到纸张中有不规则分布的红色和蓝色纤维。

（8）明暗相间安全线。正面观察，在中间偏左的位置的纸张内部有一条明暗相间的安全线。

（四）10 元券人民币的票面特征及防伪措施

1. 10 元券人民币的票面特征图示

10 元券人民币的票面特征图示如下所示。

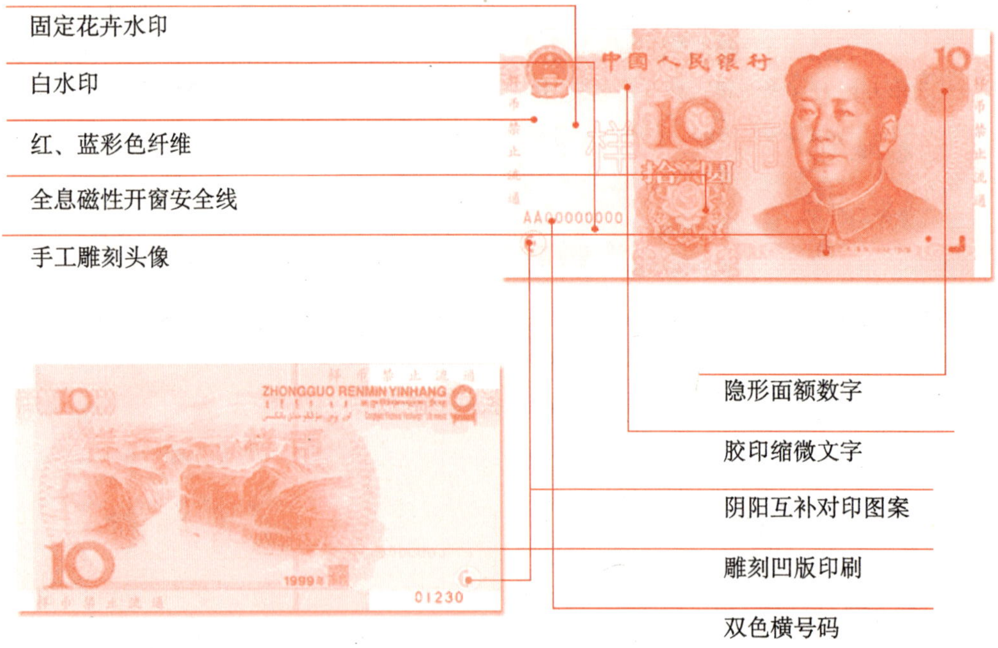

2. 10 元券人民币的防伪措施

（1）固定花卉水印（月季花）。位于票面正面左侧空白处，迎光透视，可以看到立体感很强的月季花图案。

（2）手工雕刻头像。位于票面正面右侧，采用手工雕刻凹版印刷工艺，形象逼真传神，凹凸感强，易于识别。

（3）隐形面额数字。位于票面正面右上角位置的装饰性图案中，将钞票置于与眼睛接近平行的位置，面对光源作平面旋转 45°或 90°，即可看到面额数字“10”字样。

（4）胶印缩微文字。票面正面上方胶印图案中，多处印有缩微文字“RMB10”字样。

（5）雕刻凹版印刷。票面正面主景毛泽东头像、“中国人民银行”行名、盲文、面额数字、团花图案及背面主景长江三峡等均采用雕刻凹版印刷，用手指轻轻触摸有明显的凹凸感。

（6）双色横号码。两位冠字第一位号码为红色，第二位号码一半为红色、另一半为黑色，后六位为黑色。

（7）红、蓝彩色纤维。在钞票上可以看到纸张中有不规则分布的红色和蓝色纤维。

（8）全息磁性开窗安全线。票面正面中间偏左，有一条开窗安全线，开窗部分可以看到由缩微字符“¥10”组成的全息图案，仪器检测有磁性。开窗安全线是指局部埋在纸张中，局部裸露在纸面上的一种安全线。

（9）阴阳互补对印图案。在正面左下角和背面右下角，均有一个圆形局部图案，迎光透视，可以看到正、背图案合并组成一个外圆内方的古钱币图案。

（10）白水印。位于双色横号码下方，迎光透视，可以看到透光性很强的水印“10”字样。

（五）5 元券人民币的票面特征及防伪措施

1. 5 元券人民币的票面特征图示

5 元券人民币的票面特征图示如下所示。

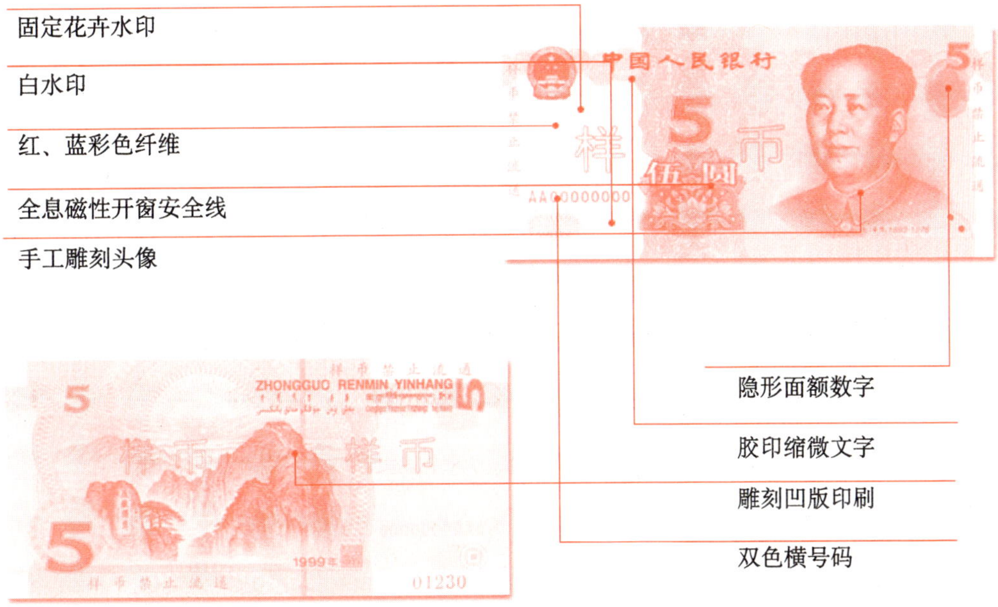

2. 5 元券人民币的防伪措施

（1）固定花卉水印（水仙花）。位于票面正面左侧空白处，迎光透视，可以看到立体感很强的水仙花图案。

（2）手工雕刻头像。位于票面正面右侧，采用手工雕刻凹版印刷工艺，形象逼真传神，凹凸感强，易于识别。

（3）隐形面额数字。位于票面正面右上角位置的装饰性图案中，将钞票置于与眼睛接近平行的位置，面对光源作平面旋转45°或90°，即可看到面额数字“5”字样。

（4）胶印缩微文字。票面正面胶印图案中，多处印有缩微文字“RMB5”和“5”字样。

（5）雕刻凹版印刷。票面正面主景毛泽东头像、“中国人民银行”行名、盲文面额标记、面额数字、团花图案及背面主景泰山等均采用雕刻凹版印刷，用手指轻轻触摸有明显的凹凸感。

（6）双色横号码。票面正面右侧下方的号码左半部分（两位冠字、两位数字）为红色，右半部分（六位数字）为黑色。

（7）红、蓝彩色纤维。在钞票上可以看到纸张中有不规则分布的红色和蓝色纤维。

（8）全息磁性开窗安全线。票面正面中间偏左处有一条开窗安全线，开窗部分可以看到由缩微字符“￥5”组成的全息图案，仪器检测有磁性。

（9）白水印。位于双色横号码下方，迎光透视，可以看到透光性很强的水印“5”字样。

五、2005年版与1999年版第五套人民币的区别

（一）2005年版与1999年版第五套人民币的相同之处

（1）2005年版第五套人民币的规格、主景图案、主色调、“中国人民银行”行名和汉语拼音行名、面额数字、花卉图案、国徽、盲文面额标记、民族文字等票面特征，均与现行流通的1999年版第五套人民币相同。

（2）2005年版第五套人民币100元、50元纸币的固定人像水印、手工雕刻头像、胶印缩微文字、雕刻凹版印刷等防伪特征，均与现行流通的1999年版第五套人民币100元、50元纸币相同。

（3）2005年版第五套人民币20元纸币的固定花卉水印、手工雕刻头像、胶印缩微文字、双色横号码等防伪特征，均与现行流通的1999年版第五套人民币20元纸币相同。

（4）2005年版第五套人民币10元、5元纸币的固定花卉水印、白水印、全息磁性开窗安全线、手工雕刻头像、胶印缩微文字、雕刻凹版印刷、双色横号码等防伪特征，均与现行流通的1999年版第五套人民币10元、5元纸币相同。2005年版第五套人民币10元纸币的阴阳互补对印图案，与现行流通的1999年版第五套人民币10元纸币相同。

（二）2005年版与1999年版第五套人民币的区别

1. 调整防伪特征布局

2005年版第五套人民币100元、50元纸币将正面左下角胶印对印图案调整到主景图案左侧中间处，光变油墨面额数字左移至原胶印对印图案处，背面右下角胶印对印图案调整到主景图案右侧中间处。

2. 调整防伪特征

（1）隐形面额数字。2005年版第五套人民币各券别纸币正面右上方有一装饰性图案，将票面置于与眼睛接近平行的位置，面对光源做上下倾斜晃动，分别可以看到面额数字字样。

（2）全息磁性开窗安全线。2005年版第五套人民币100元、50元、20元纸币将原磁性缩微文字安全线改为全息磁性开窗安全线。2005年版第五套人民币100元、50元纸币背面中间偏右有一条开窗安全线，开窗部分分别可以看到由缩微字符“￥100”、“￥50”组成的全息图案。2005年版第五套人民币20元纸币正面中间偏左有一条开窗安全线，开窗部分可以看到由缩微字符“￥20”组成的全息图案。

（3）双色异形横号码。2005年版第五套人民币100元、50元纸币将原横竖双号码改为双色异形横号码。票面正面左下角印有双色异形横号码，左侧部分为暗红色，右侧部分为黑色。字符由中间向左右两边逐渐变小。

（4）雕刻凹版印刷。2005年版第五套人民币20元纸币背面主景图案桂林山水、面额数字、汉语拼音行名、民族文字、年号、行长章等均采用雕刻凹版印刷，用手触摸有明显凹凸感。

3. 增加防伪特征

（1）白水印。2005年版第五套人民币100元、50元纸币票面正面双色异形横号码下方，2005年版第五套人民币20元纸币票面正面双色横号码下方，迎光透视，分别可以看到透光性很强的水印面额数字。

（2）凹印手感线。2005年版第五套人民币各券别纸币正面主景图案右侧有一组自上而下规则排列的线纹，采用雕刻凹版印刷工艺印制，用手指触摸有极强的凹凸感。

（3）阴阳互补对印图案。2005年版第五套人民币20元纸币正面左下角和背面右下角均有一圆形局部图案，迎光透视，可以看到正背面的局部图案合并为一个完整的古钱币图案。

（4）2005年版第五套人民币各券别纸币背面主景图案下方的面额数字后面，增加人民币单位的汉语拼音“YUAN”，年号改为“2005年”。

（5）2005年版第五套人民币取消各券别纸币纸张中的红、蓝彩色纤维。

六、残缺污损人民币的兑换

残缺、污损人民币是指票面撕裂、损缺，或因自然磨损、侵蚀，导致外观、质地受损，颜色变化，图案不清晰，防伪特征受损，不宜再继续流通使用的人民币。

（一）残损人民币挑剔的具体标准

（1）票面缺少一块，损及行名、花边、字头、号码、国徽之一的。

（2）裂口超过票幅三分之一或票面裂口损及花边图案的。

（3）纸质较旧，四周或中间有裂缝或票面断开又粘补的。

（4）票面由于油浸、墨渍造成脏污面较大或涂写字迹过多，妨碍票面整洁的。

（5）票面变色严重，影响图案清晰的。

（6）硬币穿孔、变形、磨损、氧化、腐蚀损坏部分花纹的。

以上挑剔标准只是一般规定，各银行应根据中国人民银行一定时期内的具体要求，结合实际灵活运用执行。

（二）残损人民币的兑换标准

中国人民银行规定，凡残缺、污损人民币属于下列情况之一者，应持币向银行全额兑换：

（1）票面残缺不超过五分之一，其余部分的图案、文字能照原样连接的。

（2）票面污损、熏焦、水湿、油浸、变色，但能辨别真假的。

票面残缺五分之一以上至二分之一，其余部分的图案、文字能照原样连接的，应持币向银行照原面额的半数兑换，但不得流通使用。

凡残缺、污损人民币属于下列情况之一的，不予兑换：

（1）票面残缺二分之一以上的。

（2）票面污损、熏焦、水湿、油浸、变色，不能辨别真假的。

（3）故意挖补、涂改、剪贴拼凑、揭去一面的。

凡不予兑换的残缺、污损人民币应由中国人民银行销毁，不得继续流通使用。

（三）残损人民币的兑换方法

兑换残损人民币，开户单位可到自己开户银行的现金专柜去兑换，公众可就近到办理人民币存取业务的金融机构去兑换。兑换时，由持票人填写统一格式的“残损票币兑换单”，经办人员根据残损人民币兑换标准，仔细辨认票币的真伪、券别、张数等，待确定可兑换的金额后，征得持票人的同意，当面在残损票币上加盖“全额”或“半额”戳记以及两名经办人员名章，给予兑换。对不能兑换的票币，原则上不再退还给持票人；如果持票人不同意，可加盖“作废”戳记后再退还持票人。

项目三 出纳现金管理

能力目标

1. 了解现金的含义，熟悉现金管理的基本原则和使用范围；
2. 能够独立办理现金提取和现金送存等典型现金业务；
3. 熟悉现金收、付款业务的流程，并掌握现金日记账的登记；
4. 能够独立进行现金相关业务的账务处理。

项目背景

企业名称：北京明发商贸有限公司；法人代表：王晓红；会计主管：张林；记账：许凡；复核：王冰；出纳：王美丽；纳税人识别号：110270590544459；开户银行：中国工商银行北京西城支行；账号：0200001009012136441；公司地址：北京西城区百庄西里12号；电话：84226259。

工作任务一 现金的管理和使用

知识准备

一、现金的含义

现金是指随时可作为流通与支付手段的票证，不论其是法定货币或信用票据，只要具有购买或支付能力，均可视为现金。现金是流动性最大的一种货币资金，它可以随时用来购买所需物资、支付日常零星开支、偿还债务等。

现金从理论上讲，有广义和狭义之分。狭义的现金是指企业所拥有的硬币、纸币，即由企业出纳人员保管作为零星业务开支之用的库存现款；广义的现金是指随时可以作为流通与支付手段的票证，包括库存现款和视同现金的各种银行存款、流通证券等。我们这里说的是狭义的现金。

二、现金管理的基本原则

我国现金管理遵循“统一领导，分级管理”的原则。中国人民银行总行是我国现金管理的主管部门，各级人民银行负责对开户银行的现金管理进行监督和稽核，最终由开户银行负责现金管理的具体执行。一个单位在几家银行开户的，只能在一家银行开设现金结算户，支取现金，并由该家银行负责核实现金库存限额和进行现金管理检查。依据《现金管理暂行条例》，现金管理的基本原则主要包括以下内容：

（1）开户单位库存现金一律实行限额管理。

（2）不准擅自坐支现金。所谓坐支，即将企业的现金收入直接用于支付各项开支。坐支现金容易打乱现金收支渠道，不利于开户银行对企业的现金进行有效的监督和管理。

（3）企业收入的现金不准作为储蓄存款存储。

（4）收取的现金应及时送存银行。企业的现金收入应于当天送存开户银行，确有困难的，应由开户银行确定送存时间。

（5）严格按照国家规定的开支范围使用现金，结算金额超过起点的，不得使用现金。

（6）不准编造用途套取现金。企业在国家规定的现金使用范围和限额内需要现金，应从开户银行提取，提取时应写明用途。

（7）企业之间不得相互借用现金。

三、现金的使用范围

按照《现金管理暂行条例》的规定，企业可以在下列范围内支付现金：

（1）职工工资、各种工资性津贴。

（2）支付给个人的各种奖金。

（3）各种劳保、福利费用以及国家规定的对个人的其他现金支出。

（4）个人劳务报酬。

（5）单位出差人员必须随身携带的差旅费。

（6）收购单位向个人收购农副产品和其他物资。

（7）结算起点以下的零星支出。

（8）中国人民银行确定需要现金支付的其他支出，如因采购地点不确定、交通不便、抢险救灾以及其他特殊情况，办理转账结算不够方便，必须使用现金的支出。

（9）除上述第（5）、（6）两项之外，各单位支付给个人的款项中每人每次不得超过本单位的限额；超过限额部分，可根据提款人的要求在指定的银行转为储蓄存款或以支票、银行本票支付。确需全额支付现金的，应经开户银行审查批准后予以支付。

四、库存现金限额管理

（一）库存现金限额的含义

库存现金限额是指为保证各单位日常零星开支，按规定允许留存现金的最高数额。库存现金的限额，由开户银行根据开户单位的实际需要和距离银行远近等情况核定。其限额一般按照企业 3～5 天日常零星开支所需现金确定。远离银行机构或交通不便的单位可依据实际情况适当放宽，但最高不得超过 15 天的日常零星开支，超过限额的现金必须按规定及时送存银行。

（二）库存现金限额的核定程序

（1）开户单位与开户银行协商核定库存现金限额。其计算公式为：

$$\text{库存现金限额}=\text{每日零星支出额}\times\text{核定天数}$$

$$\text{每日零星支出额}=\frac{\text{一定时期现金支出总量}-\text{同期非日常零星现金支出总量}}{\text{总量统计期的天数}}\times\text{限额天数}$$

（2）由开户单位根据银行核定的库存现金限额，填报“库存现金限额申请批准书”。

（3）开户单位将申请批准书报送单位主管部门，单位主管部门签署意见后，再报开户银行审查批准。开户银行经过审查、核定和综合平衡之后，在申请批准书上填写批准限额数。

开户单位以开户银行批准的限额数作为库存现金限额。经核定的库存现金限额，开户单位必须严格遵守；需要增加或减少库存现金限额时，应向开户银行提出申请，由开户银行核定。

一般而言，每日现金的结余数不得超过核定的限额，所有超过限额的现金必须于当天送存银行。但库存现金用完后或留存的库存现金低于库存限额，除可以用非业务性的零星现金收入（如退回差旅费、出售废品收入等现金收入）来补充（允许坐支的单位可以从业务收入中补充）外，均应向银行领取现金补足限额。单位向开户银行领取部分，不能超过补充限额。此外，单位向开户行领取零星现金时，在现金支票用途栏应注明“备用金”字样；不属于备用金范围所需的现金，应另开现金支票领取。

小提示

企业应在满足正常、合理的日常开支需要的前提下，减少现金的库存数额，这样既有利于国家聚集资金用于经济建设，又可以防止单位发生失窃造成不必要的损失，同时还可以减少国家现金总投量，有利于国家对现金流通的控制与调节，有利于市场物价的稳定。

知识拓展

一、现金、票据及印章的保管

（一）现金的保管

1. 要由专人保管库存现金

现金是由出纳保管的，出纳应选聘诚实可靠、工作责任心强、业务熟练的人员担任。另外，出纳要保持一定的稳定性，以此来提高业务的熟练程度及现金保管的安全性。

2. 现金的提取与送存要采取安全措施

向银行提取或送存现金时，一般情况下，应当有两人或者两人以上执行。如果数额较大，最好用专用箱装好，由专车运送，在必要时，可以进行武装押运。

3. 票币要分类保管

各单位的出纳对库存票币分别按照纸币的票面金额和硬币的币面金额分类，并按整数（即大数）和零数进行分类保管。

4. 严禁“白条”抵库

“白条”是指没有任何审批手续的凭据，不能作为记账的凭据。

5. 库存现金存放的安全措施

现金的保管要有相应的安全措施，保护重点是出纳办公室和保险柜。

（二）票据及印章的保管

1. 空白支票及空白收据的保管

支票是一种支付凭证，一旦填写有关内容并加盖与银行预留印鉴相符的印章后，即可成为直接从银行提取现金或与其他单位进行结算的凭据。所以，必须加强对空白支票的管理，采取必要措施妥善保管，以免发生非法使用和盗用、遗失等情况，给国家和企业造成不必要的经济损失。存有空白支票的企业，必须明确指定专人妥善保管。要贯彻票、印分管的原则，空白支票和印章不得由一人负责保管，这样可以明确责任，形成制约机制，防止舞弊行为。

空白收据是指未填制的收据。空白收据一经填制并加盖有关印章，即可成为办理转账结算和现金支付的一种书面证明，直接关系到资金结算的准确、及时与安全。因此，必须按规定保管和使用空白收据。空白收据一般应由会计主管保管。要建立“空白收据登记簿”，填写领用日期、单位、起讫号码，并由领用人签字。收据用完后要及时归还、核销。不得将收据带出单位使用，不得弄虚作假或开具实物与票面不相符的收据，更不能开具存根联与其他联不符的收据。作废的收据要加盖“作废”章，各联要连同存根一起保管，不得撕毁、丢失。

2. 印章的保管

各种印章的保管应与现金的保管相同，不得随意放入抽屉内，这样极易让违法违纪人员有机可乘，给国家和单位造成不必要的经济损失。

二、印章丢失如何处理

一旦发现印章丢失，要及时办理挂失。遗失个人名章时，由开户单位备函证明；遗失单位公章时，应当由上级主管单位备函证明，经银行同意后按规定办法更换印章，并在新印鉴卡上注明情况。

工作任务二　现金的提取和送存

情景一　现金的提取

活动设计

2013 年 1 月 5 日，北京明发商贸有限公司签发现金支票，提取备用金 3 000 元。

业务流程

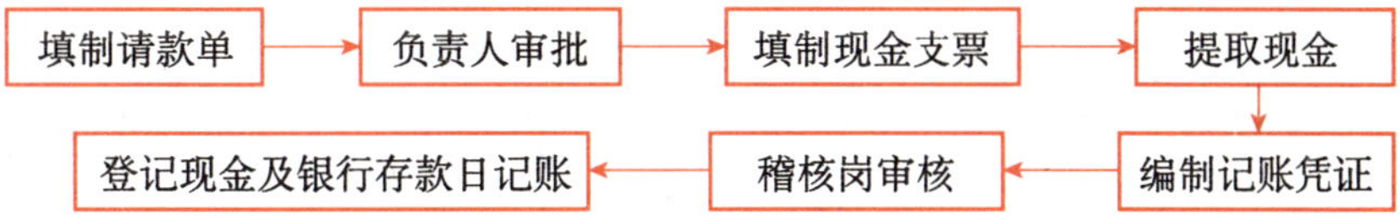

业务办理

（1）出纳人员在领取空白现金支票时，应先填写“支票领用登记簿”。

支票领用登记簿

日期	支票类型	支票号码	银行名称	收款单位	金额	领用人	核准人
2013 年 1 月 5 日	现金支票	IV V286640	工行北京西城支行	本单位	￥3 000.00	王美丽	张林

（2）出纳人员核对有关单据、账簿后，签发现金支票，到印章保管人员处加盖财务专用章和法人名章等银行预留印鉴，并在现金支票正、反面加盖银行预留印鉴。签好的现金支票如下所示。

中国工商银行
现金支票存根
IV V286640
附加信息：

出票日期：2013 年 1 月 5 日
收款人：明发商贸
金　额：￥3 000.00
用　途：备用金
单位主管　　会计

中国工商银行现金支票（京）　　IV V286640
出票日期（大写）贰零壹叁年零壹月零伍日　　付款行名称：工行北京西城支行
收款人：北京明发商贸有限公司　　出票人账号：0200001009012136441
本支票付款期限十天

人民币（大写）	千	百	十	万	千	百	十	元	角	分
叁仟元整					￥	3	0	0	0	0	0

用途备用金
上列款项请从
我账户内支付
出票人签章　　北京明发商贸有限公司 财务专用章　　红王印晓　　复核　　记账

附加信息：	北京明发商贸有限公司 财务专用章 红王印晓 收款人签章 年 月 日	贴粘单处
	身份证件名称： 发证机关：	
	号码	

（3）将签好的现金支票沿虚线剪开，出纳人员持支票正本送交银行，办理提取现金业务。

（4）银行受理后给予现金。出纳人员收到现金后根据取款数额当场认真清点，确认无误后方可离开银行，回到单位应立即将所取现金放入保险柜中。

（5）制证会计依据审核无误的支票存根编制记账凭证，并交凭证审核人员审核。

付 款 凭 证

贷方科目：银行存款　　2013 年 1 月 5 日　　银付字第××号

摘　要	借方科目		金额								
	总账科目	明细科目	百	十	万	千	百	十	元	角	分
提现备用	库存现金					3	0	0	0	0	0
合　计					¥	3	0	0	0	0	0

附件 1 张

会计主管　张林　　记账　许凡　　复核　王冰　　出纳　王美丽　　制单　许凡

（6）出纳人员依据审核无误的付款凭证登记现金日记账和银行存款日记账。

情景二　现金的送存

活动设计

2013 年 3 月 20 日，北京明发商贸有限公司将当天的销售款送存银行，出纳填制现金缴款单（其中 100 元券 56 张，50 元券 35 张，10 元券 200 张）。

业务流程

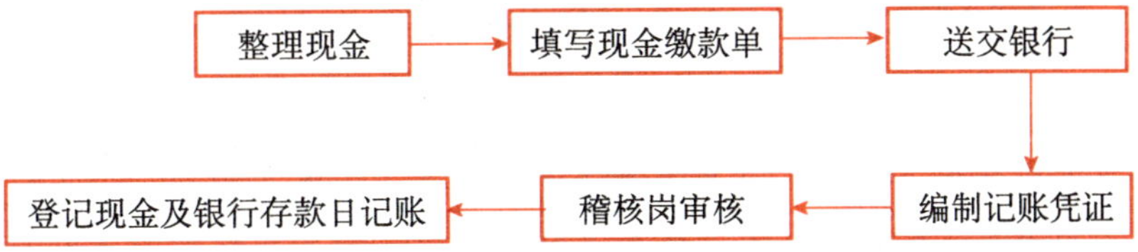

业务办理

（1）出纳人员将要送存的现金清点整理，并填写现金缴款单。

中国工商银行现金交款单（回单）

2013 年 3 月 20 日

交款单位	北京明发商贸有限公司			交款人	王美丽
款项来源	销售款	账号	0200001009012136441	开户银行	中国工商银行北京西城支行

大写金额（币种）	亿	千	百	十	万	千	百	十	元	角	分
人民币（大写）玖仟叁佰伍拾元整					¥	9	3	5	0	0	0

票面	张数	千	百	十	万	千	百	十	元	角	分	合计金额	
壹佰元	56					5	6	0	0	0	0	¥5 600.00	中国工商银行北京西城支行 2013.3.20 现金收讫(1)
伍拾元	35					1	7	5	0	0	0	¥1 750.00	
贰拾元													
拾元	100					2	0	0	0	0	0	¥2 000.00	

（2）制证会计根据审核无误的现金缴款单（回单）编制记账凭证，并交凭证审核人员审核。

付　款　凭　证

贷方科目：库存现金　　　　2013 年 3 月 20 日　　　　现付字第××号

摘　要	借方科目		金　额								
	总账科目	明细科目	百	十	万	千	百	十	元	角	分
缴存销售款	银行存款					9	3	5	0	0	0
合　计					¥	9	3	5	0	0	0

附件1张

会计主管　张林　　记账　许凡　　复核　王冰　　出纳　王美丽　　制单　许凡

（3）出纳人员依据审核无误的付款凭证登记现金日记账和银行存款日记账。

知识拓展

现金的送存，首先由出纳人员清点票币，整理现金。纸币应将相同面额的摆放在一起，按每一百张为一把整理好，每十把为一捆，不够整把的，按从大额到小额的顺序放置；硬币应将相同面额的放在一起，对于壹元、伍角、壹角的硬币，每五十枚用纸卷成一卷，分币按每一百枚用纸卷成一卷，不足一卷的一般不送存银行，留作找零用。款项清点核对无误后，再由出纳人员根据清点情况填写现金缴款单并将现金送存银行。现金缴款单一式三联：第一联为回单，由银行盖章后返回存款单位；第二联为收入凭证，收款人开户银行作贷方凭证；第三联为附联，作为附件，是银行出纳留底联。

工作任务三 现金支出业务处理

知识准备

单位的现金必须按照《现金管理条例》规定的范围办理支出业务，主要包括日常经营性零星支出、非经营性往来支出以及其他支出等。出纳人员进行现金支出管理时，应严格按照支出原则和有关的规章制度审核付款凭证，按程序办理付款手续，及时发现并解决有关问题，保证现金支出的安全。

一、现金支出管理的原则

出纳人员必须以严肃、认真的态度处理现金支出业务，因为支出一旦发生失误，将会给单位造成难以追补的经济损失。现金支出的原则主要包括以下几个：

（1）现金支出的合法性。出纳人员必须以内容真实、准确、合法的付款凭证为依据，在付款前，付款手续必须完备，有关领导已经签字或已审核无误。

（2）现金支出手续的完备性。出纳人员应按规定的程序审核并办理现金支付手续，做到支付凭证合法、审批手续齐全有效、支付事项当面结清、账务处理正确合理。

（3）不得套取现金用于支付。套取现金是指为了逃避开户银行对现金的管理，采用不正当的手段弄虚作假、支出现金的违法行为，主要有以下几种形式：

1）编造合理用途（如差旅费、备用金的名义）超限额支取现金。

2）利用私人或其他单位的账户支取现金。

3）将公款转存个人储蓄。

4）用转账方式通过银行或邮局汇兑、异地支取现金。

5）用转账凭证换取现金。

6）虚报冒领工资、奖金和津贴补助。

二、现金支出的程序

出纳人员办理现金支出业务时，其依据主要是发票、非经营性收据、往来收据及内部结算使用的工资表、借款审批单等。出纳人员应当按照原始凭证的审查要求，仔细复核，并按规定程序办理支出事宜。具体程序如下：

（1）受理付款业务。出纳人员在取得付款单据后，应按规定进行审核。对于出纳人员直接经办的业务，如现金汇款等，还需要填制原始凭证并补齐手续。

（2）确定支付金额。出纳人员对于定期以及不定期的大额现金支出，都应当做到心中有数，提前准备好充足的现金用以支付。每天工作开始时，应检查现金余额，不足部分应及时从开户银行提取；对于确实不足以全额支付的业务，应约好时间一次性支付，不得分次支付，避免责任不清、程序错乱。

（3）根据审核无误的单据支付现金。根据审核无误的原始单据办理现金支付时，出纳人员应进行复点，并要求收款人当面点清、当面确认。如果是由收款人直接领取现金的，由其本人签收；如果是他人代为领款的，应在得到当事人的确认后，方可由代领人签收，并注明“×××代××领款”字样，以明确双方责任。

（4）付款完毕后，在审核无误的原始凭证上加盖“现金付讫”章，在付款凭证“出纳”栏签章。

（5）根据审核无误的付款凭证登记现金日记账。

账务处理

依据发票、非经营性收据、往来收据及内部结算使用的工资表、借款审批单等原始凭证记账。

借：管理费用等相关科目

　　贷：库存现金

情景一　预借差旅费

活动设计

2013 年 4 月 21 日，北京明发商贸有限公司采购部孙忠全前往上海出差，预借差旅费 5 000 元，填写借款单并经主管领导批准，出纳审核借款单无误后支付现金。

业务办理

（1）2013 年 4 月 21 日孙忠全填写借款单，提交公司领导审批，领导批准并在单据上签字。孙忠全将审批后的借款单提交财务部门，出纳人员根据有关财务制度和单位内部规章制度进行审核，重点审核借款事由和领导签字，审核无误后加盖“现金付讫”章，支付款项并要求收款人当面点清。

借 款 单

2013 年 4 月 21 日

借款部门	采购部		借款事由		出差
借款金额（人民币大写）	伍仟元整		¥5 000.00		
批准金额（人民币大写）	伍仟元整		¥5 000.00 现金付讫		
领导	王晓红	会计主管	张林	借款人	孙忠全

（2）根据审核无误的借款单，制证会计编制记账凭证，并交审核人员审核。

付 款 凭 证

贷方科目：库存现金　　2013 年 4 月 21 日　　现付字第××号

摘要	借方科目		金额								
	总账科目	明细科目	百	十	万	千	百	十	元	角	分
预借差旅费	其他应收款	孙忠全				5	0	0	0	0	0
合　计					¥	5	0	0	0	0	0

附件 1 张

会计主管　张林　　记账　许凡　　复核　王冰　　出纳　王美丽　　制单　许凡

（3）出纳人员依据审核无误后的付款凭证登记现金日记账。

情景二　购买办公用品支付现金

活动设计

2013 年 5 月 10 日，北京明发商贸有限公司办公室主任肖强报销购买办公用品款（发票一张），合计 980 元。

北京市商品销售统一发票

（全国统一发票监制章 国家税务局监制）

客户名称：北京明发商贸有限公司　　2013 年 5 月 10 日

品名	规格	单位	数量	零售价	金额						
					万	千	百	十	元	角	分
笔记本		本	10	10			1	0	0	0	0
碳素笔		支	20	20			4	0	0	0	0
计算器		台	2	240			4	8	0	0	0
合计						¥	9	8	0	0	0
合计金额（大写）玖佰捌拾元整											

第二联：发票联

开票：张芳　　收款：于辉　　收款单位（盖章）：（北京市华联商厦 财务专用章）

业务办理

（1）经手人肖强按企业财务制度的规定在发票背面签字，并请相关领导签字审批。

（2）肖强凭领导已签字审批的发票到财务部门报销。会计对发票进行审核，审核无误后，编制现金付款凭证传出纳。

付 款 凭 证

贷方科目：库存现金　　　　2013 年 5 月 10 日　　　　现付字第××号

摘　　要	借方科目		金　额								
	总账科目	明细科目	百	十	万	千	百	十	元	角	分
购买办公用品	管理费用	办公用品					9	8	0	0	0
合　　计						¥	9	8	0	0	0

附件 1 张

会计主管　张林　　记账　许凡　　复核　王冰　　出纳　王美丽　　制单　许凡

（3）出纳审核无误后加盖“现金付讫”章，支付款项，并要求收款人当面点清。

（4）出纳根据付款凭证登记现金日记账。

工作任务四　现金收入业务处理

知识准备

出纳人员在办理现金收入业务时，应当按照现金收入管理的原则，及时取得或填制有关原始凭证，按规定的程序收取并点清现金收入，做到完整、准确地反映本单位的现金收入情况，并对收入业务进行有效的监督。

一、现金收入管理的原则

出纳人员在进行现金收入管理时，应坚持下述原则。

（一）单位任何人员不得瞒报、漏报、少报、误报收入

可采取的主要防范措施有以下几个：

（1）部门经理负责制，即销售或劳务收入由业务部负责人统一监控，非经营性收入由各部门负责人监控。

（2）收入凭证由专人保管和开具。凡是涉及现金收入的凭证，如发票、内部收据等，一律由出纳人员或专人负责开具及保管，定期盘点核对，保证收款与所开出凭证的金额一致，严禁开具大头小尾的收入凭证。

（3）账实核对。凡涉及商品销售的，所有库存商品的发出必须与相应的收入或其他用

途相对应；凡涉及实物增减的，也应与相应的去向相符合。

（二）严格办理现金收入手续

发生现金收入后，出纳人员应及时办理收入手续，做到手续完备，一笔一清，具体内容如下：

（1）审查收入的合法性。在处理日常业务收入现金时，必须严格遵守国家现金收入范围的规定，不得在出售商品的金额超过结算起点时，拒收银行结算凭证而收取现金，或按一定比例搭配收取现金。

（2）现金收入要一笔一清。收取现金时，要清点完一笔之后再清点另一笔，几笔收款不能混在一起办理，以免互相混淆或调换。一笔款项未办理妥当，出纳人员不得离开座位；收款过程应在同一时间内完成，不准收款后过一段时间再开发票或收据；对已完成收款的收据应加盖“现金收讫”章。出纳人员与付款人当面点清后，应再询问一次付款人金额是否正确；如无异议，即可将发票或收据交给付款人，至此收入手续才算结束。

（3）现金收入要及时送存银行。出纳人员应严格控制收款日期和收款金额，保证本单位应得的收入及时收取、不缺不漏并及时送存银行。

二、现金收入的程序

现金收入主要包括销售商品、提供劳务等取得的营业收入、单位内部的非经营性现金收入（如收回代垫款项等）及从银行提取现金收入。出纳在办理现金收入业务时，应按规定程序收取并点清现金收入，送存现金，做到完整、准确地反映本单位的现金收入情况，并对收入业务进行有效监督。

交款人直接持现金到出纳部门交款（如购货单位交付货款、职工交来欠款等），出纳人员应根据有关收款凭据办理收款事宜。其收款程序如下：

（1）受理收款业务，对于由其他人员填开的现金收入凭证应先进行审核，查看其业务内容是否完整、真实、准确，然后再审核现金收入来源是否合法合理、手续是否齐全。

（2）与付款人当面清点现金，保证收款单据和收款金额一致。

（3）清点无误后，开具收款凭据，并在凭据上加盖“现金收讫”章。

（4）根据收款收据记账联和收款单据（如劳务清单等）编制记账凭证。

（5）根据审核无误的记账凭证登记现金日记账。

在商品零售业、旅游、饮食服务业等行业中，由于收款业务比较频繁，一般采用由营业员分散收款或收银员集中收款的方式，每天定时向出纳部门交款，其现金收入也应按前述程序办理手续。

账务处理

根据收款收据记账联和收款单据等原始凭证编制记账凭证。

借：库存现金

　　贷：银行存款等相关科目

情景一　差旅费报销，交回余款

活动设计

2013 年 4 月 29 日，孙忠全出差回来报销差旅费，出差前预借差旅费 5 000 元。其中：往返飞机票 1 760 元，住宿费 1 200 元，按规定出差补助每天 180 元。收回退款 960 元。

业务办理

（1）4 月 29 日，孙忠全出差归来持有关单据到财务部门领取差旅费报销单，办理报销手续，经领导审批同意后，出纳审核报销单并填写出差补助金额。

差旅费报销单

部门：采购部　　2013 年 4 月 29 日

<table>
<tr><td colspan="3">姓名</td><td colspan="3">孙忠全</td><td colspan="2">出差事由</td><td colspan="3">采购商品</td><td colspan="4">出差自 2013 年 4 月 22 日
至 2013 年 4 月 27 日</td><td colspan="2">共 6 天</td></tr>
<tr><td colspan="6">起讫时间及地点</td><td colspan="2">车船票</td><td colspan="3">夜间乘车补助费</td><td colspan="3">出差乘补费</td><td>住宿费</td><td colspan="2">其他</td></tr>
<tr><td>月</td><td>日</td><td>起</td><td>月</td><td>日</td><td>讫</td><td>类别</td><td>金额</td><td>时间</td><td>标准</td><td>金额</td><td>日数</td><td>标准</td><td>金额</td><td>金额</td><td>摘要</td><td>金额</td></tr>
<tr><td>4</td><td>22</td><td>北京</td><td>4</td><td>22</td><td>沈阳</td><td>飞机</td><td>880.00</td><td></td><td></td><td></td><td></td><td></td><td></td><td></td><td></td><td></td></tr>
<tr><td>4</td><td>27</td><td>沈阳</td><td>4</td><td>27</td><td>北京</td><td>飞机</td><td>880.00</td><td></td><td></td><td></td><td>6</td><td>180.00</td><td>1 080.00</td><td>1 200.00</td><td></td><td></td></tr>
<tr><td></td><td></td><td></td><td></td><td></td><td></td><td></td><td></td><td></td><td></td><td></td><td></td><td></td><td></td><td></td><td></td><td></td></tr>
<tr><td colspan="6">小计</td><td></td><td>1 760.00</td><td></td><td></td><td></td><td></td><td></td><td>1 080.00</td><td>1 200.00</td><td></td><td></td></tr>
<tr><td colspan="17">合计金额（大写）：肆仟零肆拾元整</td></tr>
<tr><td colspan="17">备注：预借 5 000.00　核销 4 040.00　退补 960.00</td></tr>
</table>

附单据共 3 张

单位领导：王晓红　　会计：许凡　　出纳：王美丽　　报销人：孙忠全

（2）出纳人员收回孙忠全多借款 960 元后，妥善保管并开具收据，在收据第三联上加盖“现金收讫”章，在第二联加盖财务结算章后退回给缴款人，第一联存根留存。

统一收款收据（三联单）

2013 年 4 月 29 日　　No. 6703528

<table>
<tr><td>交款单位或交款人</td><td>孙忠全</td><td>收款方式</td><td>现金</td></tr>
<tr><td colspan="3">事　由差旅费余款　　现金收讫

人民币（大写）玖佰陆拾元整　　¥960.00</td><td>备注：
预借款 5 000.00
核销 4 040.00</td></tr>
</table>

第三联：记账

收款单位（盖章）：　　收款人（签章）王美丽

（3）会计依据审核无误的差旅费报销单和收据编制记账凭证，并交凭证审核人员审核。

收 款 凭 证

借方科目：库存现金　　　　2013 年 4 月 29 日　　　　现收字第××号

摘要	贷方科目		金额								
	总账科目	明细科目	百	十	万	千	百	十	元	角	分
收回差旅费余款	其他应收款	孙忠全					9	6	0	0	0
合计						¥	9	6	0	0	0

附件2张

会计主管　张林　　记账　许凡　　复核　王冰　　出纳　王美丽　　制单　许凡

转 账 凭 证

2013 年 4 月 29 日　　　　转字第××号

摘要	总账科目	明细科目	记账	借方金额								记账	贷方金额							
				十	万	千	百	十	元	角	分		十	万	千	百	十	元	角	分
报销差旅费	管理费用	差旅费				4	0	4	0	0	0									
	其他应收款	孙忠全													4	0	4	0	0	0
合计					¥	4	0	4	0	0	0			¥	4	0	4	0	0	0

附件2张

会计主管　张林　　记账　许凡　　复核　王冰　　出纳　王美丽　　制单　许凡

（4）出纳人员依据审核无误的收款凭证登记现金日记账。

情景二　收到包装物押金

活动设计

2013 年 6 月 19 日，北京明发商贸有限公司收取北京利来贸易有限公司交来的出借包装物押金现金 800 元。

业务办理

（1）北京利来贸易有限公司交来包装物押金 800 元，出纳人员当面点清现金，并妥善保管。

（2）出纳人员开具收款收据，第一联为存根，第二联为付款方收据，第三联为记账联，并在第二联、第三联加盖财务专用章。

北京市非经营性资金往来统一收据

发票代码 1352020760913
发票号码 00249806

付款方：北京利来贸易有限公司　　　　日期：2013 年 6 月 19 日

项目	金额
包装物押金	800.00
合计人民币（大写）　捌佰元整	¥800.00
备注：未经收款单位盖章及收款人签章无效	

第三联 记账联

（印章：北京明发商贸有限公司 财务专用章）

款项结算方式：现金　　开票：王光　　收款人：王美丽　　收款单位（盖章）

（3）会计依据审核无误的收款收据编制记账凭证，并交凭证审核人员审核。

收　款　凭　证

借方科目：库存现金　　　　2013 年 6 月 19 日　　　　现收字第××号

摘　要	贷方科目		金　额								
	总账科目	明细科目	百	十	万	千	百	十	元	角	分
收取包装物押金	其他应付款	北京利来贸易					8	0	0	0	0
合　计						¥	8	0	0	0	0

附件 1 张

会计主管　张林　　记账　许凡　　复核　王冰　　出纳　王美丽　　制单　许凡

（4）凭证审核人员审核完凭证后，出纳人员根据收款凭证登记现金日记账。

工作任务五　备用金业务处理

知识准备

备用金，是指支付给单位内部各有关部门或工作人员用于日常零星开支的款项，如采购部门的采购备用金、收银部门的找零备用金等。备用金是单位现金的特殊形式，不由出纳人员保管和收支，而由各部门人员在规定的额度内按照规定的范围使用，以便灵活地开展业务，提高工作效率。出纳人员应当了解本单位的备用金保管和使用情况，按照规定办理预借和报销手续，保证备用金的安全与完整。

一、备用金借支管理

备用金借支管理具体包括以下内容：

（1）由企业各部门填制“备用金借款单”。一方面，财务部门应根据管理需要核定其零星开支；另一方面，凭此单据支给现金。

（2）各部门零星备用金一般不得超过规定数额，若遇特殊情况，应由管理部门主管核准。

（3）各部门借支零星备用金时，应将取得的正式发票定期送到备用金管理人员（出纳人员）手中，冲转借支款或补充备用金。

二、备用金的保管

备用金的保管具体包括以下内容：

（1）备用金收支应设置“备用金”账户，并编制收、支日报表送交会计主管。

（2）应根据取得的发票定期编制备用金支出一览表，及时反映备用金支出情况。

（3）备用金账户应做到逐月结清。

（4）出纳人员应妥善保管与备用金相关的各种票据。

三、备用金的预借

备用金的预借应注意以下几个方面：

（1）备用金管理有定额管理和非定额管理两种方法。定额管理是指根据各部门的实际需要和单位的财务负担能力核定并报有关领导批准备用金定额，即用款单位按定额持有备用金；非定额管理是指按每次业务所需备用金管理额预借并按报销金额核销备用金，即用款单位不按定额持有备用金。

（2）财务部门应会同单位有关部门制定备用金的使用范围、开支权限、领款、报销手续及报销期限，并在预借时向专门负责人予以书面说明。

（3）企业对于备用金应建立、健全拨付和报销的手续制度，并设置“其他应收款”账户进行核算。

四、备用金的报销

（一）定额备用金的报销

各部门在使用备用金后须到财务部门报销，报销期限至少每月一次。报销时，出纳人员按审核无误的报销单据支付现金给备用金管理人，补足其原定额。待期末终了，撤销定额备用金或调换经办人时才全部交回备用金，即采用“定额发放、差额补足”的办法。

（二）非定额备用金的报销

非定额备用金一般根据特定业务的需要而预借，因此并非长期保留项目，而是在业务办理完后凭有关票据到财务部门一次性报销，多退少补，一次结清，下次再用时则重新办理手续，管理上与差旅费的预借和报销类似。

情景一 核定并拨付定额备用金

活动设计

北京明发商贸有限公司财务处对办公室采用定额备用金制度。2013年6月1日，办公室负责人王小曼借备用金，经有关部门核定，定额为5 000元。

业务办理

（1）办公室负责人王小曼填写借款单，经公司领导、会计主管审批后，交财务部门办理拨付手续。

借 款 单

2013年6月1日

部门	办公室		姓名		王小曼
用途	部门备用金				
金额（大写）	伍仟元整			现金付讫	￥5 000.00
部门签字	王小曼	财务签字	张林	领导签字	王晓红

（2）出纳人员根据审核无误后的借款单支付款项，当面点清并由收款人签收，将借款单交会计。制证会计依据借款单编制记账凭证，并交凭证审核人员审核。

付 款 凭 证

贷方科目：库存现金　　2013年6月1日　　现付字第××号

摘　要	借方科目		金　额								
	总账科目	明细科目	百	十	万	千	百	十	元	角	分
借定额备用金	其他应收款	备用金（办公室）				5	0	0	0	0	0
合　计					￥	5	0	0	0	0	0

附件1张

会计主管 张林　记账 许凡　复核 王冰　出纳 王美丽　制单 许凡

（3）凭证审核人员审核完凭证后，出纳人员依据审核无误的付款凭证登记现金日记账。

情景二　定额备用金制度下的报销业务

活动设计

2013 年 6 月 30 日，办公室负责人王小曼持汇总的本月用款原始凭证填写报销单，经公司领导、会计主管审批后，到财务部门办理报销，财务部门用现金补足备用金差额。

业务办理

（1）王小曼填写报销单，经审批后，到财务部门办理报销。会计审核后，交出纳办理付款手续。

费用报销单

2013 年 6 月 30 日

用途	金额（元）	备注	
购办公用品	2 000.00		
业务招待费	1 000.00	领导审批	同意报销 王晓红 2013 年 6 月 30 日
合计	3 000.00	现金付讫	
金额（大写）	叁仟元整	原借款 5 000.00	应补款 3 000.00

附件6张

财务主管　张林　　记账　许凡　　出纳　王美丽　　报销人　王小曼　　领款人　王小曼

（2）出纳补足备用金差额，将报销单交制证会计编制记账凭证，并交凭证审核人员审核。

付　款　凭　证

贷方科目：库存现金　　2013 年 6 月 30 日　　现付字第××号

摘　要	借方科目		金　额								
	总账科目	明细科目	百	十	万	千	百	十	元	角	分
办公室报销	管理费用	办公费				2	0	0	0	0	0
		业务招待费				1	0	0	0	0	0
合　计					¥	3	0	0	0	0	0

附件1张

会计主管　张林　　记账　许凡　　复核　王冰　　出纳　王美丽　　制单　许凡

（3）出纳依据审核无误的记账凭证登记现金日记账。

情景三　期末交回备用金余额

活动设计

2013 年 8 月 31 日，北京明发商贸有限公司办公室负责人王小曼持汇总的本月用款原始凭证填写报销单，报销本月所用备用金 2 800 元，经相关负责人审批后，到会计部门办理报销。会计部门收回未用完的备用金余额 2 200 元。

业务办理

（1）王小曼填写报销单，经相关负责人审批后，到财务部门办理报销手续，并将剩余款交出纳。出纳收妥现金开具收款收据，并将报销单及收据记账联交会计审核。

费用报销单

2013 年 8 月 31 日

用途	金额（元）	备注	
购办公用品	1 000.00		
业务招待费	1 800.00	现金付讫　领导审批	同意报销 王晓红 2013 年 8 月 31 日
合计	2 800.00		
金额（大写）	贰仟捌佰元整	原借款 5 000.00	应退款 2 200.00

附件 4 张

财务主管　张林　　记账　许凡　　出纳　王美丽　　报销人　王小曼　　领款人　王小曼

统一收款收据（三联单）

2013 年 8 月 31 日　　No. 6703546

交款单位或交款人	王小曼	收款方式	现金
事　由收回备用金 人民币（大写）贰仟贰佰元整　¥2 200.00　现金收讫			备注：

第三联：记账

收款单位（盖章）　　收款人（签章）王美丽

（2）会计审核原始凭证无误后，编制记账凭证，并交凭证审核人员审核。

收　款　凭　证

借方科目：库存现金　　　　2013 年 8 月 31 日　　　　现收字第××号

摘　要	贷方科目		金　额								
	总账科目	明细科目	百	十	万	千	百	十	元	角	分
收回办公室备用金	其他应收款	办公室（备用金）				2	2	0	0	0	0
合　计					¥	2	2	0	0	0	0

附件 1 张

会计主管　张林　　记账　许凡　　复核　王冰　　出纳　王美丽　　制单　许凡

转　账　凭　证

2013 年 8 月 31 日　　　　转字第××号

摘要	总账科目	明细科目	记账	借方金额								记账	贷方金额							
				十	万	千	百	十	元	角	分		十	万	千	百	十	元	角	分
办公室报销	管理费用	办公费				1	0	0	0	0	0									
	管理费用	业务招待费				1	8	0	0	0	0									
	其他应收款	办公室（备用金）													2	8	0	0	0	0
合计					¥	2	8	0	0	0	0			¥	2	8	0	0	0	0

附件 5 张

会计主管　张林　　记账　许凡　　复核　王冰　　出纳　王美丽　　制单　许凡

（3）出纳依据审核无误的收款凭证登记现金日记账。

工作任务六　库存现金清查业务

知识准备

各单位的出纳人员应对库存票币分别按照纸币的票面金额和硬币的币面金额，以及整数和零数进行分类保管。另外，单位应定期或不定期地进行现金清查盘点。库存现金的清查是指通过实地盘点的方法，确定库存现金的实有数，再与现金日记账的账面余额进行核对，并编制库存现金盘点报告表（其基本格式见下表），确保现金账面余额与实际库存相符。如发现不符，应及时查明原因，做出相应的处理。

库存现金盘点报告表

年　月　日

币种	账存金额	实存金额	对比结果		备注
			盘盈	盘亏	

盘点人（签章）　　　　出纳员（签章）

库存现金的盘点，应由清查人员会同现金出纳人员共同负责。库存现金的盘点应注意以下三个问题：

（1）盘点前，出纳人员应先将现金收、付款凭证全部登记入账，并结出余额。

（2）盘点时，出纳人员必须在场，现金应逐张清点，并与现金日记账进行核对，如发现盘盈、盘亏，必须会同出纳人员核实清楚。

（3）盘点结束后，应根据盘点结果及时填制库存现金盘点报告表，并由清查人员和出纳人员签名或盖章。

情景一 库存现金盘点长款

活动设计 1

2013年8月31日，北京明发商贸有限公司实地盘点库存现金，发现溢余现金20元。

业务办理

（1）根据盘点结果，清查人员填写库存现金盘点报告表并签名盖章，出纳人员同时签名并盖章，以明确责任。

库存现金盘点报告表

2013年8月31日

币种	账存金额	实存金额	对比结果		备注
			盘盈	盘亏	
人民币	4 800.00	4 820.00	20.00		

盘点人（签章）李翔　　　　出纳员（签章）王美丽

（2）制证会计根据审核后的库存现金盘点报告表编制记账凭证，并交凭证审核人员审核。

收 款 凭 证

借方科目：库存现金　　　　2013年8月31日　　　　现收字第××号

摘　要	贷方科目		金　额								
	总账科目	明细科目	百	十	万	千	百	十	元	角	分
现金长款	待处理财产损溢	待处理流动资产损溢						2	0	0	0
合　计							¥	2	0	0	0

附件1张

会计主管 张林　　记账 许凡　　复核 王冰　　出纳 王美丽　　制单 许凡

（3）根据审核无误的记账凭证，出纳人员登记现金日记账。

活动设计 2

2013 年 8 月 31 日，出纳将现金清查结果报领导审批，批复意见为：列作营业外收入。

业务办理

（1）将库存现金盘点报告表呈报负责人审批，批复意见为：无法查明原因，列作营业外收入。

库存现金清查处理单

2013 年 8 月 31 日

币种	清查结果		处理意见
	盘盈	盘亏	
人民币	20		列作营业外收入 王晓红 2013 年 8 月 31 日

盘点人（签章）李翔　　　　出纳员（签章）王美丽

（2）制证会计根据处理意见编制记账凭证，交凭证审核人员审核。

转　账　凭　证

2013 年 8 月 31 日　　　　转字第××号

摘要	总账科目	明细科目	记账	借方金额								记账	贷方金额							
				十	万	千	百	十	元	角	分		十	万	千	百	十	元	角	分
盘盈转销	待处理财产损溢	待处理流动资产损溢						2	0	0	0									
	营业外收入																2	0	0	0
合计									¥	2	0	0	0			¥	2	0	0	0

附件1张

会计主管　张林　　记账　许凡　　复核　王冰　　出纳　王美丽　　制单　许凡

（3）会计依据审核无误的记账凭证，登记“待处理财产损溢”和“营业外收入”明细账及总账。

情景二　库存现金盘点短款

活动设计 1

2013 年 9 月 15 日，北京明发商贸有限公司实地盘点库存现金，发现短缺现金 50 元，无法查明原因。

业务办理

（1）根据盘点结果，清查人员填写库存现金盘点报告表并签名盖章，出纳同时签名并盖章，以明确责任。

库存现金盘点报告表

2013 年 9 月 15 日

币种	账存金额	实存金额	对比结果		备注
			盘盈	盘亏	
人民币	3 750.00	3 700.00		50.00	

盘点人（签章）李翔　　　　出纳员（签章）王美丽

（2）制证会计根据审核后的库存现金盘点报告表编制记账凭证，并交凭证审核人员审核。

付　款　凭　证

贷方科目：库存现金　　　　2013 年 9 月 15 日　　　　现付字第××号

摘　要	借方科目		金　额								
	总账科目	明细科目	百	十	万	千	百	十	元	角	分
现金短款	待处理财产损溢	待处理流动资产损溢						5	0	0	0
合　计							¥	5	0	0	0

附件 1 张

会计主管　张林　　记账　许凡　　复核　王冰　　出纳　王美丽　　制单　许凡

（3）出纳根据审核无误的记账凭证登记现金日记账。

活动设计 2

2013 年 9 月 20 日，出纳将现金清查结果报领导审批，批复意见为：列作管理费用。

业务办理

（1）将库存现金盘点报告表呈报负责人审批，批复意见为：列作管理费用。

库存现金清查处理单

2013 年 9 月 20 日

币种	清查结果		处理意见
	盘盈	盘亏	
人民币		50	列作管理费用 王晓红 2013 年 9 月 20 日

盘点人（签章）李翔　　　　出纳员（签章）王美丽

（2）制证会计根据处理意见编制记账凭证，交凭证审核人员审核。

转 账 凭 证

2013 年 9 月 20 日 转字第××号

摘要	总账科目	明细科目	记账	借方金额								记账	贷方金额							
				十	万	千	百	十	元	角	分		十	万	千	百	十	元	角	分
结转盘亏现金	管理费用	现金短款						5	0	0	0									
	待处理财产损溢	待处理流动资产损溢															5	0	0	0
							¥	5	0	0	0					¥	5	0	0	0

附件 1 张

会计主管 张林 记账 许凡 复核 王冰 出纳 王美丽 制单 许凡

项目四 银行结算账户管理

能力目标

1. 了解银行结算账户管理的基本原则及银行结算账户的类型；
2. 掌握银行结算账户的开立和使用；
3. 能够独立办理银行结算账户的开立、变更和撤销业务。

工作任务一 银行结算账户的日常管理

知识准备

一、银行结算账户的含义

银行结算账户（全称人民币银行结算账户），是指银行为存款人开立的办理资金收付结算的人民币活期存款账户。在我国，存款人既可以是单位，也可以是个人，包括在中国境内开立银行结算账户的机关、团体、部队、企业、事业单位、其他组织（以下统称单位）、个体工商户和自然人。银行是指在中国境内经中国人民银行批准经营支付结算业务的政策性银行、商业银行（含外资独资银行、中外合资银行、外国银行分行）、城市信用合作社、农村信用合作社。

按存款人不同，银行结算账户分为单位银行结算账户和个人银行结算账户。存款人以单位名称开立的银行结算账户为单位银行结算账户。个体工商户凭营业执照以字号或经营者姓名开立的银行结算账户纳入单位银行结算账户管理。存款人凭个人身份证件以自然人名称开立的银行结算账户为个人银行结算账户。

小提示

本书中所涉及的银行结算账户仅指单位银行结算账户。

二、银行结算账户管理的基本原则

根据《人民币银行结算账户管理办法》(以下简称《账户管理办法》)的规定，各单位对银行账户的管理应当遵守以下原则。

(一) 一个基本账户原则

单位银行结算账户的存款人只能在银行开设一个基本存款账户（国家有特殊规定的除外)，存款人开立基本存款账户实行核准制度，经中国人民银行核准后由开户银行核发开户登记证。一个单位不能同时开立多个基本存款账户，违反此规定的，除责令限期撤销多余账户外，并处以 5 000～10 000 元的罚款。

(二) 自愿选择账户原则

存款人可以自主选择银行开立银行结算账户。除国家法律、行政法规和国务院规定外，任何单位和个人不得强令存款人到指定银行开立银行结算账户。

(三) 守法原则

银行结算账户的开户和使用应当遵守法律、行政法规，不得利用银行账户进行偷税、逃避债务、套取现金及其他违法犯罪活动。

(四) 存款保密原则

银行必须依法为存款人保密，维护存款人对资金的自主支配权。除国家法律规定和国务院授权中国人民银行总行的监督项目外，银行不得代任何单位或个人查询、冻结、扣划存款账户内存款，不得向第三方透露有关存款人的银行账户情况。

(五) 银行不垫款原则

银行在办理结算时，只负责办理结算双方单位的资金转移，不为任何单位垫付资金。

三、单位银行结算账户的设置与开户条件

单位银行结算账户按用途不同，可分为基本存款账户、一般存款账户、临时存款账户和专用存款账户。不同类型的银行结算账户有其相应的开户条件和适用范围，出纳人员必须熟悉这些账户的特点，才能灵活地加以使用。

(一) 基本存款账户的设置与开户条件

基本存款账户是存款人因办理日常转账结算和现金收付需要开立的银行结算账户。存款人的工资、奖金等现金的支取，只能通过基本存款账户办理，每个存款人只能在银行开立一个基本存款账户。

1. 基本存款账户的设置

下列存款人，可以申请开立基本存款账户：

(1) 法人企业。

(2) 非法人企业。

(3) 机关、事业单位。

(4) 团级(含)以上军队、武警部队及分散执勤的支(分)队。

(5) 社会团体。

(6) 民办非企业组织。

(7) 异地常设机构。

(8) 外国驻华机构。

(9) 个体工商户。

(10) 居民委员会、村民委员会、社区委员会。

(11) 单位设立的独立核算的附属机构。

(12) 其他组织。

2. 基本存款账户的开户条件

(1) 法人企业应出具法人企业营业执照正本。

(2) 非法人企业应出具企业营业执照正本。

(3) 机关和实行预算管理的事业单位,应出具政府人事部门或编制委员会的批文或登记证书和财政部门同意其开户的证明;非预算管理的事业单位,应出具政府人事部门或编制委员会的批文或登记证书。

(4) 军队、武警团级(含)以上单位以及分散执勤的支(分)队,应出具军队军级以上单位财务部门、武警总队财务部门的开户证明。

(5) 社会团体应出具社会团体登记证书,宗教组织还应出具宗教事务管理部门的批文或证明。

(6) 民办非企业组织应出具民办非企业登记证书。

(7) 外地常设机构应出具其驻在地政府主管部门的批文。

(8) 外国驻华机构应出具国家有关主管部门的批文或证明;外资企业驻华代表处、办事处应出具国家登记机关颁发的登记证。

(9) 个体工商户应出具个体工商户营业执照正本。

(10) 居民委员会、村民委员会、社区委员会应出具其主管部门的批文或证明。

(11) 独立核算的附属机构应出具其主管部门的基本存款账户开户登记证和批文。

(12) 其他组织应出具政府主管部门的批文或证明。

如果上述存款人为从事生产、经营活动纳税人的,还应出具税务部门颁发的税务登记证。根据《人民币银行结算账户管理办法实施细则》(以下简称《账户管理办法实施细则》)第十三条的规定,税务登记证是指国税登记证或地税登记证。如果存款人为从事生产、经营活动的纳税人,根据国家有关规定无法取得税务登记证的,在申请开立基本存款账户时可不出具税务登记证。

(二) 一般存款账户的设置与开户条件

一般存款账户是指存款人因借款或其他结算需要,在基本存款账户开户银行以外的银行营业机构开立的银行结算账户。

1. 一般存款账户的设置

开立基本存款账户的存款人都可以开立一般存款账户。修订后的《账户管理办法》取消了开立一般存款账户的限制条件，只要存款人具有借款或其他结算需要，都可以申请开立一般存款账户且没有数量限制。

2. 一般存款账户的开户条件

根据《账户管理办法》第十八条的规定，存款人申请开立一般存款账户，应向银行出具下列证明文件：

（1）开立基本存款账户规定的证明文件。

（2）基本存款账户开户登记证。

（3）存款人因向银行借款需要，应出具借款合同。

（4）存款人因其他结算需要，应出具有关证明。

（三）临时存款账户的设置与开户条件

临时存款账户，是指存款人因临时经营活动需要并在规定期限内使用而开立的账户。存款人可以通过该账户办理转账结算业务和根据国家现金管理的规定办理现金收付业务。

1. 临时存款账户的设置

根据《账户管理办法》第十四条和《账户管理办法实施细则》第十条的规定，存款人有下列情况的，可以申请开立临时存款账户：

（1）设立临时机构。

（2）境内单位在异地从事临时经营活动。

（3）注册验资。

（4）境外（含港澳台地区）机构在境内从事经营活动。

临时存款账户主要是针对不同社会主体的不同经营活动的临时结算需要而开立的账户。《账户管理办法》以及《账户管理办法实施细则》的上述规定实际上扩大了临时存款账户使用对象的范围，如工程指挥部、筹备领导小组、摄制组等临时机构；建筑施工以及安装单位等在异地的临时经营活动；公司的注册验资；境外（含港澳台地区）机构在境内从事经营活动等都可以开立临时存款账户。

根据《账户管理办法实施细则》的有关规定，存款人为临时机构的，只能在其驻地开立一个临时存款账户，不得开立其他银行结算账户；存款人在异地从事临时活动的，只能在其临时活动地开立一个临时存款账户；建筑施工及安装单位在异地同时承建多个项目的，可以根据建筑施工及安装合同开立不超过项目合同个数的临时存款账户。

2. 临时存款账户的开户条件

根据《账户管理办法》第二十一条和《账户管理办法实施细则》的有关规定，存款人申请开立临时存款账户，应向银行出具下列证明文件：

（1）临时机构应出具其驻地主管部门同意设立临时机构的批文。

（2）异地建筑施工及安装单位应出具营业执照正本或其隶属单位的营业执照正本，以及施工及安装地建设主管部门核发的许可证或建筑施工与安装合同。

（3）异地从事临时经营活动的单位，应出具其营业执照正本以及临时经营地工商行政管理部门的批文。

（4）境外（含港澳台地区）机构在境内从事经营活动的，应当出具政府有关部门批准其从事该项活动的证明文件。

（5）注册验资资金，应出具工商行政管理部门核发的企业名称预先核准通知书或有关部门的批文。

(6) 增资验资资金，应当出具股东会或董事会决议等证明文件。

上述第 (2)、(3)、(6) 三种情形，存款人还应出具其基本存款账户开户登记证。

(四) 专用存款账户的设置与开户条件

专用存款账户是存款人按照法律、行政法规和规章，对其特定用途的资金进行专项管理和使用而开立的银行结算账户。专用存款账户是针对特定事项开立的存款账户。

1. 专用存款账户的设置

根据《账户管理办法》第十三条的规定，对下列资金的管理与使用，存款人可以申请开立专用存款账户：

(1) 基本建设资金。

(2) 更新改造资金。

(3) 财政预算外资金。

(4) 粮、棉、油收购资金。

(5) 证券交易结算资金。

(6) 期货交易保证金。

(7) 信托基金。

(8) 金融机构存放同业资金。

(9) 政策性房地产开发资金。

(10) 单位银行卡备用金。

(11) 住房基金。

(12) 社会保障基金。

(13) 收入汇缴资金和业务支出资金。

(14) 党、团、工会设在单位的组织机构经费。

(15) 其他需要专项管理和使用的资金。

开立专用存款账户的目的是保证特定用途的资金专款专用，并且有利于监督管理。修订后的《账户管理办法》强调，只有法律、行政法规和规章规定要求专户存储和使用的资金，才纳入专用存款账户管理。由此而见，该办法缩小了纳入专用存款账户管理的资金范围。

2. 专用存款账户的开户条件

根据《账户管理办法》第十九条的规定，存款人申请开立专用存款账户，应向银行出具其开立基本存款账户规定的证明文件、基本存款账户开户登记证和下列证明文件：

(1) 基本建设资金、更新改造资金、政策性房地产开发资金、住房基金、社会保障基金，应出具主管部门批文。

(2) 财政预算外资金，应出具财政部门的证明。

(3) 粮、棉、油收购资金，应出具主管部门批文。

(4) 单位银行卡备用金，应按照中国人民银行批准的银行卡章程的规定出具有关证明和资料。

(5) 证券交易结算资金，应出具证券公司或证券管理部门的证明。

(6) 期货交易保证金，应出具期货公司或期货管理部门的证明。

(7) 金融机构存放同业资金，应出具其证明。

(8) 收入汇缴资金和业务支出资金，应出具基本存款账户存款人有关的证明。

（9）党、团、工会设在单位的组织机构经费，应出具该单位或有关部门的批文或证明。

（10）其他按规定需要专项管理和使用的资金，应出具有关法规、规章或政府部门的有关文件。

根据《账户管理办法实施细则》第十四条的规定，同一个证明文件只能开立一个专用存款账户。

四、单位银行结算账户的使用

基本存款账户是存款人的主办账户，存款人日常经营活动的资金收付及工资、奖金和现金的支取，应通过该账户办理；一般存款账户用于办理存款人借款转存、借款归还和其他结算的资金收付，该账户可以办理现金缴存，但不得办理现金支取；专用存款账户用于办理各项专用资金的收付；临时存款账户用于办理临时机构以及存款人临时经营活动发生的资金收付，临时存款账户应根据有关开户证明文件确定的期限或存款人的需要确定其有效期限。存款人在账户的使用中需要延长期限的，应在有效期限内向开户银行提出申请，并由开户银行报中国人民银行当地分（支）行核准后办理展期，临时存款账户的有效期最长不得超过2年。临时存款账户支取现金，应按照国家现金管理的规定办理。

从《账户管理办法》的具体规定来看，四类单位银行结算账户既相互独立，又相互联系。存款人只能在银行开立一个基本存款账户，已开立基本存款账户的存款人，开立、变更或撤销其他三类账户，必须凭基本存款账户开户登记证办理相关的手续，并在基本存款账户开户登记证上进行相应登记，便于全面反映和控制存款人的各类银行结算账户开、销户情况，加强银行结算账户的管理。这体现了基本存款账户在四类单位银行结算账户中处于统御地位，它是单位开立其他银行结算账户的前提，其他三类单位银行结算账户则作为基本存款账户功能和作用的有益补充。

工作任务二　银行结算账户的开立

情景　基本账户开户登记

活动设计

2010年7月1日，北京市金秋人力资源有限公司注册成立，相关资料如下：

注册资本：200万元；营业执照注册号：110101012603428；法人代表：张强；身份证号码：43290219740421××××；财务主管：王辉；会计：薛燕琪；出纳：方朝阳；主要缴纳税种为营业税；公司地址：北京市朝阳区迎宾路56号；电话：29531180；传真：29531280；基本开户银行：中国银行北京皂君庙支行；行号：1235；企业组织机构代码：56484342123；税务登记类型：一般纳税人企业；税务登记证号码：623876123908326；邮政编码：100000；经营期：20年；公司主要从事劳务派遣，兼营服装的代销。

要求：2010年7月1日公司成立，办理基本账户开户登记。

小提示

本任务仅以基本存款账户为例，介绍单位银行结算账户的开立，其他账户开立与此类似。

业务流程

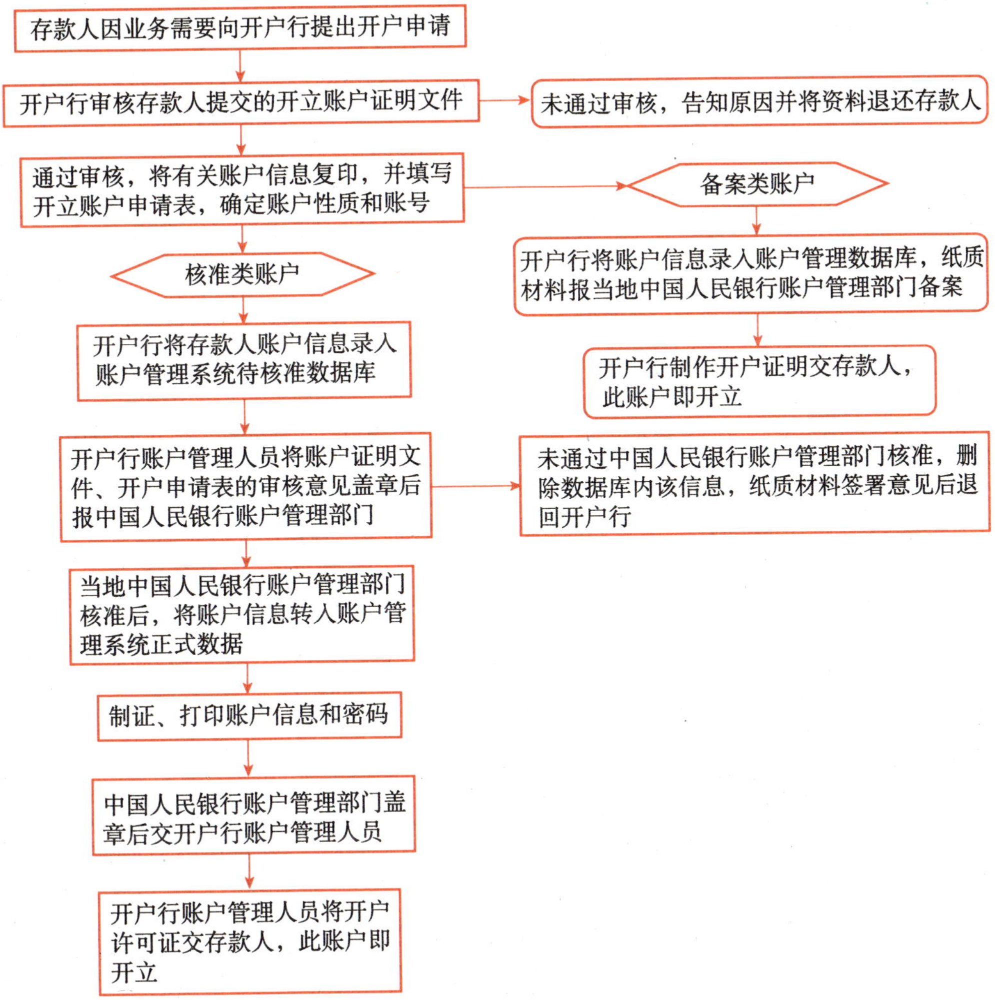

小提示

基本存款账户、临时存款账户以及预算单位专用存款账户为核准类账户；一般存款账户、专用存款账户为备案类账户。

业务办理

（1）申请开立基本存款账户，存款人需填写“开立单位银行结算账户申请书”。空白的开户申请书格式如下所示。

按组织机构代码证上的机构类型填写

填写办公地址、邮编与联系电话

按营业执照或登记证书上标注填写，若无标注可不填

填写组织机构代码证上代码号

填写营业执照或法人证书上的经营范围

填写营业执照、法人证书、非正规就业劳动组织证书

填写营业执照、批文、法人证书、非正规就业劳动组织证书号

国税与地税号一致，机关、社会团体、事业单位、非正规就业劳动组织等单位不需提供

开立单位银行结算账户申请书

存款人名称	☆	电　话	☆
地　　址	☆	邮　编	☆
存款人类别	☆	组织机构代码	☆
法定代表人（　） 单位负责人（　）	姓　名　☆		
	证件种类　☆	证件号码	☆
行业分类	A（　）B（　）C（　）D（　）E（　）F（　）G（　）H（　） I（　）J（　）K（　）L（　）M（　）N（　）O（　）P（　） Q（　）R（　）S（　）T（√）		
注册资金	币种：　　金额：	地区代码	
经营范围	☆		
证明文件种类	☆	证明文件编号	☆
国税登记证号	☆	地税登记证号	☆
关联企业	关联企业信息填列在“关联企业登记表”上。		
账户性质	基本（　）　一般（　）　专用（　）　临时（　）		
资金性质		有效日期至	年　月　日

以下为存款人上级法人或主管单位信息：

上级法人或主管单位名称			
基本存款账户开户登记证核准号		组织机构代码	
法定代表人（　） 单位负责人（　）	姓　名		
	证件种类	证件号码	

以下栏目由开户银行审核后填写：

开户银行名称			
开户银行代码		账　号	
账户名称			
基本存款账户开户登记证核准号		开户日期	
本存款人申请开立单位银行结算账户，并承诺所提供的开户资料真实、有效。 单位公章 存款人（公章） 年　月　日	开户银行审核意见： 经办人（签章） 开户银行（签章） 年　月　日	中国人民银行审核意见： （非核准类账户除外） 经办人（签章） 中国人民银行（签章） 年　月　日	

填写说明：

①申请开立临时存款账户，必须填列有效日期；申请开立专用存款账户，必须填列资金性质。

②“行业分类”中各字母代表的行业种类如下：A：农、林、牧、渔业；B：采矿业；C：制造业；D：电力、燃气及水的生产供应业；E：建筑业；F：交通运输、仓库和邮政业；G：信息传输、计算机服务及软件业；H：批发和零售业；I：住宿和餐饮业；J：金融业；K：房地产业；L：租赁和商务服务业；M：科学研究、技术服务和地质勘查业；N：水利、环境和公共设施管理；O：居民服务和其他服务业；P：教育业；Q：卫生、社会保障和社会福利业；R：文化、教育和娱乐业；S：公共管理和社会组织；T：其他行业。

③带括号的选项填“√”。

④申请开立核准类账户，填写本表一式三联，三联申请书由开户银行报送中国人民银行当地分支行，加盖审核章后，一联开户单位留存，一联开户银行留存，一联由中国人民银行当地分支行留存；申请开立备案类账户，填写本表一式二联，一联存款人留存，一联开户银行留存。

⑤☆表示该项目必须填写。

(2) 北京市金秋人力资源有限公司应先填写开户申请书，向中国银行北京皂君庙支行提供相关材料及开户登记证工本费，在开户银行预留印鉴卡，申请开立基本存款账户。填好的开户申请书如下所示。

开立单位银行结算账户申请书

存款人名称	北京市金秋人力资源有限公司		电　话	29531180
地　　址	北京市朝阳区迎宾路 56 号		邮　编	100000
存款人类别	一般纳税人企业	组织机构代码	56484342123	
法定代表人（√） 单位负责人（ ）	姓　名	张强		
	证件种类	身份证	证件号码	43290219740421××××
行业分类	A（ ）B（ ）C（ ）D（ ）E（ ）F（ ）G（ ）H（ ）I（ ）J（ ） K（ ）L（ ）M（ ）N（ ）O（ ）P（ ）Q（ ）R（ ）S（ ）T（√）			
注册资金	币种：人民币　金额：200 万元		地区代码	290000
经营范围	劳务派遣，兼营服装的代销			
证明文件种类	营业执照		证明文件编号	110101012603428
国税登记证号	623876123908326		地税登记证号	623876123908326
关联企业	关联企业信息填列在“关联企业登记表”上。			
账户性质	基本（√）　一般（　）　专用（　）　临时（　）			
资金性质			有效日期至	年　月　日

以下为存款人上级法人或主管单位信息：

上级法人或主管单位名称				
基本存款账户开户登记证核准号			组织机构代码	
法定代表人（　） 单位负责人（　）	姓　名			
	证件种类		证件号码	

以下栏目由开户银行审核后填写：

开户银行名称			
开户银行代码		账　号	
账户名称			
基本存款账户开户登记证核准号		开户日期	
本存款人申请开立单位银行结算账户，并承诺所提供的开户资料真实、有效。 存款人（公章） 年　月　日	开户银行审核意见： 经办人（签章） 开户银行（签章） 年　月　日	中国人民银行审核意见： （非核准类账户除外） 经办人（签章） 中国人民银行（签章） 年　月　日	

小提示

印鉴卡上的户名、地址、电话号码应与申请书上的一致，在印鉴卡上要加盖开户单位公章、单位负责人或财务机构负责人印章及出纳人员印章。

(3) 中国银行北京皂君庙支行根据有关规定对开户单位提交的开户申请书、有关证明、印鉴卡等文件进行审查。审查同意后，开户银行允许开户，给予账号，并将存款人的开户申请书、相关证明文件和开户银行审核意见等开户资料报送中国人民银行当地分支行机构审核。

（4）中国人民银行北京中心支行对开户银行报送的基本存款账户开户资料的合规性进行审核。经审核符合条件，核准开户，制作开户登记证。开户登记证如下所示。

开户登记证

核准号：J1000100073301　　　　编号：1000－01575091

经核准：北京市金秋人力资源有限公司　符合开户条件，准予开立基本存款账户。

法定代表人（单位负责人）张强　开户银行中国银行股份有限公司北京皂君庙支行

账号318157085920

（印章：中国人民银行北京中心支行 开户管理专用章）

签证机关（签章）

（5）中国银行北京皂君庙支行通知北京市金秋人力资源有限公司，下发开户登记证，给予开户账号。开户手续完成后，该公司出纳方朝阳可根据业务需要购买各种结算凭证，如现金支票、转账支票、现金存款凭条及银行进账单等。

小提示

开户登记证是中国人民银行依法准予申请人在银行开立核准类银行结算账户的行政许可证件，是核准类银行结算账户合法性的有效证明。开户登记证有正本和副本之分，正本由申请人保管，副本由申请人开户银行留存。

工作任务三　银行结算账户的变更

知识准备

银行结算账户的变更，是指存款人的账户信息资料发生了变化或改变，根据账户管理的要求，应及时向开户银行办理变更手续。有下列情形之一的，存款人应向开户银行提出变更银行结算账户的申请：

（1）银行结算账户的存款人名称发生变更；

（2）单位法定代表人或主要负责人、住址以及其他开户资料发生变更。

银行结算账户的存款人名称发生变更，但不改变开户银行及账号的，应于5个工作日内向开户银行提出银行结算账户的变更申请，并出具有关部门的证明文件；单位法定代表人或主要负责人、住址以及其他开户资料发生变更，应于5个工作日内书面通知开户银行并提供有关证明。银行接到存款人的变更通知后，应及时办理变更手续，并于2个工作日内将存款人的“变更银行结算账户申请书”、开户登记证及证明文件报送中国人民银行当地分支行。当地分支行对符合变更条件的，核准其变更申请，收回原开户登记证，颁发新的开户登记证；对不符合变更条件的，不核准其变更申请。

情景　变更基本存款账户

活动设计

2012 年 9 月 20 日，北京市金秋人力资源有限公司发生人事变动，王屹峰（身份证号码：43290219641220××××）当选为该企业法人代表。公司申请变更基本存款账户。

业务流程

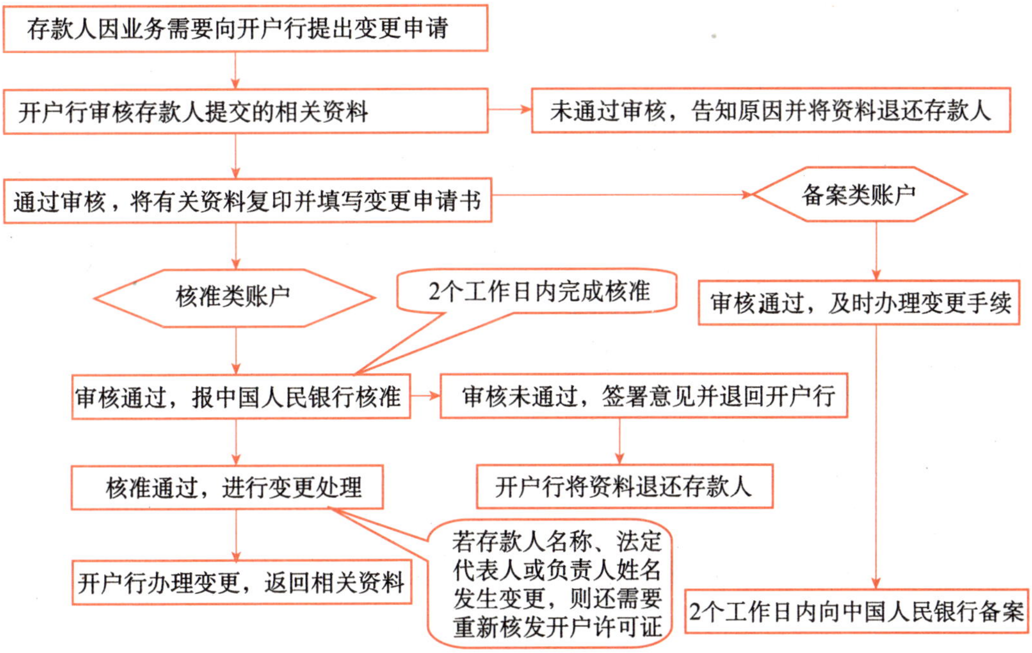

业务办理

（1）申请变更银行结算账户的，经上级主管部门批准后，存款人需填写“变更银行结算账户申请书”，其格式如下所示。

写变更前执照或登记证或批文所列名称

人民银行批准的开户银行机构代码

变更银行结算账户申请书

账户名称			
开户银行机构代码		账　号	
账户性质	基本（　）专用（　）一般（　）临时（　）个人（　）		
开户登记证核准号			

填写变更前的开户账号

填写变更前的开户许可证核准号

变更事项及变更后的内容如下：		
账户名称		
地址		
邮政编码		
电话		
注册资金金额		
证明文件种类		
证明文件编号		
经营范围		
法定代表人或单位负责人	姓名	
	证件种类	
	证件号码	
关联企业		
上级法人或主管单位的基本存款账户核准号		
上级法人或主管单位的名称		
上级法人或主管单位法定代表人或单位负责人	姓名	
	证件种类	
	证件号码	
本存款人申请变更上述银行账户内容，并承诺所提供的资料真实、有效。 存款人（签章） 年　月　日	开户银行审核意见： 经办人（签章） 开户银行（签章） 年　月　日	中国人民银行审核意见： 经办人（签名） 中国人民银行（签章） 年　月　日

注意：选择发生变更的事项，填写变更后的内容即可。未发生变更的事项，不需要填写。

填表说明：

①存款人申请变更核准类银行结算账户的存款人名称、法定代表人或单位负责人的，中国人民银行当地分支行应当对存款人的变更申请进行审核并签署意见，并重新核发开户登记证。

②带括号的选项填“√”。

③本申请书一式三联，一联存款人留存，一联开户银行留存，一联中国人民银行当地分支行留存。

④存款人若有上级法人或主管单位，需填列表中相关内容；存款人若有关联企业，需填列“关联企业登记表”。

（2）由北京市金秋人力资源有限公司出纳方朝阳填写变更账户申请书，向其开户银行中国银行北京皂君庙支行提供相关材料，申请变更账户信息。填好的变更申请书如下所示。

变更银行结算账户申请书

账户名称	北京市金秋人力资源有限公司		
开户银行机构代码	1235	账　号	318157085920
账户性质	基本（√）专用（　）一般（　）临时（　）个人（　）		
开户登记证核准号	J1000100073301		
变更事项及变更后的内容如下：			
账户名称			
地址			
邮政编码			
电话			
注册资金金额			
证明文件种类			

证明文件编号			
经营范围			
法定代表人或单位负责人	姓名	王屹峰	
	证件种类	身份证	
	证件号码	43290219641220××××	
关联企业			
上级法人或主管单位的基本存款账户核准号			
上级法人或主管单位的名称			
上级法人或主管单位法定代表人或单位负责人	姓名		
	证件种类		
	证件号码		
本存款人申请变更上述银行账户内容，并承诺所提供的资料真实、有效。 存款人（签章） 2012 年 9 月 20 日		开户银行审核意见： 经办人（签章） 开户银行（签章） 年　月　日	中国人民银行审核意见： 经办人（签名） 中国人民银行（签章） 年　月　日

（3）开户行对存款人变更资料的真实性及合法性进行审查，对符合变更条件的交由记账员及时办理变更手续，并于 2 个工作日报中国人民银行核准。

（4）中国人民银行核准通过，办理变更手续后发新开户登记证交开户银行。

（5）开户银行办理变更，返回相关资料，通知存款人领回开户登记证。

工作任务四　银行结算账户的撤销

知识准备

银行结算账户的撤销，是指存款人因开户资格或其他原因终止人民币银行结算账户使用的行为。有下列情形之一的，存款人应向开户银行提出撤销银行结算账户的申请：

（1）被撤并、解散、宣告破产或关闭的。

（2）注销、被吊销营业执照的。

（3）因迁址需要变更开户银行的。

（4）其他原因需要撤销银行结算账户的。

存款人有以上第（1）、（2）项情形的，应于 5 个工作日内向开户银行提出撤销银行结算账户的申请。存款人因第（1）、（2）项原因撤销基本存款账户的，存款人基本存款账户的开户银行应自撤销银行结算账户之日起 2 个工作日内将撤销该基本存款账户的情况书面通知该存款人其他银行结算账户的开户银行；存款人其他银行结算账户的开户银行，应自收到通知之日起 2 个工作日内通知存款人撤销有关银行结算账户；存款人应自收到通知之日起 3 个工作日内办理其他银行结算账户的撤销。存款人超过规定期限未主动办理撤销银行结算账户手续的，银行有权停止其银行结算账户的对外支付；存款人尚未清偿其开户银行债务的，不得申请撤销该账户。

存款人撤销银行结算账户，必须与开户银行核对银行结算账户存款余额，交回各种重要空白票据及结算凭证和开户登记证，银行核对无误后方可办理销户手续。存款人未按规定交回各种重要空白票据及结算凭证的，应出具有关证明；造成损失的，由存款人自行承担。

情景 撤销银行结算账户

活动设计

2014 年 3 月 1 日，北京市金秋人力资源有限公司经营失败，宣布破产。

业务流程

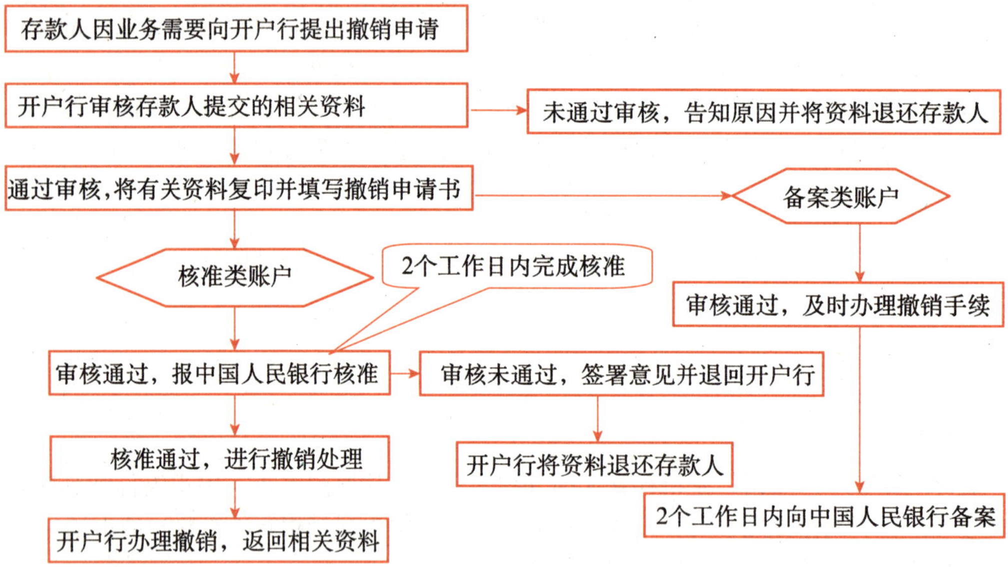

业务办理

（1）申请撤销银行结算账户，存款人（开户单位）应先填写“撤销银行结算账户申请书”。空白的撤销申请书格式如下所示。

撤销银行结算账户申请书

填写开户许可证所列或开户银行审核批准的账户名称

账户名称			
开户银行名称			
开户银行代码		账 号	
账户性质	基本（ ）一般（ ）专用（ ）临时（ ）个人（ ）		
开户登记证核准号			

销户原因	
本存款人申请撤销上述银行账户，承诺所提供的证明文件真实、有效。 存款人（签章） 年　月　日	开户银行审核意见： 经办人（签章） 开户银行（签章） 年　月　日

填写存款人申请销户的真实原因

填表说明：

①带括号的选项填“√”。

②申请撤销核准类账户，填写本表一式三联，三联申请书由开户银行报送中国人民银行当地分支行，加盖审核章后，第一联开户单位留存，第二联开户银行留存，第三联由中国人民银行当地分支行留存；申请撤销备案类账户，填写本表一式二联，第一联存款人留存，第二联开户银行留存。

（2）由该公司出纳方朝阳填写撤销账户申请书，向银行提供相关材料，申请撤销账户信息。填好的撤销申请书如下所示。

撤销银行结算账户申请书

账户名称	北京市金秋人力资源有限公司		
开户银行名称	中国银行股份有限公司北京皂君庙支行		
开户银行代码	1235	账　号	318157085920
账户性质	基本（√）一般（　）专用（　）临时（　）个人（　）		
开户登记证核准号	J1000100073301		
销户原因	经营失败，破产		
本存款人申请撤销上述银行账户，承诺所提供的证明文件真实、有效。 北京市金秋人力资源有限公司 存款人（签章） 年　月　日	开户银行审核意见： 经办人：（签章） 开户银行（签章） 年　月　日		

（3）开户行审核通过后，报中国人民银行核准，中国人民银行应在 2 个工作日内完成核准。

（4）中国人民银行核准通过后进行撤销处理，开户行与存款人核对其结算账户存款余额，同时存款人交回各种重要空白票据及结算凭证和开户登记证，核对无误后办理销户手续。

项目五 银行结算业务

能力目标

1. 能够正确填写与银行结算业务相关的各种结算凭证；

2. 能够独立办理支票结算业务、本票结算业务、银行汇票结算业务、汇兑结算业务、委托收款结算业务和商业汇票结算业务；

3. 熟知各种结算方式的基本规定及注意事项；

4. 能够独立进行相关业务的账务处理。

项目背景

1. 企业名称：北京华盛实业股份有限公司；法人代表：庄振忠；会计主管：张世达；记账：李忠义；复核：赵丽；出纳：罗燕红；纳税人识别号：110106802215046；开户银行：中国工商银行北京海淀支行；账号：4563510100888122489；公司地址：北京海淀区翠微路15号；电话：84061822。

2. 企业名称：北京金诚公司；法人代表：刘小光；纳税人识别号：110102524383698；开户银行：中国工商银行北大街支行；账号：56019653123456789；公司地址：北京市朝阳区东四环中路28号；电话：62250067。

3. 企业名称：天津宏远商贸有限公司；纳税人识别号：3457965326678899；开户银行：中国工商银行天津海河支行；账号：95588004602447252386；地址：天津市和平区解放北路33号；电话：23374540。

4. 企业名称：北京红星公司；纳税人识别号：46060256792302；地址：北京西城区解放大街26号；开户银行：中国工商银行北京西城支行；账号：5600969696123456789；电话：68988351。

工作任务一 银行结算管理

知识准备

银行结算，是指各单位通过银行账户办理货币资金往来收支业务的行为。各单位的各项经济业务往来，除了按照国家现金管理规定可以使用现金结算的以外，都必须通过银行办理转账结算。出纳人员办理银行结算业务时，首先应了解《支付结算办法》和其他有关法规的规定，遵循银行结算的原则；其次应根据业务需要选择适当的结算方式；最后按照银行的要求办理结算手续，支付结算费用，保证结算业务的顺利完成。

一、银行结算的基本原则

银行结算业务涉及面广，直接与经济利益相联系。为了维护银行结算的正常秩序，保证结算各方的合法权益，银行、单位和个人在办理结算业务时，必须遵循相关规定。根据《支付结算办法》的规定，银行结算各方当事人必须遵守下列基本原则：

(1) 办理结算必须遵守国家法律、法规和《支付结算办法》的各项规定。

(2) 在银行开立账户的单位办理转账结算时，账户内需有足够的资金保证支付。

(3) 办理结算必须使用银行统一规定的票据和结算凭证，并按照规定正确填写。

(4) 银行与单位间办理结算应遵守“恪守信用、履约付款、银行不垫款”的结算原则。

(5) 银行按照结算办法的规定审查票据和结算凭证。

(6) 收付双方发生的经济纠纷应由其自行处理，或向仲裁机构、人民法院申请调解或裁决。

(7) 必须严格遵守银行结算纪律，不准签发空头支票或远期支票，不准套取银行信用。

(8) 银行必须依法为存款人保密，维护其资金的自主支配权。

二、银行结算方式的种类

结算方式，是指用一定的形式和条件来实现各单位（或个人）之间货币收付的程序和方法。目前，按照中国人民银行颁布的《支付结算办法》的规定，企业通过银行可以使用的支付结算方式包括：支票、银行本票、银行汇票、商业汇票、汇兑、委托收款、托收承付和信用卡八种。银行结算方式根据结算形式的不同，可以划分为票据结算（如银行本票、银行汇票、商业汇票）和支付结算（如汇兑、委托收款、托收承付、信用卡）两大类；根据结算地点的不同，可以划分为同城结算（如支票、银行本票）、异地结算（如银行汇票、汇兑、托收承付）和通用结算（如商业汇票、委托收款）三大类。

小提示

信用卡（企业卡）是指商业银行向企业发行的，凭以向特约单位购物、消费且具有消费信用的特制凭证。与其他结算方式相比，信用卡的使用范围受到一定的限制，因此在这里我们不介绍信用卡结算方式。

三、银行结算的要求

（一）填写票据和结算凭证的基本规定

银行、单位和个人填写的各项票据和其他结算凭证是办理支付结算和现金收付的重要依据，直接关系到支付结算的准确、及时和安全。票据和结算凭证是银行、单位和个人凭以记载账务的会计凭证，也是记载经济业务和明确经济责任的一种书面证明。因此，填写票据和结算凭证，必须做到标准化、规范化，确保要素齐全、数字正确、字迹清晰、不错漏、不潦草，防止涂改。《支付结算办法》中关于正确填写票据和结算凭证的基本规定如下：

(1) 中文大写金额数字应用正楷或行书填写，如壹（壹）、贰（贰）、叁（叁）、肆（肆）、伍（伍）、陆（陆）、柒（柒）、捌（捌）、玖（玖）、拾（拾），不得用一、二（两）、三、四、五、六、七、八、九、十填写，不得自造简化字。

(2) 中文大写金额数字到“元”为止的，在“元”之后应写“整”（或“正”）字，在“角”之后可以不写“整”（或“正”）字。大写金额数字有“分”的，“分”后面不写“整”（或“正”）字。如￥58.29元，应写成人民币伍拾捌元贰角玖分。

(3) 中文大写金额数字前应标明“人民币”字样，大写金额数字应紧接“人民币”字样填写，不得留有空白。大写金额数字前未印“人民币”字样的，应加填“人民币”三字。在票据和结算凭证大写金额栏内不得预印固定的“仟、佰、拾、万、仟、佰、拾、元、角、分”字样。

(4) 阿拉伯小写金额数字中有“0”时，中文大写应按照汉语语言规律、金额数字构成和防止涂改的要求进行书写。举例如下：

1) 阿拉伯数字中间有“0”时，中文大写金额要写“零”字。如￥1 409.50，应写成人民币壹仟肆佰零玖元伍角。

2) 阿拉伯数字中间连续有几个“0”时，中文大写金额中间可以只写一个“零”字。如￥6 007.14，应写成人民币陆仟零柒元壹角肆分。

3) 阿拉伯数字万位或元位是“0”，或者数字中间连续有几个“0”，但千位、角位不是“0”时，中文大写金额中可以只写一个“零”字，也可以不写“零”字。如￥1 680.32，应写成人民币壹仟陆佰捌拾元零叁角贰分，或者写成人民币壹仟陆佰捌拾元叁角贰分；又如￥107 000.53，应写成人民币壹拾万柒仟元零伍角叁分，或者写成人民币壹拾万零柒仟元伍角叁分。

4) 阿拉伯金额数字角位是“0”，而分位不是“0”时，中文大写金额“元”后应写“零”字。如￥16 409.02，应写成人民币壹万陆仟肆佰零玖元零贰分；又如￥325.04，应写成人民币叁佰贰拾伍元零肆分。

(5) 阿拉伯小写金额数字前面，均应填写人民币符号“¥”。阿拉伯小写金额数字要认真填写，不得连写，以免分辨不清。

(6) 票据的出票日期使用中文大写。为防止变造票据的出票日期，在填写月、日时，月为壹、贰和壹拾的，日为壹至玖和壹拾、贰拾、叁拾的，应在其前加“零”；日为拾壹至拾玖的，应在其前加“壹”。如 1 月 15 日，应写成零壹月壹拾伍日；再如 10 月 20 日，应写成零壹拾月零贰拾日。

(7) 票据出票日期使用小写填写的，银行不予受理。大写日期未按要求规范填写的，银行可予受理，但由此造成损失的，由出票人自行承担。

(二) 银行结算的收费方式

1. 凭证工本费

各单位购买票据及结算凭证时，应按当地银行规定的标准支付凭证工本费，银行收取方式可分为当时计收和定期汇总计收两种。出纳人员如需购买结算凭证，应先填制一式三联的结算凭证领用单，注明领购单位、领购日期、凭证种类、数量及收费金额，并加盖银行预留印鉴，送交开户银行审查无误后，即可领购凭证。当时计收凭证工本费的，由银行直接从存款人账户扣款或收取现金，银行经办人员在收费单第一联加盖“转讫”或“现金收讫”章后退回领购人，作为已付款依据。定期汇总计收凭证工本费的，领购时不直接支付，汇总收费时一次性转账结算，收讫费用后由银行向各单位发出特种转账借方凭证作为支款通知，出纳人员在回单箱内取回。

2. 支付结算业务收费

开户单位在办理各项支付结算业务时，应按规定的范围和标准支付一定的手续费和邮电费。银行收取费用时也可分为当时计收和定期汇总计收两种方式。

3. 结算罚款

各单位在办理结算和进行账户管理的过程中，由于违反结算纪律和账户管理办法的有关规定（如出租出借账户、签发空头支票等）而由开户银行处以罚款的，以银行根据罚款规定开出的罚款凭证作为开户单位的付款依据。其账务处理为借记“营业外支出”科目，贷记“银行存款”科目。

(三) 银行存款的控制制度

银行存款的内部控制与现金管理制度大体一致，但也有其特别的要求，具体如下：

(1) 印鉴分管。印鉴分管是指在银行存款管理中不相容职务的分离，如支票保管职务与印章保管职务相分离、银行存款总账与日记账登记相分离，借以保障银行存款的安全。

(2) 凭证监管。银行存款的收付必须使用银行统一规定格式的结算凭证，因此，银行支票、汇票、本票及商业汇票、电汇凭证等重要结算凭证都是连续编号的，出纳人员应按序使用，按时登记有关备查簿，并由专人负责保管、填制。

(3) 定期对账。因为所有的银行收支业务都会在银行提供的对账单上反映，所以出纳人员应经常与银行核对账目，及时调整有关的未达账项事宜。一旦发现收支异常情况，必须立即查清，避免损失。该环节的目的是保证账账相符，保证会计资料的正确性、可靠性以及银行账务处理的正确性。

工作任务二 支票结算业务

知识准备

一、支票的分类及适用范围

支票是由出票人签发的，委托办理支票存款业务的银行或者其他金融机构在见票时无条件支付确定的金额给收款人或者持票人的票据。在实际工作中，支票是同城结算中应用最为广泛的银行结算方式。凡是在同一票据交换区域内（通常说的同城）收付各种款项，都可以使用支票。

我国《票据法》按照支付票款的方式，将支票结算凭证分为现金支票、转账支票和普通支票三种。支票的票样如下所示。

中国建设银行（京）
现金支票存根
IV V286640
附加信息：
出票日期 年 月 日
收款人：
金 额：
用 途：
单位主管 会计

中国建设银行现金支票（京） IV V286640
出票日期（大写） 年 月 日 付款行名称：
收款人： 出票人账号：
本支票付款期限十天

人民币（大写）	千	百	十	万	千	百	十	元	角	分

用途________
上列款项请从
我账户支付
出票人签章
复核 记账

中国工商银行（京）
转账支票存根
IV V287640
附加信息：
出票日期 年 月 日
收款人：
金 额：
用 途：
单位主管 会计

中国工商银行转账支票（京） IV V287640
出票日期（大写） 年 月 日 付款行名称：
收款人： 出票人账号：
本支票付款期限十天

人民币（大写）	千	百	十	万	千	百	十	元	角	分

用途________
上列款项请从
我账户支付
出票人签章
复核 记账

中国银行 支票存根 IV V366640 附加信息： 出票日期 年 月 日 收款人： 金 额： 用 途： 单位主管 会计	本支票付款期限十天	中国银行上海市分行支票 IV V366640 出票日期（大写） 年 月 日 付款行名称： 收款人： 出票人账号： 人民币（大写） 千 百 十 万 千 百 十 元 角 分 用途________ 上列款项请从 我账户支付 出票人签章 复核 记账

（一）现金支票

支票上印有“现金”字样的为现金支票，现金支票只能用于支取现金。它可以由存款人签发用于银行为本单位提取现金，也可签发给其他单位和个人用来办理结算或者委托银行代为支付现金给收款人。

（二）转账支票

支票上印有“转账”字样的为转账支票，转账支票专门用于转账，它适用于存款人给同一城市范围内的收款人划转款项。转账支票只能用于转账，不得支取现金。

（三）普通支票

支票上未印有“现金”或“转账”字样的为普通支票，普通支票既可以用于支取现金，也可以用于转账。当普通支票用于转账时，应当在支票正面的左上角划两条平行线，划线后的支票只用于转账而不得支取现金。

二、支票结算的基本规定

（1）支票一律记名。即签发的支票必须注明收款人的名称，只准收款人或签发人向银行办理转账或提取现金。在中国人民银行总行批准的地区，转账支票可以背书转让，但背书必须连续。

（2）支票的有效期为 10 天。有效期从签发的次日算起，到期日遇节假日顺延。过期支票银行不予受理，支票自行作废。

（3）签发支票必须使用墨汁或碳素墨水笔认真填写（或使用支票打字机打印），未按规定填写而被涂改冒领的，由签发人负责。支票上各项内容要填写齐全，做到内容真实、字迹清晰、数字标准、大小写金额一致，不得更改。

（4）签发人必须在银行账户余额内按照规定向收款人签发支票，不准签发空头支票或印章与银行预留印鉴不符的支票。否则，银行除退票外，还要按票面金额处以 5%但不低于 1 000 元的罚款；持票人有权要求出票人赔偿支票金额 2%的赔偿金；对屡次签发空头支票的签发人，银行将视其情节给予警告、通报批评，直到停止其向收款人签发支票。

小提示

用于提取现金的支票、记载“不得转让”字样的支票以及超过付款期限的支票不得背书转让。

工作流程

1. 现金支票结算的工作流程

现金支票结算的工作流程比较简单。开户单位用现金支票提取现金时，由单位出纳签发现金支票并加盖银行预留印鉴后，到开户银行提取现金。开户单位用现金支票向外单位或个人支付现金时，由付款单位出纳签发现金支票并加盖银行预留印鉴并注明收款人后交收款人，收款人持现金支票到付款单位开户银行提取现金，并按照银行的要求交验有关证件。现金支票结算的工作流程如下所示。

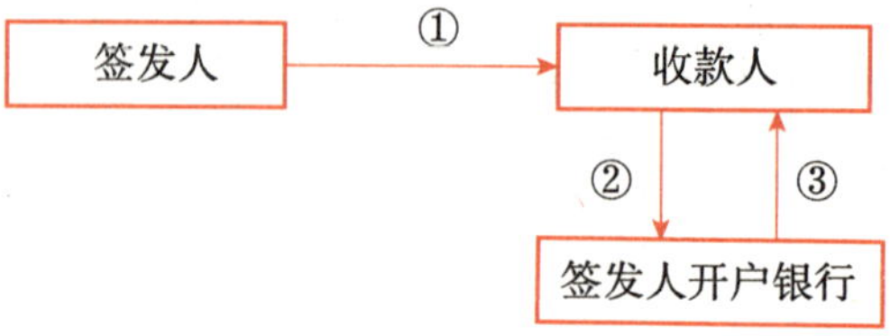

说明：

①签发人开出现金支票给收款人。

②收款人持现金支票向签发人开户银行办理收款手续。

③开户银行按照工作程序对支票进行审核，审核无误后办理付款。

小提示

收款人持现金支票提示付款时，应在支票背面“收款人签章处”签章。若为本单位提取现金，应在支票背面加盖本单位银行预留印鉴；持票人为个人的，还需交验本人身份证原件，并在支票背面注明证件名称、号码及发证机关，方可到出票人开户银行支取现金。

2. 转账支票结算的工作流程

（1）借记支票结算的工作流程。

借记支票结算是出票人签发支票，将支票交给收款人，收款人收受支票后向自己的开户行办理转账的一种结算方式。通常企业收受的支票都属于借记支票，其工作流程如下所示。

说明：

①签发人（即付款人）签发转账支票，填写支票上的各类项目并加盖银行预留印鉴，交给收款人。

②收款人收到转账支票经审核无误后，应作委托收款背书，在支票背面背书人签章栏

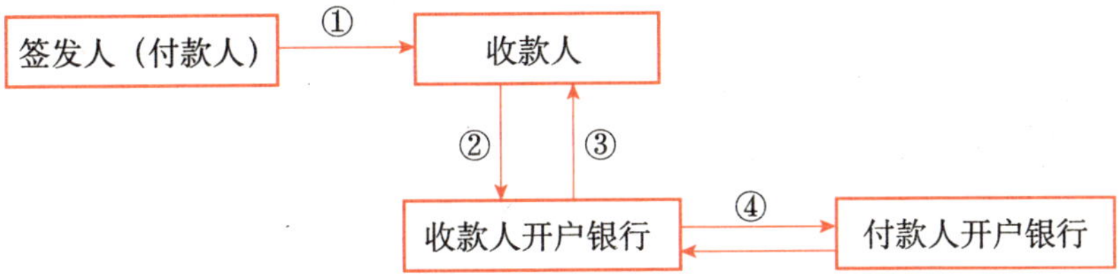

签章，填写“委托收款”字样、背书日期，在被背书人栏记载收款人开户银行名称，然后将该转账支票连同填制的一式两联的进账单送交其开户银行办理转账。

③收款人开户银行按照工作程序对支票进行审核，审核无误后，在第一联进账单上加盖转讫章作收账通知交给收款人，作为其收款记账的依据。

④进账单的另一联和支票银行留存，作为划转款项和记账的依据。

（2）贷记支票结算的工作流程。

贷记支票结算是出票人签发支票，直接将支票提交给自己的开户行办理转账，通过银行直接将款项划到收款人账户的一种结算方式。其工作流程如下所示。

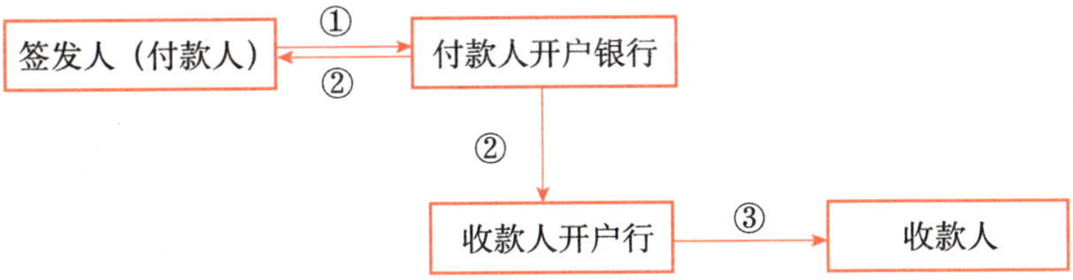

说明：

①签发人（即付款人）签发转账支票，并填写一式三联的进账单，直接送交其开户银行，要求转账。

②付款人开户行审查无误后，将进账单回单第一联加盖转讫章之后，退回给付款人，第二联银行留存作记账依据，然后将款项划转至收款人开户银行。银行之间传递凭证，并办理划转手续，第三联加盖转讫章作收账通知交收款人。

③收款人开户银行办妥进账手续后，通知收款人票款收到。

小提示

在贷记支票结算方式下，收款人在销售产品或提供劳务时，实际上并没有收受付款人提交的支票，收款人要等银行转来加盖转讫章的付款人进账单的收账通知，并与销货发票等凭证核对无误后，财务部门才能编制记账凭证进行账务处理。

账务处理

转账支票账务处理如下：

（1）签发支票时，签发人（即付款人）应依据支票存根及相关发票记账。

借：原材料等

　　应交税费——应交增值税（进项税额）

贷：银行存款

（2）收款人收到支票时，应依据进账单回单或收账通知记账。

借：银行存款

贷：应收账款等

情景一　签发转账支票

活动设计

2013 年 2 月 12 日，北京华盛实业股份有限公司签发转账支票一张，支付前欠北京百货批发站货款 115 000 元，经办人为业务部门王伟，支票号码为 XII415140。

业务办理

（1）经办人王伟应先填写付款申请书，经有关部门领导审批签字后再交出纳领取支票。

付款申请书

2013 年 2 月 12 日

<table>
<tr><td colspan="2">用途及情况</td><td colspan="12">金额</td><td colspan="3">收款单位（人）：北京百货批发站</td></tr>
<tr><td colspan="2" rowspan="2">支付上月从北京百货批发站购买商品的货款</td><td colspan="2">亿</td><td>千</td><td>百</td><td>十</td><td>万</td><td>千</td><td>百</td><td>十</td><td>元</td><td>角</td><td>分</td><td colspan="3">账号：4563510100888122489</td></tr>
<tr><td colspan="2"></td><td></td><td>¥</td><td>1</td><td>1</td><td>5</td><td>0</td><td>0</td><td>0</td><td>0</td><td>0</td><td colspan="3">开户行：中国工商银行北京海淀支行</td></tr>
<tr><td colspan="2">金额（大写）合计：</td><td colspan="12">人民币壹拾壹万伍仟元整</td><td colspan="3">电汇：　信汇：　汇票：　转账：√</td></tr>
<tr><td rowspan="2">总经理</td><td rowspan="2">同意
庄振忠</td><td colspan="4" rowspan="2">财务部门</td><td colspan="4">经理</td><td colspan="4">同意
张世达</td><td rowspan="2">业务部门</td><td>经理</td><td>同意
叶[illegible]</td></tr>
<tr><td colspan="4">会计</td><td colspan="4">李忠义</td><td>经办人</td><td>王伟</td></tr>
</table>

（2）出纳人员在领用空白转账支票时，应填写支票领用登记簿。

支票领用登记簿

日期	支票类型	支票号码	银行名称	收款单位	金额	领用人	核准人
2013.02.12	转账支票	XII415140	工行北京海淀支行	北京百货批发站	115 000.00	王伟	张世达

（3）出纳核对有关单据账簿后，签发转账支票，并在支票正面加盖财务专用章和法人名章。与现金支票不同，转账支票背面无须加盖银行预留印鉴。签好的转账支票如下所示。

中国工商银行 转账支票存根 XII 415140 附加信息： 出票日期 2013 年 2 月 12 日 收款人：北京百货批发站 金　额：¥115 000.00 用　途：支付前欠货款 单位主管　　会计	本支票付款期限十天	**中国工商银行转账支票**　　XII 415140 出票日期（大写）贰零壹叁年零贰月壹拾贰日　付款行名称：工行北京海淀支行 收款人：北京百货批发站　出票人账号：4563510100888122489 人民币（大写）壹拾壹万伍仟元整　千 百 十 万 千 百 十 元 角 分：¥ 1 1 5 0 0 0 0 0 用途支付前欠货款 上列款项请从 我账户支付 出票人签章（北京华盛实业股份有限公司 财务专用章）（忠庄印振）　复核　记账

（4）把转账支票沿虚线剪开，将支票正票交给对方单位人员，支票存根留在本单位以备记账。

（5）会计审核支票存根，依据支票存根编制记账凭证，并将凭证交审核人员审核。

付　款　凭　证

贷方科目：银行存款　　2013 年 2 月 12 日　　银付字第××号

摘　要	借方科目		金　额								
	总账科目	明细科目	百	十	万	千	百	十	元	角	分
支付前欠货款	应付账款	北京百货批发站		1	1	5	0	0	0	0	0
合　计			¥	1	1	5	0	0	0	0	0

附件 1 张

会计主管　张世达　记账　李忠义　复核　赵丽　出纳　罗燕红　制单　李忠义

（6）出纳依据审核后的付款凭证登记银行存款日记账。

情景二　收到转账支票

活动设计

2013 年 4 月 1 日，北京华盛实业股份有限公司销售 A 产品给北京金诚公司，开出增值税专用发票，收到对方开来的转账支票一张，审核无误后填进账单，交开户银行办理转账。

北京增值税专用发票

记账联

全国统一发票监制 国家税务总局监制

开票日期：2013 年 4 月 1 日

购货单位	名　　称：北京金诚公司 纳税人识别号：110102524383698 地 址、电 话：北京市朝阳区东四环中路 28 号　62250067 开户行及账号：工商银行北大街支行 56019653123456789	密码区	（略）

货物或应税劳务名称	规格型号	单位	数量	单价	金额	税率	税额
A 产品		件	4 000	200.00	800 000.00	17%	136 000.00
合　计					¥800 000.00		¥136 000.00
价税合计（大写）	玖拾叁万陆仟元整				（小写）¥936 000.00		

销货单位	名　　称：北京华盛实业股份有限公司 纳税人识别号：110106802215046 地 址、电 话：北京海淀区翠微路 15 号　84061822 开户行及账号：工商银行北京海淀支行 4563510100888122489	备注	北京华盛实业股份有限公司 财务专用章

收款人：　　复核：　　开票人：刘丽丽　　销货单位：（章）

第一联：记账联　销货方记账凭证

中国工商银行转账支票（京）　　IV V289640

出票日期（大写）贰零壹叁年肆月零壹日　　付款行名称：工行北大街支行

收款人：北京华盛实业股份有限公司　　出票人账号：56019653123456789

本支票付款期限十天

人民币（大写）	千	百	十	万	千	百	十	元	角	分
玖拾叁万陆仟元整		¥	9	3	6	0	0	0	0	0

用途　支付货款

上列款项请从

我账户内支付

出票人签章　（北京金诚公司 财务专用章）（刘光小印）

复核　　记账

业务办理

（1）出纳收到支票，审核支票的抬头、日期、大小写金额及印章并与销售发票核对。审核无误后，将支票背书（后面盖章），并填写一式两联的银行进账单连同支票一并送交开户行。开户行审核无误，在进账单第一联上盖章后退回本单位。支票背面及银行退回的进账单如下所示。

附加信息	被背书人
	（北京华盛实业股份有限公司 财务专用章）（庄振忠印） 背书人签章 2013 年 4 月 1 日

中国工商银行进账单（收账通知）1

2013年4月1日

<table>
<tr><td rowspan="3">出票人</td><td>全 称</td><td>北京金诚公司</td><td rowspan="3">收款人</td><td>全 称</td><td colspan="11">北京华盛实业股份有限公司</td></tr>
<tr><td>账 号</td><td>56019653123456789</td><td>账 号</td><td colspan="11">456351010088122489</td></tr>
<tr><td>开户银行</td><td>中国工商银行北大街支行</td><td>开户银行</td><td colspan="11">中国工商银行北京海淀支行</td></tr>
<tr><td rowspan="2">金额</td><td rowspan="2">人民币（大写）</td><td colspan="3" rowspan="2">玖拾叁万陆仟元整</td><td>亿</td><td>千</td><td>百</td><td>十</td><td>万</td><td>千</td><td>百</td><td>十</td><td>元</td><td>角</td><td>分</td></tr>
<tr><td></td><td></td><td>¥</td><td>9</td><td>3</td><td>6</td><td>0</td><td>0</td><td>0</td><td>0</td><td>0</td></tr>
<tr><td>票据种类</td><td>转账支票</td><td>票据张数</td><td colspan="2">1</td><td colspan="11" rowspan="3">中国工商银行股份有限公司 北京海淀支行 业务用公章
持票人开户行盖章</td></tr>
<tr><td>票据号码</td><td colspan="4">IV V289640</td></tr>
<tr><td colspan="5">款项来源：销货款
单位主管 会计 复核 记账</td></tr>
</table>

此联是持票人开户行交给持票人的收账通知

（2）出纳将银行退回的进账单（收账通知）交给会计审核，会计审核无误后，依据增值税专用发票和进账单（收账通知）编制记账凭证，然后交凭证审核人员审核。

收 款 凭 证

借方科目：银行存款　　　　2013年4月1日　　　　银收字第××号

<table>
<tr><td rowspan="2">摘 要</td><td colspan="2">贷方科目</td><td colspan="9">金 额</td></tr>
<tr><td>总账科目</td><td>明细科目</td><td>百</td><td>十</td><td>万</td><td>千</td><td>百</td><td>十</td><td>元</td><td>角</td><td>分</td></tr>
<tr><td>销售A产品</td><td>主营业务收入</td><td>A产品</td><td></td><td>8</td><td>0</td><td>0</td><td>0</td><td>0</td><td>0</td><td>0</td><td>0</td></tr>
<tr><td></td><td>应交税费</td><td>应交增值税（销项税额）</td><td></td><td>1</td><td>3</td><td>6</td><td>0</td><td>0</td><td>0</td><td>0</td><td>0</td></tr>
<tr><td></td><td></td><td></td><td></td><td></td><td></td><td></td><td></td><td></td><td></td><td></td><td></td></tr>
<tr><td></td><td></td><td></td><td></td><td></td><td></td><td></td><td></td><td></td><td></td><td></td><td></td></tr>
<tr><td></td><td></td><td></td><td></td><td></td><td></td><td></td><td></td><td></td><td></td><td></td><td></td></tr>
<tr><td>合 计</td><td></td><td></td><td>¥</td><td>9</td><td>3</td><td>6</td><td>0</td><td>0</td><td>0</td><td>0</td><td>0</td></tr>
</table>

附件2张

会计主管 张世达　记账 李忠义　复核 赵丽　出纳 罗燕红　制单 李忠义

（3）出纳依据审核无误的收款凭证登记银行存款日记账。

知识拓展

一、支票日常管理

为了防止由于支票管理不善而给单位带来经济损失，使用支票的各个单位应建立、健全支票的内部控制制度，加强对支票的管理和控制。支票的具体管理措施主要包括以下几个方面：

（1）企业购买支票时，应填写一式三联票据和结算凭证领用单，并在第二联上加盖银行预留印鉴，缴纳支票工本费和手续费后方可购入支票。银行发售支票，每个账户一般一次一本，业务量大的可以适当放宽。支票由企业的财务部门指定专人保管。

（2）支票和银行预留印鉴、支票密码单应分别存放，由专人保管。

（3）领用支票时，一般必须填制专门的“支票领用单”，说明领用支票的用途、日期、金额，由经办人签章并经有关领导批准。

（4）企业不准携带盖好印鉴的空白支票外出采购。如果采购金额事先难以确定，实际情况需要用空白转账支票结算时，经单位领导同意后，可签发具有下列内容的空白支票：定时（填写好支票日期）、定点（填写好收款单位）、定用途（填写好支票用途）、限金额（在支票的右上角再加注“限额××元”字样）。单位签发空白支票要设置“空白支票签发登记簿”，实行空白支票领用销号制度，严格控制空白支票的签发。“空白支票签发登记簿”的基本格式如下所示。

空白支票签发登记簿

领用日期	支票号码	领用人员	用途	收款单位	金额	批准人	销号日期	备注

小提示

领用人领用支票时要在登记簿“领用人员”栏签名或盖章；领用人将未使用的支票交回时，应在登记簿“销号日期”栏注明销号日期。

（5）建立、健全支票报账制度。企业内部领用支票的有关部门和人员应按规定及时报账，遇有特殊情况应与单位财务部门及时取得联系，以便财务部门掌握支票的使用情况，合理安排使用资金。

（6）为避免签发空头支票，企业财务部门要定期与开户银行核对往来账，了解未达账项情况，准确掌握和控制银行存款余额。

（7）为避免收受空头支票和无效支票，企业应建立收受支票审查制度。为防止发生诈骗和冒领，收款单位一般应规定必须收到支票几天（如3天、5天）后才能发货，以便有足够的时间将收受的支票提交银行，办妥收账手续。

（8）存款人因撤销、合并等原因结清账户时，应将未用空白支票全部交回开户银行，由银行做切角作废处理。

二、支票丢失如何处理

已经签发的普通支票和现金支票，如因遗失、被盗等而丧失的，应立即向银行申请挂失。

（1）出票人将已经签发的内容齐备、可以直接支取现金的支票遗失或被盗的，应当出具公函或有关证明，填写两联挂失止付申请书（可以用进账单代替），加盖银行预留印鉴，向开户银行申请挂失止付。银行查明该支票确未支付，收取一定的挂失手续费后受理挂失，在挂失人账户中用红笔注明支票号码及挂失的日期。

（2）收款人将收受的可以直接支取现金的支票遗失或被盗的，也应当出具公函或有关证明，填写两联挂失止付申请书，经付款人签章证明后，到收款人开户银行申请挂失止付。其他有关手续同上。同时，依据《票据法》第十五条第三款的规定：失票人应当在通知挂失止付后三日内，也可以在票据丧失后，依法向人民法院申请公示催告，或者向人民法院提起诉讼。即可以背书转让的票据的持票人在票据被盗、遗失或灭失时，须以书面形式向票据支付地（即付款地）的基层人民法院提出公示催告申请。在失票人向人民法院提交的申请书上，应写明票据类别、票面金额、出票人、付款人、背书人等票据主要内容，并说明票据丧失的情形，同时提出有关证据，以证明自己确属丧失的票据的持票人，有权提出申请。失票人在向付款人挂失止付之前，或失票人在申请公示催告以前，票据已经由付款人善意付款的，失票人不得再提出公示催告的申请，付款银行也不再承担付款的责任。由此给支票权利人造成的损失，应当由失票人自行负责。

(3) 按照规定，已经签发的转账支票遗失或被盗的，由于这种支票可以直接持票购买商品，银行不受理挂失，所以，失票人不能向银行申请挂失止付。但可以请求收款人及其开户银行协助防范。如果丧失的支票超过有效期或者挂失之前已经由付款银行支付票款的，由此所造成的一切损失，均应由失票人自行负责。

工作任务三 银行本票结算业务

知识准备

一、银行本票的分类及适用范围

银行本票是申请人（付款人）将款项交存银行，由银行签发给其凭以办理转账结算或支取现金的票据。单位、个体经营户和个人在同一票据交换区域内（通常说的同城）需要支付各种款项时，均可使用银行本票。

银行本票按照其金额是否固定，可分为定额银行本票和不定额银行本票两种，付款人可以根据实际结算需要选用。

（一）定额银行本票

定额银行本票是指凭证上预先印有固定面额的银行本票。定额银行本票的面额只有1 000元、5 000 元、10 000 元和50 000 元四种。目前，定额银行本票只在一些地区（如上海、广州等）使用。定额银行本票票样如下图所示。

（二）不定额银行本票

不定额银行本票是指凭证上金额栏是空白的，签发时根据实际需要填写金额，并用压数机压印金额的银行本票。不定额银行本票票样如下图所示。

定额银行本票票样

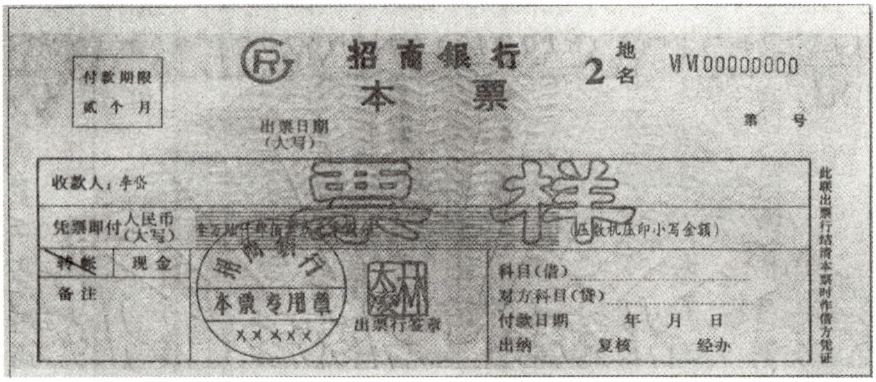

不定额银行本票票样

二、银行本票结算的基本规定

银行本票结算的基本规定包括以下几个方面：

（1）银行本票一律记名，允许背书转让。

（2）银行本票的提示付款期限自出票日起最长不超过 2 个月（不分大月小月，统按次月对日计算，到期日遇节假日顺延）。逾期的银行本票，兑付银行不予受理，但可以在出票银行办理退款。

（3）银行本票可以用于转账，注明“现金”字样的银行本票可以用于支取现金。银行本票需支取现金的，付款人应在银行本票申请书“支付金额”栏先填写“现金”字样，后填写支付金额。银行受理签发本票时，在本票上划去“转账”字样并盖章，收款人凭此本票即可支取现金。但是，申请人或收款人为单位的，不得申请签发现金银行本票。

（4）申请人因银行本票超过提示付款期限或其他原因要求退款时，应将银行本票提交到出票银行。申请人为单位的，应出具该单位的证明；申请人为个人的，应出具该个人的身份证证件。出票银行对于在本行开立存款账户的申请人，只能将款项转入申请人账户；对于现金银行本票和未在本行开立存款账户的申请人，才能退付现金。

（5）银行本票见票即付。银行本票丧失，失票人可以凭人民法院出具的其享有票据权利的证明，向出票银行请求付款或退款；填明“现金”字样的银行本票可以向其开户行挂失。

工作流程

银行本票结算的工作流程如下所示。

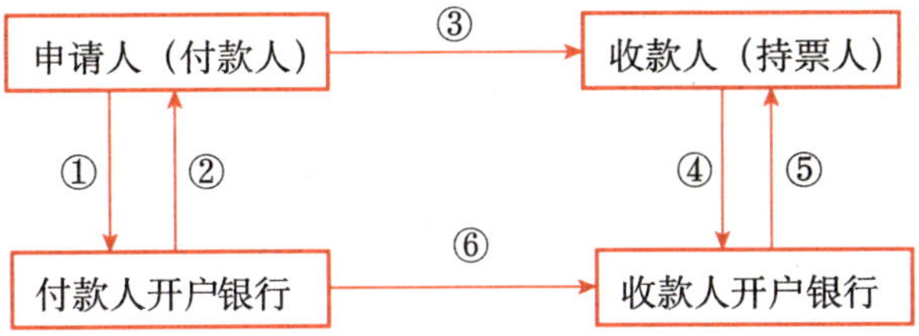

说明：

①申请签发银行本票。申请人应先填写“银行本票申请书”。“银行本票申请书”一式三联，第一联为存根，由签发单位或个人留存；第二联为借方凭证，是签发银行办理本票的付款凭证；第三联为贷方凭证，是签发银行办理本票的收款凭证。申请人在签发银行开立账户的，应当在“银行本票申请书”第二联上加盖银行预留印鉴。如个体经营户和个人需要支取现金的，还应填明“现金”字样，然后送交开户银行（未在银行开户的个人办理银行本票时，应先将现金交银行出纳部门，办理领取银行本票手续）。“银行本票申请书”格式如下所示。

中国工商银行银行本票申请书（存根）1

申请日期　　年　月　日　　　　第　号

申请人		收款人	
账　号 或住址		账　号 或住址	
用　途		代　理 付款行	
汇票金额	人民币 （大写）	亿 千 百 十 万 千 百 十 元 角 分	
备注：		科　　目（借） 对方科目（贷） 财务主管　　复核　　经办	

此联申请人留存

中国工商银行银行本票申请书（借方凭证）2

申请日期　　年　月　日　　　　第　号

申请人		收款人	
账　号 或住址		账　号 或住址	
用　途		代　理 付款行	
汇票金额	人民币 （大写）	亿 千 百 十 万 千 百 十 元 角 分	
上列款项请从我账户内支付 申请人签章		科　　目（借） 对方科目（贷） 转账日期　　年　　月　　日 复核　　记账	

此联出票行作借方凭证

中国工商银行银行本票申请书（贷方凭证）3

申请日期　　年　月　日　　　　第　号

<table>
<tr><td>申请人</td><td colspan="2"></td><td>收款人</td><td colspan="11"></td></tr>
<tr><td>账　号
或住址</td><td colspan="2"></td><td>账　号
或住址</td><td colspan="11"></td></tr>
<tr><td>用　途</td><td colspan="2"></td><td>代　理
付款行</td><td colspan="11"></td></tr>
<tr><td rowspan="2">汇票金额</td><td colspan="3" rowspan="2">人民币
（大写）</td><td>亿</td><td>千</td><td>百</td><td>十</td><td>万</td><td>千</td><td>百</td><td>十</td><td>元</td><td>角</td><td>分</td></tr>
<tr><td></td><td></td><td></td><td></td><td></td><td></td><td></td><td></td><td></td><td></td><td></td></tr>
<tr><td colspan="2">备注：</td><td colspan="13">科　　目（借）________
对方科目（贷）________
转账日期　　年　　月　　日
复核　　记账　　出纳</td></tr>
</table>

此联出票行作汇出汇款贷方凭证

②银行签发银行本票。签发银行受理“银行本票申请书”后，应认真审查申请书填写的内容是否正确；审查无误后，收妥款项，签发银行本票。付款单位在银行开立账户的，出票银行直接从其账户划拨款项；付款人用现金办理本票的，出票银行直接收取现金。需支付现金的，出票银行应在银行本票上划去“转账”字样，加盖印章。不定额银行本票用压数机压印金额，将银行本票交给申请人。

③申请人持本票办理结算。申请人持银行本票可以向填明的收款单位或个体经营户办理结算。

④收款人向其开户银行提示本票。收款人收到付款人交来的银行本票，经审查无误后，填写一式两联的进账单连同收到的银行本票交本单位开户银行办理收款入账手续。具有“现金”字样的银行本票可以向银行支取现金。

⑤代理付款行接到在本行开户持票人交来的本票和两联进账单，经审查无误后，将第一联进账单加盖转讫章作收账通知交给持票人。

⑥银行之间清算资金。

账务处理

（1）申请签发本票经银行核准后，应依据银行本票申请书第一联存根记账。

借：其他货币资金——银行本票存款

　贷：银行存款

（2）企业持银行本票购货，将本票交付收款人后，依据收到的有关发票账单记账。

借：原材料等

　　应交税费——应交增值税（进项税额）

　贷：其他货币资金——银行本票存款

（3）企业收到本票向其开户银行提示付款后，依据相关发票和进账单第一联收账通知记账。

借：银行存款

　贷：主营业务收入

　　　应交税费——应交增值税（销项税额）

小提示

银行本票在结算时是全额结算，即按票面金额结算。

情景一　申请签发银行本票

活动设计

2013 年 3 月 25 日，北京华盛实业股份有限公司向北京永乐电器城（开户银行：中国工商银行北京西城支行，账号：9558800200137252156）购买笔记本电脑，共计 14 040 元，约定货款以银行本票结算（转账）。

业务办理

（1）出纳员罗燕红填写“银行本票申请书”向银行申请签发银行本票。（以第二联为例，其他各联复写，与第一联相同。）

中国工商银行银行本票申请书（借方凭证）2

申请日期　2013 年 3 月 25 日　　　　第×××号

申请人	北京华盛实业股份有限公司	收款人	北京永乐电器城
账　号 或住址	4563510100888122489	账　号 或住址	9558800200137252156
用　途	购买电脑	代　理 付款行	中国工商银行西城支行
汇票金额	人民币 （大写）　壹万肆仟零肆拾元整		
上列款项请从我账户内支付 申请人签章	科　　目（借）________ 对方科目（贷）________ 转账日期　　年　　月　　日 复核　　　记账		

亿	千	百	十	万	千	百	十	元	角	分
			¥	1	4	0	4	0	0	0

此联出票行作借方凭证

（2）银行受理审核无误后，签发银行本票，办理扣款并收取手续费，将银行本票第二联连同缴费回单、银行本票申请书存根退给出纳员罗燕红。

中国工商银行银行本票申请书（存根）1

申请日期 2013年3月25日　　　　第×××号

申请人	北京华盛实业股份有限公司	收款人	北京永乐电器城											
账　号或住址	4563510100888122489	账　号或住址	9558800200137252156											
用　途	购买电脑	代　理付款行	中国工商银行北京西城支行											
汇票金额	人民币（大写）　壹万肆仟零肆拾元整		亿	千	百	十	万	千	百	十	元	角	分	
						¥	1	4	0	4	0	0	0	
备注：	科　　目（借）________ 对方科目（贷）________ 财务主管　　复核　　经办													

此联申请人留存

中国工商银行北京分行业务收费凭证

交易流水：02200166　　　　2013年3月25日

户名	北京华盛实业股份有限公司	付款账号	4563510100888122489
费用项目	金　额	凭证号码	A0036726－0036750
收费类型： 工本费 手续费	 200.00	会计分录	中国工商银行股份有限公司 北京海淀支行 业务用公章
合 计 金 额	（小写）¥200.00	（大写）贰佰元整	

（3）出纳将银行本票交有关人员前往北京永乐电器城办理货款结算事宜。

（4）出纳办妥手续后，将银行本票申请书存根及缴费回单交会计审核。会计审核无误后，编制记账凭证并交凭证审核人员审核。

付　款　凭　证

贷方科目：银行存款　　　　2013年3月25日　　　　银付字第××号

摘　要	借方科目		金　额								
	总账科目	明细科目	百	十	万	千	百	十	元	角	分
办理银行本票	其他货币资金	银行本票存款			1	4	0	4	0	0	0
	财务费用						2	0	0	0	0
合　　计				¥	1	4	2	4	0	0	0

附件2张

会计主管　张世达　　记账　李忠义　　复核　赵丽　　出纳　罗燕红　　制单　李忠义

（5）出纳依据审核无误的付款凭证登记银行存款日记账。

情景二　持银行本票结算

活动设计

出纳复印上述银行本票后将本票交业务经办人，业务经办人持银行本票到北京永乐电器城购买电脑，对方收到本票开出增值税专用发票。

业务办理

（1）出纳收到业务经办人交回的北京永乐电器城开出的增值税专用发票，连同复印的银行本票交会计。会计审核无误后，编制记账凭证，并交凭证审核人员审核。

转　账　凭　证

2013 年 3 月 29 日　　　　转字第××号

摘要	总账科目	明细科目	记账	借方金额								记账	贷方金额							
				十	万	千	百	十	元	角	分		十	万	千	百	十	元	角	分
购买电脑	固定资产	电脑			1	2	0	0	0	0	0									
	应交税费	应交增值税（进项税额）				2	0	4	0	0	0									
	其他货币资金	银行本票存款												1	4	0	4	0	0	0
合计				¥	1	4	0	4	0	0	0		¥	1	4	0	4	0	0	0

附件 1 张

会计主管　张世达　　记账　李忠义　　复核　赵丽　　出纳　罗燕红　　制单　李忠义

（2）会计依据审核后的转账凭证登记固定资产和其他货币资金明细账。

情景三　收到银行本票

活动设计

2013 年 4 月 15 日，北京华盛实业股份有限公司销售部门转来一份本地客户（北京晓光公司，账号：9558800200137267843l；开户银行：中国工商银行北京西城支行）用于支付前欠货款的银行本票，金额 100 000 元。出纳办理进账手续。

业务办理

（1）出纳收到银行本票，经审核无误后，填写一式两联进账单。

中国工商银行进账单（收账通知）1

2013 年 4 月 15 日

出票人	全　称	北京晓光公司	收款人	全　称	北京华盛实业股份有限公司
	账　号	9558800200137267843 1		账　号	4563510100888122489
	开户银行	中国工商银行北京西城支行		开户银行	中国工商银行北京海淀支行

金额	人民币（大写）	壹拾万元整	亿	千	百	十	万	千	百	十	元	角	分
					¥	1	0	0	0	0	0	0	0

票据种类	银行本票	票据张数	1
票据号码	002356488		

单位主管　会计　复核　记账

持票人开户行盖章

此联是持票人开户行交给持票人的收账通知

另一联贷方凭证复写，与第一联收账通知相同。

（2）将银行本票交印鉴管理员，在本票背面“持票人向银行提示付款签章”处加盖银行预留印鉴，连同进账单一并交开户银行转账。银行办理转讫后，取回加盖银行业务专用章的进账单第一联。

中国工商银行进账单（收账通知）1

2013 年 4 月 15 日

出票人	全　称	北京晓光公司	收款人	全　称	北京华盛实业股份有限公司
	账　号	9558800200137267843 1		账　号	4563510100888122489
	开户银行	中国工商银行北京西城支行		开户银行	中国工商银行北京海淀支行

金额	人民币（大写）	壹拾万元整	亿	千	百	十	万	千	百	十	元	角	分
					¥	1	0	0	0	0	0	0	0

票据种类	银行本票	票据张数	1
票据号码	002356488		

款项来源：前欠货款

单位主管　会计　复核　记账

中国工商银行股份有限公司 北京海淀支行

持票人开户行盖章

此联是持票人开户行交给持票人的收账通知

（3）制证会计依据进账单（收账通知）编制记账凭证，并交凭证审核人员审核。

收　款　凭　证

借方科目：银行存款　　　　2013 年 4 月 15 日　　　　银收字第××号

摘　要	贷方科目		金　额								
	总账科目	明细科目	百	十	万	千	百	十	元	角	分
收回欠款	应付账款	北京晓光公司		1	0	0	0	0	0	0	0
合　计			¥	1	0	0	0	0	0	0	0

附件2张

会计主管　张世达　　记账　李忠义　　复核　赵丽　　出纳　罗燕红　　制单　李忠义

（4）出纳依据审核无误的收款凭证登记银行存款日记账。

知识拓展

一、银行本票退款的处理

申请人因银行本票超过提示付款期限或因其他原因未使用而要求退款时，可持银行本票到签发银行办理退款手续。在银行开立存款账户的持票人，还应填写一式两联进账单送交签发银行，待银行办妥退款手续后，凭银行退回的进账单进行账务处理。其会计分录为：

借：银行存款

　贷：其他货币资金——银行本票存款

未在银行开立账户的持票人，应在未用的银行本票背面签字，并交有关材料证明，经银行审核无误后方予退款。

二、银行本票超过提示付款期限付款的处理

按照规定，超过提示付款期限的银行本票如果同时具备下列两个条件，便可以办理退款：一是该银行本票由签发银行签发后未曾背书转让；二是持票人为银行本票的收款单位。持票人超过提示付款期限不获付款的，在票据权利时效内请求付款时，应当向签发银行说明原因，填制一式两联或一式三联的进账单，连同本票一并提交签发银行，签发银行审查同意后在第一联或第三联进账单上加盖“转讫”章作收账通知给持票人。收款单位凭银行退回的进账单第一联或第三联编制银行存款收款凭证，其会计分录为：

借：银行存款

　贷：其他货币资金——银行本票存款

三、银行本票挂失的处理

银行本票见票即付，其流动性极强，一旦遗失或被窃，被人冒领款项，后果由银行本

票持有人自负。所以，银行本票持有人必须像对待现金一样，认真、妥善保管银行本票，防止遗失或被窃。

如果填明“现金”字样的本票丧失，失票人到签发银行挂失时，应提交一式两联的“挂失止付通知书”。银行审核无误，确属本行签发并确未注销时，方可受理。第一联挂失止付通知书加盖业务公章作为受理回单交给失票人，第二联于登记本票挂失登记簿后，与原本票卡片或存根一并专夹保管，凭以控制付款或退款。如果遗失不定额银行本票，且付款期满一个月确未被冒领的，持票人可以到银行办理退款手续。

工作任务四 银行汇票结算业务

知识准备

一、银行汇票及其适用范围

银行汇票是指汇款人将款项交存当地出票银行，由出票银行签发的，由其在见票时按照实际结算金额无条件支付给收款人或持票人持往异地办理结算的票据。银行汇票适用于异地单位、个体经营户、个人之间需要支付的各种款项。凡在银行开立账户的单位、个体经营户和未在银行开立账户的个人，都可以向银行申请办理银行汇票。

银行汇票的特点可以概括为：适用范围广；票随人走，钱货两清；信用度高，安全可靠；使用灵活，适应性强；结算准确，余款可自动退回。因此，银行汇票在企业之间的现实交易中占据了重要地位。银行汇票的票样如下所示。

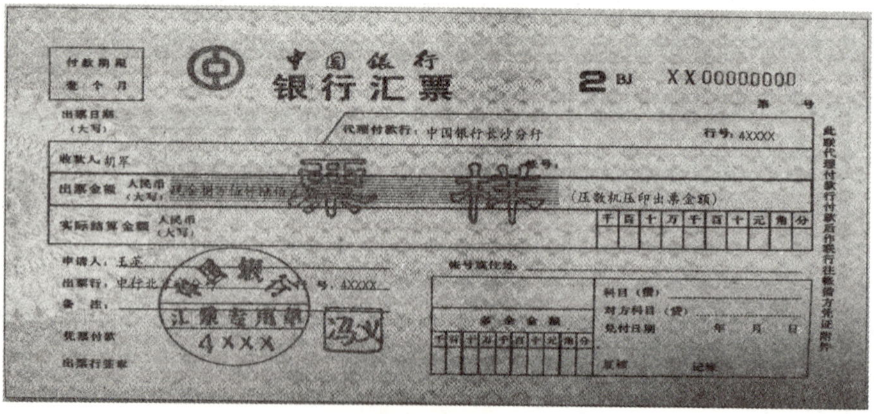
付款期限 壹个月
中国银行
银行汇票
2 BJ XX00000000
第 号
出票日期（大写）
代理付款行：中国银行长沙分行 行号：4XXXX
收款人：胡军
账号：
出票金额 人民币（大写）
（压数机压印出票金额）
实际结算金额 人民币（大写）
千 百 十 万 千 百 十 元 角 分
申请人：王燕
出票行：中行北 行号：4XXXX
备注：
凭票付款
出票行签章
账号或住址
多余金额
千 百 十 万 千 百 十 元 角 分
科目（借）
对方科目（贷）
兑付日期 年 月 日
复核 记账
此联代理付款行付款后作联行往帐借方凭证附件

银行汇票票样

二、银行汇票结算的基本规定

银行汇票结算的基本规定有以下几个方面：

（1）银行汇票一律记名，允许背书转让。

（2）银行汇票的提示付款期限自出票日起1个月（不分大月、小月，统按次月对日计算，到期日遇节假日顺延）。逾期的银行汇票，兑付银行不予受理，但可以在签发银行办理退款。

（3）银行汇票可以用于转账，注明“现金”字样的银行汇票可以用于支取现金。银行汇票需支取现金的，申请人需在“银行汇票申请书”上填明代理付款行名称，在“汇票金额”栏先填写“现金”字样，后填写汇票金额；银行受理签发汇票时，在银行汇票“出票金额”栏先填写“现金”字样，后填写出票金额，并填写代理付款行名称。申请人或收款人为单位的，不得为其签发现金银行汇票。未填明“现金”字样，需要支取现金的，由银行按照国家现金管理规定审查支付。

（4）银行汇票的实际结算金额不得更改，更改实际结算金额的银行汇票无效。

（5）持票人向银行提示付款时，必须同时提交银行汇票和解讫通知，缺少任何一联，银行不予受理。

（6）收款人可以将银行汇票背书转让给被背书人，银行汇票的背书转让以不超过出票金额的实际结算金额为准。未填写实际结算金额或实际结算金额超出出票金额的银行汇票不得背书转让。

（7）在银行开立存款账户的持票人向开户银行提示付款时，应在汇票背面“持票人向银行提示付款签章”处签章，签章需与银行预留印鉴相同，并将银行汇票和解讫通知、进账单一并送交开户银行办理转账。未在银行开立账户的持票人持银行汇票向银行支取款项时，必须交验本人身份证或兑付地有关单位足以证实收款人身份的证明，并在银行汇票背面盖章或签字，注明证件名称、号码及发证机关后，才能办理支取手续。支取现金的，银行以持票人姓名开立应解汇款及临时存款账户，该账户只付不收，付完清户，不计利息。

（8）银行汇票可以转汇，可委托兑付银行重新签发银行汇票，但转汇的收款人和用途必须是原收款人和用途，兑付银行必须在银行汇票上加盖“转汇”戳记。已转汇的银行汇票，必须全额兑付。

（9）申请人因银行汇票超过提示付款期限或其他原因要求退款时，应将银行汇票与解讫通知同时提交到出票银行。申请人为单位的，应出具该单位的证明；申请人为个人的，应出具该个人的身份证证件。出票银行对于在本行开立存款账户的申请人，只能将款项转入申请人账户；对于现金银行汇票和未在本行开立存款账户的申请人，才能退付现金。申请人缺少解讫通知要求退款的，出票银行应于银行汇票提示付款期满一个月后办理。

（10）银行汇票丧失，失票人可以凭人民法院出具的其享有票据权利的证明，向出票银行请求付款或退款；填明“现金”字样的银行汇票可以向其开户银行挂失。

工作流程

银行汇票结算工作流程如下所示。

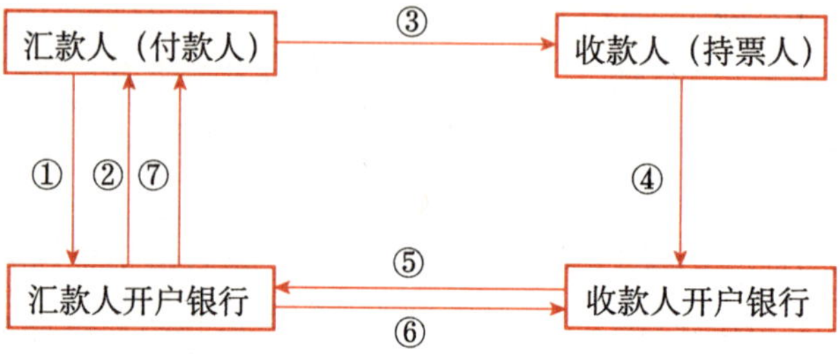

说明：

①申请签发银行汇票。单位内部供应部门或其他业务部门因业务需要使用银行汇票时，应当先填写“银行汇票请领单”，具体说明领用银行汇票的部门、经办人、汇款用途、收款单位名称、开户银行、账号等，由请领人签章，并经单位领导审批同意后，再由财务部门具体办理银行汇票手续。“银行汇票请领单”的基本格式如下所示。

银行汇票请领单

请领日期　　　年　月　日

收款人		开户银行		账号	
汇款用途					
汇款金额	人民币（大写）				
部门负责人意见		单位领导审批意见		请领人签章	

凡是要求使用银行汇票办理结算业务的单位，财务部门均应按规定向签发银行提交“银行汇票申请书”，在“银行汇票申请书”上逐项写明汇款人名称和账号、收款人名称和账号、兑付地点、汇款金额、汇款用途（军工产品可免填）等内容，并在申请书第二联上加盖汇款人银行预留印鉴，由银行审查后签发银行汇票。“银行汇票申请书”一式三联，其中第一联是存根，由汇款人留存作为记账传票；第二联是借方凭证，是签发银行办理汇票的传出传票；第三联为贷方凭证，由签发银行作汇出汇款收入传票。如果申请人用现金办理银行汇票，可以注销第二联。银行汇票申请书的格式如下所示。

中国工商银行银行汇票申请书（存根）1

申请日期　　　年　月　日　　　　　　　　第　号

申请人		收款人												
账　号 或住址		账　号 或住址												
用　途		代　理 付款行												
汇票金额	人民币 （大写）			亿	千	百	十	万	千	百	十	元	角	分
备注：		科　　目（借）________ 对方科目（贷）________ 财务主管　　　复核　　　经办												

此联申请人留存

中国工商银行银行汇票申请书（借方凭证）2

申请日期　　年　月　日　　　　第　号

<table>
<tr><td>申请人</td><td></td><td>收款人</td><td colspan="11"></td></tr>
<tr><td>账　号
或住址</td><td></td><td>账　号
或住址</td><td colspan="11"></td></tr>
<tr><td>用　途</td><td></td><td>代　理
付款行</td><td colspan="11"></td></tr>
<tr><td rowspan="2">汇票金额</td><td colspan="2" rowspan="2">人民币
（大写）</td><td>亿</td><td>千</td><td>百</td><td>十</td><td>万</td><td>千</td><td>百</td><td>十</td><td>元</td><td>角</td><td>分</td></tr>
<tr><td></td><td></td><td></td><td></td><td></td><td></td><td></td><td></td><td></td><td></td><td></td></tr>
<tr><td colspan="2">上列款项请从我账户内支付

申请人签章</td><td colspan="12">科　　目（借）____________
对方科目（贷）____________
转账日期　　年　　月　　日
复核　　记账</td></tr>
</table>

此联出票行作借方凭证

中国工商银行银行汇票申请书（贷方凭证）3

申请日期　　年　月　日　　　　第　号

<table>
<tr><td>申请人</td><td></td><td>收款人</td><td colspan="11"></td></tr>
<tr><td>账　号
或住址</td><td></td><td>账　号
或住址</td><td colspan="11"></td></tr>
<tr><td>用　途</td><td></td><td>代　理
付款行</td><td colspan="11"></td></tr>
<tr><td rowspan="2">汇票金额</td><td colspan="2" rowspan="2">人民币
（大写）</td><td>亿</td><td>千</td><td>百</td><td>十</td><td>万</td><td>千</td><td>百</td><td>十</td><td>元</td><td>角</td><td>分</td></tr>
<tr><td></td><td></td><td></td><td></td><td></td><td></td><td></td><td></td><td></td><td></td><td></td></tr>
<tr><td colspan="2">备注：</td><td colspan="12">科　　目（借）____________
对方科目（贷）____________
转账日期　　年　　月　　日
复核　　记账　　出纳</td></tr>
</table>

此联出票行作汇出汇款贷方凭证

②银行签发银行汇票。签发银行受理“银行汇票申请书”后，审核银行汇票申请书的内容和印鉴，并在办妥转账或收妥现金后，向汇款人签发转账或支取现金的银行汇票。个体经营户和个人需要支取现金的，在汇票“汇款金额”栏内，先填写“现金”字样，然后填写汇款金额，再加盖印章，并且用压数机压印汇款金额，将银行汇票和解讫通知交汇款人。银行汇票和解讫通知样式如下所示。

付款期限
壹个月

中国工商银行银行汇票　2

汇票号码：
第　　号

出票日期（大写）　　年　　月　　日

代理付款行：　　　　　　行号：

收款人：　　　　　　　　　　　　账号：

出票金额　人民币（大写）

实际结算金额　人民币（大写）

千	百	十	万	千	百	十	元	角	分

申请人：
出票行：________ 行号：________
备注：____________
凭票付款
出票行签章

账号或住址：

万	千	百	十	元	角	分

科目（借）_____
对方科目（贷）_____
兑付日期　年　月　日
复核　　　记账

此联代理付款行付款后作联行往来账借方凭证附件

付款期限
壹个月

中国工商银行银行汇票（解讫通知）　3

汇票号码：
第　　号

出票日期（大写）　　年　　月　　日

代理付款行：　　　　　　行号：

收款人：　　　　　　　　　　　　账号：

出票金额　人民币（大写）

实际结算金额　人民币（大写）

千	百	十	万	千	百	十	元	角	分

申请人：
出票行：________ 行号：________
备注：____________
代理付款行签章
复核　　　经办

账号或住址：

万	千	百	十	元	角	分

科目（借）_____
对方科目（贷）_____
兑付日期　年　月　日
复核　　　记账

此联代理付款行兑付后随报单寄出票行，由出票行作多余款贷方凭证

银行汇票一式四联，第一联为卡片，由签发银行结清汇票时作汇出汇款付出传票；第二联为银行汇票，与第三联解讫通知一并由汇款人自带，在兑付行兑付汇票后此联作联行往来账付出传票；第三联是解讫通知，在兑付行兑付后随报单寄签发银行，由签发银行作多余款收入传票；第四联是多余款收账通知，在签发银行结清后交汇款人，其基本格式如下所示。

<table>
<tr><td colspan="4">付款期限
壹个月

中国工商银行银行汇票（多余款收账通知） 4

汇票号码：
第　　号</td></tr>
<tr><td colspan="2">出票日期　　年　　月　　日
（大写）</td><td colspan="2">代理付款行：　　　　行号：</td></tr>
<tr><td colspan="4">收款人：　　　　　　　　　　账号：</td></tr>
<tr><td>出票金额</td><td colspan="3">人民币
（大写）</td></tr>
<tr><td>实际结算金额</td><td colspan="2">人民币
（大写）</td><td>千 百 十 万 千 百 十 元 角 分</td></tr>
<tr><td colspan="2">申请人：
出票行：＿＿＿＿ 行号：＿＿＿＿
备注：＿＿＿＿＿＿
出票行签章
年　月　日</td><td>账号或住址：
万 千 百 十 元 角 分</td><td>科目（借）＿＿＿
对方科目（贷）＿＿＿
转账日期　年　月　日
复核　　　记账</td></tr>
</table>

此联出票行结清多余款后交申请人

③汇款人使用银行汇票。出纳收到银行签发的银行汇票，将其交给请领人，并按照规定登记银行汇票登记簿，以备日后查对。银行汇票登记簿的基本格式如下所示。

银行汇票登记簿

签发日期	收款人			持票人		汇票用途	汇票金额	使用日期	实际结算金额	退回多余款
	名称	开户银行	账号	部门	姓名					

汇款单位持票人持银行汇票第二联“银行汇票”和第三联“解讫通知”向填明的收款人办理结算。

④收款人受理银行汇票。收款单位出纳受理银行汇票时，应该认真审查，审查无误后，在汇款金额以内，根据实际需要的款项办理结算，并将实际结算金额和多余金额准确、清晰地填入银行汇票和解讫通知的有关栏内。银行汇票的多余金额由签发银行退交汇款人。全额解付的银行汇票，应在“多余金额”栏写上“0”。填写完结算金额和多余金额后，收款人或被背书人将银行汇票和解讫通知同时提交兑付银行。在银行开立账户的收款人或被背书人受理银行汇票后，在汇票背面加盖银行预留印鉴连同解讫通知和两联进账单送交开户银行办理转账。

⑤通知汇票已解付。收款人开户行接到上述凭证审查无误后，按实际结算金额将款项划入收款人存款账户后，与汇款人开户行办理内部清算，并将银行汇票第三联“解讫通知”传递到汇票申请人开户行。

⑥银行之间清算资金，结算划款。

⑦结算余额。申请人开户行将余款转入汇款人账户，并将银行汇票第四联“多余款收

账通知”转给汇款人，汇款人凭此办理余款入账手续。

账务处理

（1）汇款单位财务部门收到签发银行签发的银行汇票联和解讫通知联后，根据银行盖章退回的银行汇票申请书“第一联存根”记账。

借：其他货币资金——银行汇票存款

贷：银行存款

（2）企业持银行汇票购货，将汇票交付收款人后，依据收到的有关发票账单记账。

借：原材料等

应交税费——应交增值税（进项税额）

贷：其他货币资金——银行汇票存款

（3）企业收到汇票向其开户银行提示付款后，依据相关发票和进账单第一联收账通知记账。

借：银行存款

贷：主营业务收入

应交税费——应交增值税（销项税额）

（4）汇款单位在用银行汇票购买货物并办理结算后，应当等到签发银行转来的银行汇票第四联，即多余款收账通知联后，根据其“实际结算金额”栏的实际结算金额并和供应部门转来的发票账单等原始凭证上的实际结算金额核对相符后，办理入账。

借：银行存款

贷：其他货币资金——银行汇票存款

小提示

银行汇票在结算时是按实际结算金额结算的，而非票面金额。

情景一　申请签发转账支票

活动设计

2013 年 5 月 27 日，北京华盛实业股份有限公司与天津宏远商贸有限公司签订采购合同，合同总价款为 70 000 元，合同中约定采用银行汇票方式结算。2013 年 6 月 12 日，北京华盛实业股份有限公司根据采购合同向银行申请银行汇票。

业务办理

（1）北京华盛实业股份有限公司采购部业务员郑鑫应先填写银行汇票请领单，由其签章并经单位领导审批同意后，再由财务部门具体办理银行汇票手续。填好的银行汇票请领单如下所示。

银行汇票请领单

请领日期　2013 年 6 月 12 日

收款人	天津宏远商贸有限公司	开户银行	中国工商银行天津海河支行	账号	9558800460244725 2386
汇款用途	支付货款				
汇款金额	人民币（大写）　柒万元整				￥70 000.00
部门负责人意见 同意 肖强		单位领导审批意见 同意 庄振忠		请领人签章 郑鑫	

（2）出纳员复核相关原始凭证，填写一式三联银行汇票申请书，交印鉴管理员在第二联的申请人签章处加盖银行预留印鉴，并提交开户银行申请办理银行汇票，由银行审查后签发银行汇票。出纳签发好的银行汇票申请书样式如下所示。

中国工商银行银行汇票申请书（借方凭证）2

申请日期　2013 年 6 月 12 日　　　　第××号

申请人	北京华盛实业股份有限公司	收款人	天津宏远商贸有限公司
账　号 或住址	4563510100888122489	账　号 或住址	9558800460244725 2386
用　途	货款	代　理 付款行	中国工商银行天津海河支行
汇票金额	人民币（大写）　柒万元整		
上列款项请从我账户内支付 北京华盛实业股份有限公司 财务专用章 申请人签章　肖印 印振		科　　目（借）________ 对方科目（贷）________ 转账日期　　年　　月　　日 复核　　　记账	

亿	千	百	十	万	千	百	十	元	角	分
			￥	7	0	0	0	0	0	0

此联出票行作借方凭证

小提示

银行汇票申请书第一联、第三联填写内容与第二联相同，故不再重复。

（3）开户银行审查无误后，签发银行汇票，将银行汇票第二联和第三联、手续费收据及银行汇票申请书第一联存根交给出纳。

中国工商银行银行汇票申请书（存根）1

申请日期　2013年6月12日　　　　第××号

申请人	北京华盛实业股份有限公司	收款人	天津宏远商贸有限公司											
账　号 或住址	4563510100888122489	账　号 或住址	9558800460244725238б											
用　途	货款	代　理 付款行	中国工商银行天津海河支行											
汇票金额	人民币（大写）　柒万元整			亿	千	百	十	万	千	百	十	元	角	分
							¥	7	0	0	0	0	0	0
备注：		科　　目（借）________ 对方科目（贷）________ 财务主管　　复核　　经办												

此联申请人留存

中国工商银行北京分行业务收费凭证

2013年6月12日

户名	北京华盛实业股份有限公司	付款账号	4563510100888122489
费用项目	金额	凭证号码	A0037653－009876
收费类型： 工本费 手续费	 200.00	会计分录 中国工商银行股份有限公司 北京海淀支行 业务用公章	
合 计 金 额	（小写）¥200.00	（大写）贰佰元整	

（4）出纳对签发银行签发的银行汇票联和解讫通知联进行复印，根据银行汇票和解讫通知的复印件、银行盖章退回的银行汇票申请书第一联存根、手续费凭证等编制记账凭证，并交凭证审核人员审核。

付　款　凭　证

贷方科目：银行存款　　　2013年6月12日　　　银付字第××号

摘　要	借方科目		金　额								
	总账科目	明细科目	百	十	万	千	百	十	元	角	分
办理银行汇票	其他货币资金	银行汇票			7	0	0	0	0	0	0
	财务费用	手续费					2	0	0	0	0
合　计				¥	7	0	2	0	0	0	0

附件2张

会计主管 张世达　　记账 李忠义　　复核 赵丽　　出纳 罗燕红　　制单 李忠义

（5）出纳依据审核无误的付款凭证登记银行存款日记账。

情景二　持银行汇票结算

活动设计

2013 年 6 月 12 日，出纳将上述银行汇票两联复印后，将银行汇票第二联、第三联交郑鑫到天津宏远商贸有限公司去采购，并与对方进行结算。

业务办理

（1）出纳罗燕红将上述银行汇票和解讫通知一并交给请领人郑鑫，由其持银行汇票与收款人办理结算，同时按规定登记银行汇票登记簿，以备日后查对。

银行汇票登记簿

签发日期	收款人			持票人		汇票用途	汇票金额	使用日期	实际结算金额	退回多余款
	名称	开户银行	账号	部门	姓名					
2013.06.12	天津宏远	工行天津海河支行	9558800460244725 2386	采购部	郑鑫	采购商品	70 000.00	6.12		

（2）6 月 17 日，郑鑫将采购的商品运回单位，验收入库。购货发票交出纳，出纳等到签发银行转来的银行汇票第四联（多余款收账通知）后，根据其“实际结算金额”栏的实际结算金额与发票账单等原始凭证上的实际结算金额核对无误后，交会计编制记账凭证。

天津增值税专用发票

抵扣联

开票日期：2013 年 6 月 15 日

购货单位	名　　称：北京华盛实业股份有限公司 纳税人识别号：110106802215046 地 址、电 话：北京海淀区翠微路 15 号　84061822 开户行及账号：中国工商银行北京海淀支行 456351010088812 2489					密码区	（略）
货物或应税劳务名称	规格型号	单位	数量	单价	金额	税率	税额
A 商品	974023	件	100	580.00	58 000.00	17%	9 860.00
合　　计					￥58 000.00		￥9 860.00
价税合计（大写）	陆万柒仟捌佰陆拾元整				（小写）￥67 860.00		
销货单位	名　　称：天津宏远商贸有限公司 纳税人识别号：3457965326678899 地 址、电 话：天津市和平区解放北路 33 号　23374540 开户行及账号：中国工商银行天津海河支行 9558800460244725 2386					备注	

第二联：抵扣联　购货方扣税凭证

收款人：　　　复核：　　　开票人：　　　销货单位：（章）

付款期限 壹个月	中国工商银行银行汇票（多余款收账通知） 4											
	汇票号码：××××× 第××号											
出票日期（大写） 贰零壹叁年陆月壹拾贰日	代理付款行：中国工商银行天津海河支行 行号：1023											
收款人：天津宏远商贸有限公司	账号：95588004602447252386											
出票金额	人民币（大写） 柒万元整											
实际结算金额	人民币（大写） 陆万柒仟捌佰陆拾元整	千	百	十	万	千	百	十	元	角	分
				¥	6	7	8	6	0	0	0

申请人：北京华盛实业股份有限公司 出票行：中国工商银行北京海淀支行 行号：1234 备注：采购商品 出票行签章 汇票专用章 2013年6月12日	账号或住址：4563510100888122489							
	万	千	百	十	元	角	分	科目（借）______ 对方科目（贷）______ 兑付日期 年 月 日 复核 记账
	¥	2	1	4	0	0	0	

此联出票行结清多余款后交申请人

小提示

银行汇票实际结算金额少于银行汇票出票金额的差额，即多余款。签发银行转来的银行汇票第四联“多余款收账通知”联中列明的“多余金额”将自动划转到汇款单位银行存款账户。

转账凭证

2013年6月17日 转字第××号

摘要	总账科目	明细科目	记账	借方金额								记账	贷方金额							
				十	万	千	百	十	元	角	分		十	万	千	百	十	元	角	分
采购商品	库存商品	A商品			5	8	0	0	0	0	0									
	应交税费	应交增值税（进项税额）				9	8	6	0	0	0									
	其他货币资金	银行汇票存款												6	7	8	6	0	0	0
合计				¥	6	7	8	6	0	0	0		¥	6	7	8	6	0	0	0

附件2张

会计主管 张世达 记账 李忠义 复核 赵丽 出纳 罗燕红 制单 李忠义

收 款 凭 证

借方科目：银行存款　　2013 年 6 月 17 日　　银收字第××号

摘要	贷方科目		金额								
	总账科目	明细科目	百	十	万	千	百	十	元	角	分
银行汇票余款结算	其他货币资金	银行汇票存款				2	1	4	0	0	0
合计					￥	2	1	4	0	0	0

附件 1 张

会计主管 张世达　记账 李忠义　复核 赵丽　出纳 罗燕红　制单 李忠义

（3）出纳罗燕红依据审核无误的收款凭证登记银行存款日记账。

情景三　收到银行汇票

活动设计

2013 年 7 月 23 日，北京华盛实业股份有限公司销售商品，收到天津宏远商贸有限公司出具的银行汇票第二联和第三联，汇票金额 80 000 元，实际结算金额 76 986 元。

北京市增值税专用发票

记账联

开票日期：2013 年 7 月 23 日

购货单位	名　称：天津宏远商贸有限公司 纳税人识别号：3457965326678899 地 址、电 话：天津市和平区解放北路 33 号　23374540 户行及账号：中国工商银行天津海河支行 95588004602447252386					密码区	（略）
货物或应税劳务名称	规格型号	单位	数量	单价	金额	税率	税额
A 材料		件	100	658.00	65 800.00	17%	11 186.00
合　计					￥65 800.00		￥11 186.00
价税合计（大写）	柒万陆仟玖佰捌拾陆元整				（小写）76 986.00		
销货单位	名　称：北京华盛实业股份有限公司 纳税人识别号：110106802215046 地 址、电 话：北京海淀区翠微路 15 号　84061822 开户行及账号：中国工商银行北京海淀支行 4563510100888122489					备注	北京华盛实业股份有限公司 财务专用章

第一联：记账联 销货方记账凭证

收款人：罗燕红　复核：赵丽　开票人：李忠义　销货单位：（章）

业务办理

（1）出纳员罗燕红将银行汇票及增值税专用发票审核无误后，将实际结算金额和多余金额填入银行汇票和解讫通知，在银行汇票背面（第二联左下角）加盖银行预留印鉴并作背书。

付款期限
壹个月

中国工商银行银行汇票 2

汇票号码：×××××
第××号

出票日期（大写） 贰零壹叁年柒月贰拾叁日

代理付款行：中国工商银行北京海淀支行
行号：1234

收款人：北京华盛实业股份有限公司　　账号：4563510100888122489

出票金额　人民币（大写）　捌万元整

实际结算金额　人民币（大写）　柒万陆仟玖佰捌拾陆元整

千	百	十	万	千	百	十	元	角	分
		¥	7	6	9	8	6	0	0

申请人：天津宏远商贸有限公司
出票行：中国工商银行天津海河支行
行号：1023
备注：采购商品
出票行签章
2013年7月23日

账号或住址：9558800460244725238б

多余金额

万	千	百	十	元	角	分
¥	3	0	1	4	0	0

科目（借）______
对方科目（贷）______
兑付日期　年　月　日
复核　　记账

此联代理付款行付款后作联行往来账借方凭证附件

付款期限
壹个月

中国工商银行银行汇票（解讫通知） 3

汇票号码：
第　　号

出票日期（大写） 贰零壹叁年柒月贰拾叁日

代理付款行：中国工商银行北京海淀支行
行号：1234

收款人：北京华盛实业股份有限公司　　账号：4563510100888122489

出票金额　人民币（大写）　捌万元整

实际结算金额　人民币（大写）　柒万陆仟玖佰捌拾陆元整

千	百	十	万	千	百	十	元	角	分
		¥	7	6	9	8	6	0	0

申请人：天津宏远商贸有限公司
出票行：中国工商银行天津海河支行 行号：1023
备注：采购商品
出票行签章
2013年7月23日

账号或住址：9558800460244725238б

万	千	百	十	元	角	分
¥	3	0	1	4	0	0

科目（借）______
对方科目（贷）______
转账日期　年　月　日
复核　　记账

此联代理付款行兑付后随报单寄出票行，由出票行作多余款贷方凭证

被背书人　中国工商银行北京海淀支行 委托收款	被背书人
背书人签章 年　月　日	背书人签章 年　月　日

持票人向银行提示付款人签章：　　身份证件名称：　　发证机关：

（2）出纳按银行汇票实际结算金额填写一式两联进账单，与银行汇票和解讫通知一并送交开户银行办理入账，缺少任何一联均无效。

中国工商银行进账单（收账通知）1

2013 年 7 月 23 日

出票人	全　称	天津宏远商贸有限公司	收款人	全　称	北京华盛实业股份有限公司
	账　号	95588004602447252386		账　号	4563510100888122489
	开户银行	中国工商银行天津海河支行		开户银行	中国工商银行北京海淀支行

金额	人民币（大写）	亿	千	百	十	万	千	百	十	元	角	分
	柒万陆仟玖佰捌拾陆元整				¥	7	6	9	8	6	0	0

票据种类	银行汇票	票据张数	2	
票据号码				
款项来源：销货款 单位主管　会计　复核　记账				持票人开户行盖章

此联是持票人开户行交给持票人的收账通知

另一联贷方凭证复写即可。

（3）银行受理业务审查无误后，在汇款金额以内，根据实际需要的款项办理结算，将第二联银行汇票留作记账凭证，第三联解讫通知书转给出票行并将进账单第一联交给出纳罗燕红。出纳将进账单（收账通知）及增值税专用发票转交审核人员审核，审核无误后交制证会计编制记账凭证。

收　款　凭　证

借方科目：银行存款　　　　2013 年 7 月 23 日　　　　银收字第××号

摘　要	贷方科目		金　额								
	总账科目	明细科目	百	十	万	千	百	十	元	角	分
销售商品	主营业务收入				6	5	8	0	0	0	0
	应交税费	应交增值税（销项税额）			1	1	1	8	6	0	0
合　计				¥	7	6	9	8	6	0	0

附件 2 张

会计主管　张世达　　记账　李忠义　　复核　赵丽　　出纳　罗燕红　　制单　李忠义

（4）出纳罗燕红依据审核无误的收款凭证登记银行存款日记账。

情景四　银行汇票背书转让

活动设计

北京华盛实业股份有限公司于 2013 年 7 月 23 日将其收到的天津宏远商贸有限公司银行汇票转让给南京宏文股份有限公司，以偿还欠款。

业务办理

（1）出纳员收到采购部门转来经审批的请款单及销售部门转来的银行汇票，核对无误后将银行汇票复印，在银行汇票背面加盖银行预留印鉴并背书转让给南京宏文股份有限公司。

请　款　单

请款日期：　2013 年 7 月 23 日

部门	采购部			姓名	郑鑫
用途	购买商品				
金额	大写：柒万陆仟玖佰捌拾陆元整　　¥76 986.00				
部门签字	同意用款 [肖强] 2013 年 7 月 23 日	财务签字	同意用款 [张世达] 2013 年 7 月 23 日	总经理签字	同意用款 [庄振忠] 2013 年 7 月 23 日

被背书人　南京宏文股份有限公司	被背书人
[北京华盛实业股份有限公司 财务专用章] [庄振忠印] 背书人签章 2013 年 7 月 23 日	背书人签章 年　月　日

持票人向银行提示付款人签章：　　身份证件名称：　　发证机关：　　号码

（2）背书后将银行汇票及解讫通知交销货单位，对收到对方开来的收据审核无误后，会计依据请款单、复印的背书银行汇票及收据等编制记账凭证，并交凭证审核人员审核。

统一收款收据（三联单）

2013 年 7 月 25 日　　No. 68903529

交款单位或交款人	北京华盛实业股份有限公司	收款方式	银行汇票
事　由销货款 人民币（大写）柒万陆仟玖佰捌拾陆元整　¥76 986.00			备注：

第二联：收据

收款单位（盖章）[南京宏文股份有限公司 发票专用章 1234567890]　　收款人（签章）李强

转 账 凭 证

2013 年 7 月 25 日　　　　　　　　　　转字第××号

摘要	总账科目	明细科目	记账	借方金额								记账	贷方金额							
				十	万	千	百	十	元	角	分		十	万	千	百	十	元	角	分
支付前欠货款	应付账款	南京宏文			7	6	9	8	6	0	0									
	应收账款	天津宏远												7	6	9	8	6	0	0
合计				¥	7	6	9	8	6	0	0		¥	7	6	9	8	6	0	0

附件2张

会计主管　张世达　　记账　李忠义　　复核　赵丽　　出纳　罗燕红　　制单　李忠义

知识拓展

一、银行汇票管理

为了防止由于银行汇票管理不善而给单位带来经济损失，使用银行汇票的企业应当建立、健全银行汇票的内部管理制度，加强对银行汇票的管理和控制。银行汇票的具体管理措施主要包括以下几个方面：

(1) 银行汇票由财务部门指定专人保管。出纳在收到银行签发的银行汇票并将其交给请领人时，应按规定登记“银行汇票登记簿”，将银行汇票的有关内容逐项登记，以备日后查对。

(2) 银行汇票申请书和银行预留印鉴应分别存放，由专人保管。

(3) 领用银行汇票时，一般必须填制专门的“银行汇票领用单”，说明领用银行汇票的用途、日期、金额，由经办人签章，经有关领导批准。

(4) 使用和保管银行汇票的人员必须根据经领导批准的“银行汇票领用单”使用和保管银行汇票，同时应在银行汇票登记簿上加以登记。

(5) 建立、健全银行汇票的使用和报账制度。领用银行汇票的有关部门和人员应按规定及时报账，遇有特殊情况应与单位财务部门及时取得联系，以便财务部门掌握银行汇票的使用情况，合理安排使用资金。

(6) 一旦发生遗失汇票的情况，立即向银行办理挂失或者请求银行和收款单位协助防范。

二、银行汇票退款的处理

申请人因银行汇票超过提示付款期限或因其他原因要求退款时，应将银行汇票和解讫通知同时提交到出票银行，并按照支付结算办法的规定提交证明或身份证件。出票银行经与原专夹保管的汇票卡片核对无误，在汇票和解讫通知的实际结算金额大写栏填写“未用退回”字样，该两联银行留存记账，多余款收账通知的多余金额栏填入原出票金额并加盖转讫章作收账通知，交给申请人。待银行办妥退款手续后，凭银行退回的多余款收账通知进行账务处理。

申请人因短缺解讫通知要求退款的，应当备函向出票银行说明短缺原因，并交回持有的银行汇票，出票银行于提示付款期满一个月后比照退款手续办理退款。

三、银行汇票超过付款期限付款的处理

持票人超过付款期限向代理付款银行提示付款不获付款的，须在票据权利时效内向出票银行作出说明，并提交汇票和解讫通知向出票银行请求付款。持票人为个人的，还应交验本人有效身份证件。出票银行经与原专夹保管的汇票卡片核对无误，多余金额结计正确无误，在汇票和解讫通知的备注栏填写“逾期未用”字样，办理付款手续。

四、银行汇票挂失的处理

如果填明“现金”字样及代理付款行的银行汇票丧失，失票人到代理付款行挂失时，应提交一式三联的挂失止付通知书，分别作如下处理：

(1) 代理付款行接到失票人提交的挂失止付通知书，应审查挂失止付通知书的填写是否符合要求，是否属本行代理付款的现金汇票，并查对确未付款的，方可受理。在第一联挂失止付通知书上加盖业务公章作为受理回单，第二、三联于登记汇票挂失登记簿后专夹保管，凭以掌握止付。如失票人委托代理付款行通知出票银行挂失的，代理付款行应即向出票银行发出挂失通知；采用电报通知的，凭第三联拍发电报。出票银行接到代理付款行发来的挂失通知，应抽出专夹保管的汇票卡片和多余款收账通知核对无误后，一并另行保管，凭以控制付款或退款。

(2) 出票银行接到失票人提交的挂失止付通知书，应审查挂失止付通知书的填写是否符合要求，查对汇出汇款账和汇票卡系属指定代理付款行支取现金的汇票，并确未注销时方可受理。在第一联挂失止付通知书上加盖业务公章作为受理回单，第二、三联于登记汇票挂失登记簿后，与原汇票卡片和多余款收账通知一并另行保管，凭以控制付款或退款。如失票人委托出票银行通知代理付款行挂失的，应即向代理付款行发出挂失通知；采用电报通知的，凭第三联拍发电报。代理付款行接到出票银行发来的挂失通知，查对确未付款后，将挂失支付通知专夹保管，凭以掌握支付。

工作任务五 汇兑结算业务

知识准备

一、汇兑及其使用范围

汇兑是汇款人委托银行将其款项汇给外地收款人的结算方式。汇兑结算适用范围比较

广，单位与单位、个人与个人、单位与个人异地之间的各种款项的结算均可使用，其手续灵活简便，因而是目前一种应用极为广泛的结算方式。

汇兑根据划转款项的不同方法和传递方式的不同可以分为信汇和电汇两种。信汇是汇款人向银行提出申请，同时交存一定金额和手续费，汇出行将信汇凭证以邮寄方式寄给汇入行，授权汇入行向收款人解付一定金额的一种汇兑结算方式。电汇是汇款人将一定款项交存汇款银行，汇款银行通过电报或电传给目的地的分行或代理行（汇入行），指示汇入行向收款人支付一定金额的一种汇款方式。

目前，信汇使用得越来越少，而电汇由于汇款速度快、操作简便，在实际业务中应用最为广泛。

二、汇兑结算的基本规定

（一）结算起点的规定

汇兑结算没有金额起点的限制，即不论汇款金额是多少，均可以办理信汇结算和电汇结算。

（二）汇款人凭证填写的规定

（1）汇款人向汇出银行索取电汇凭证，详细填明收款人名称、汇款人名称、汇入行名称、汇出行名称、日期、汇款金额和用途等内容，并在电汇凭证第二联上加盖银行预留印鉴；

（2）个体经营户和个人需要在汇入银行支取现金的，应在电汇凭证上“金额”大写栏先填写“现金”字样，接着再紧靠其后填写汇款金额；

（3）汇款单位需要派人到汇入银行领取汇款时，除在“收款人”栏写明取款人的姓名外，还应在“账号或住址”栏内注明“留行待取”字样；

（4）留行待取的汇款，需要指定具体收款人领取的，应注明收款人的单位名称。

（三）支取现金的规定

收款人要在汇入银行支取现金，付款人在填制信汇或电汇凭证时，须在凭证“金额”大写栏填写“现金”字样。款项汇入异地后，收款人需携带本人的有效身份证件或汇入地有关单位足以证实收款人身份的证明，到银行一次性办理现金支取手续。信汇或电汇凭证上未注明“现金”字样而需要支取现金的，由汇入银行按现金管理规定审查支付；需要部分支取现金的，收款人应填写取款凭证和存款凭证送交汇入银行，办理支取部分现金和转账手续。

（四）留行待取的规定

汇款人将款项汇往异地需要派人领取的，在办理汇款时，应在签发的汇兑凭证各联的“收款人账号或地址栏”注明“留行待取”字样。留行待取的汇款，需由指定单位的收款人领取的，应注明收款人单位的名称；信汇凭印鉴支取的，应在第四联凭证上加盖预留的收款人印鉴。款项汇入异地后，收款人需携带足以证明本人身份的有效证件，或汇入地有关单位足以证实收款人身份的证明向银行支取款项。如信汇凭印鉴支取的，收款人必须持与银行预留印鉴相符的印章，经银行验对无误后，方可办理支款手续。

（五）分次支取的规定

收款人接到汇入银行的取款通知后，若需要分次支取，要向汇入银行说明分次支取的原因和情况，经汇入银行同意，以收款人名义设立临时存款账户，该账户只付不收，结清为止，不计利息。

（六）转汇的规定

收款人如需将汇款转到另一个地点，应在汇入银行办理汇款手续，将其汇款划到其他银行。转汇时，收款人和用途不得改变，汇入银行必须在信汇和电汇凭证上加盖“转汇”戳记。

（七）退汇和撤销的规定

汇款人因各种原因需要退汇的，应出具正式函件或本人有效身份证明，连同信汇或电汇回单，向汇出银行申请退汇，由汇出银行通知汇入银行，经汇入银行证实款项确未支付的，方可退汇。汇入银行对于收款人拒绝接收的汇款，应立即办理退汇。汇入银行对从发出取款通知之日起，2 个月仍无法交付的款项，可主动办理退汇；汇款人对汇出银行尚未汇出的款项，可以申请撤销。申请撤销时，应出具证据证实函件或本人有效身份证件及电汇回单没有问题，汇出银行查明确未汇出款项的，收回信汇或电汇回单，方可办理撤销。

工作流程

汇兑结算工作流程如下所示。

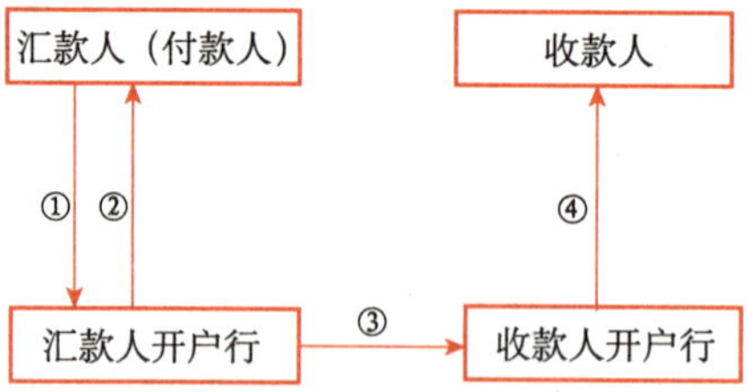

说明：

①汇款人委托银行办理汇款。汇款人办理汇兑应由其填写一式四联的信汇凭证或一式三联的电汇凭证，并在第二联“汇款人盖章”处加盖银行预留印鉴，送交本单位开户银行办理汇兑。

②银行受理汇兑。银行审查无误后，即可办理汇款手续，在凭证回单联加盖“转讫”章后退给汇款人，同时收取汇款手续费。

③银行之间传递凭证，划转款项。

④收款人开户行收到汇款，通知收款人收妥入账。

未填写的电汇凭证基本样式如下所示。

中国工商银行电汇凭证（回单）1

委托日期　　年　月　日

汇款人	全　称			收款人	全　称		
	账号或住址				账号或住址		
	汇出地点	省　市/县	汇出行名称		汇入地点	省　市/县	汇入行名称
金额	人民币（大写）				亿 千 百 十 万 千 百 十 元 角 分		
汇款用途：		如需加急请在（　）注明		汇出行盖章			
单位主管	会计	复核	记账			年　月　日	

此联作汇出行给汇款人的回单

中国工商银行电汇凭证（借方凭证）2

委托日期　　年　月　日

汇款人	全　称			收款人	全　称		
	账号或住址				账号或住址		
	汇出地点	省　市/县	汇出行名称		汇入地点	省　市/县	汇入行名称
金额	人民币（大写）				亿 千 百 十 万 千 百 十 元 角 分		
汇款用途：				科目（借）＿＿＿＿			
此汇款支付给收款人 电汇				对方科目（贷）＿＿＿＿			
				汇出行汇出日期　年　月　日			
		汇款人签章		复核　记账			

此联汇出行作借方凭证

中国工商银行电汇凭证（发电依据）3

委托日期　　年　月　日

汇款人	全　称			收款人	全　称		
	账号或住址				账号或住址		
	汇出地点	省　市/县	汇出行名称		汇入地点	省　市/县	汇入行名称
金额	人民币（大写）				亿 千 百 十 万 千 百 十 元 角 分		
汇款用途：		如需加急请在（　）注明					
	电汇				复核	记账	

此联汇出行凭以拍发电报

小提示

信汇凭证为一式四联，填写方法与电汇相同，因其使用较少，很多银行现已不开展此项业务，故此处略。

账务处理

（1）汇款人根据汇出行退回的电汇或信汇凭证第一联“回单”、购货发票等原始凭证编制记账凭证。

借：原材料等

　　应交税费——应交增值税（进项税额）

　贷：银行存款

（2）收款人凭汇入银行签发的“电划或邮划贷方补充报单”第三联编制记账凭证。

借：银行存款

　贷：主营业务收入

　　　应交税费——应交增值税（销项税额）

情景一　办理汇款业务

活动设计

2013年4月8日，北京华盛实业股份有限公司到其开户行以电汇方式向天津宏远商贸有限公司汇出50 000元预付购货款。

业务办理

（1）出纳根据审核后的意见书，填写电汇凭证，到开户银行申请汇出款项；银行审核无误后给予办理，收妥汇出款后，将第一联回单联退还给出纳。

中国工商银行电汇凭证（回单）1

委托日期 2013 年 4 月 8 日

汇款人	全　称	北京华盛实业股份有限公司			收款人	全　称	天津宏远商贸有限公司		
汇款人	账号或住址	4563510100888122489			收款人	账号或住址	95588004602447252386		
汇款人	汇出地点	省北京 市/县	汇出行名称	工行北京海淀支行	收款人	汇入地点	省天津 市/县	汇入行名称	工行天津海河支行
金额	人民币（大写）	伍万元整					亿 千 百 十 万 千 百 十 元 角 分		
							￥ 5 0 0 0 0 0 0		
汇款用途：		如需加急请在（　　）注明			汇出行盖章	中国工商银行股份有限公司 北京海淀支行 业务用公章	2013 年 4 月 8 日		
单位主管		会计	复核	记账					

此联作汇出行给汇款人的回单

（2）支付电汇手续费。

中国工商银行业务收费凭证

交易流水：02200166　　2013年4月8日

户名	北京华盛实业股份有限公司	付款账号	4563510100888122489
费用项目	金　额	凭证号码	A0036726－0036750
收费类型： 工本费 手续费	 5.00	会计分录	
合　计　金　额	（小写）￥5.00	（大写）伍元整	

（3）出纳罗燕红审核电汇凭证和业务收费凭证，审核无误后交制证会计编制记账凭证，并交凭证审核人员审核。

付　款　凭　证

贷方科目：银行存款　　2013年4月8日　　银付字第××号

摘　要	借方科目		金额								
	总账科目	明细科目	百	十	万	千	百	十	元	角	分
预付购货款	预付账款	天津宏远			5	0	0	0	0	0	0
	财务费用	手续费							5	0	0
合　计				￥	5	0	0	0	5	0	0

附件2张

会计主管　张世达　　记账　李忠义　　复核　赵丽　　出纳　罗燕红　　制单　李忠义

（4）出纳依据审核无误的付款凭证登记银行存款日记账。

情景二　收到汇兑汇款业务

活动设计

2013年5月9日，北京华盛实业股份有限公司开户行转来信汇凭证收账通知，通知沈阳市绿源公司汇来前欠购货款18 000元。

业务办理

（1）出纳收到银行转来的信汇收账通知，交凭证审核人员找出相关的凭证核对。

中国工商银行信汇凭证（收账通知）4

委托日期 2013 年 5 月 9 日

汇款人	全　　称	沈阳市绿源公司	收款人	全　　称	北京华盛实业股份有限公司
	账　　号	456734298		账　　号	4563510100888122489
	汇出地点	沈阳市市府大路 26 号		汇入地点	北京海淀区翠微路 15 号
汇出行名称		工行沈阳凤凰分行	汇入行名称		工行北京海淀支行
金额	人民币（大写）	壹万捌仟元整			
工商银行沈阳凤凰分行 转账 转讫		汇出行签章	支付密码		
			附加信息及用途：前欠购货款		

亿	千	百	十	万	千	百	十	元	角	分
			¥	1	8	0	0	0	0	0

此联作收款人的收账通知或代取款收据

（2）凭证审核无误后，制证会计依据信汇凭证收账通知及相关业务凭证，编制记账凭证，并交凭证审核人员审核。

收　款　凭　证

借方科目：银行存款　　2013 年 5 月 9 日　　银收字第××号

摘　要	贷方科目		金　额								
	总账科目	明细科目	百	十	万	千	百	十	元	角	分
收到前欠货款	应收账款	沈阳绿源			1	8	0	0	0	0	0
合　计				¥	1	8	0	0	0	0	0

附件 2 张

会计主管　张世达　　记账　李忠义　　复核　赵丽　　出纳　罗燕红　　制单　李忠义

（3）出纳依据审核无误的收款凭证登记银行存款日记账。

工作任务六　委托收款结算方式

知识准备

一、委托收款及其使用范围

委托收款是指收款人委托银行向付款人收取款项的结算方式。凡是在银行和其他金融机构开立账户的单位和个体经营户的商品交易、劳务款项以及其他应收款项的结算，都可凭已承兑的商业汇票、债券、存单等付款人债务证明，使用委托收款结算方式结算。城镇公用企事业单位向用户收取的水费、电费、电话费、燃气费等也都可以采用委托收款结算方式。

委托收款不受地点限制，在同城、异地均可以办理。按照结算款项划回方式，委托收款分为邮划和电划两种方式，邮划以邮寄方式划转款项，费用较低但速度慢；电划以电报方式划转款项，费用略高但速度较快，出纳人员应根据实际需要选择。

二、委托收款结算的基本规定

委托收款人结算的基本规定包括以下几个方面：

(1) 委托收款不受金额起点限制，均可采用邮划或电划的结算方式。

(2) 委托收款的付款期限。以银行为付款人的，银行应在当日将款项主动支付给收款人；以单位为付款人的，银行应及时通知付款人，按照有关规定，需要将有关债务证明交给付款人的应交给付款人，并由付款人签收。付款人应于接到通知的当日书面通知银行付款，付款人未在接到通知日的次日起 3 日内通知银行付款的，视同付款人同意付款，银行应于付款人接到通知日的次日起第 4 日上午开始营业时，将款项划给收款人；付款人提前收到由其付款的债务证明，应通知银行于债务证明的到期日付款，付款人未于接到通知的次日起 3 日内通知银行付款的，付款人接到通知日的次日起第 4 日在债务证明到期日之前，银行应于债务证明到期日将款项划给收款人。

(3) 无款支付的规定。付款人在付款期满日，银行营业终了前如无足够资金支付全部款项，即为无款支付。银行应于次日上午开始营业时，通知付款人将有关单证（单证已做账务处理的，付款人可填制“应付款项证明书”）在 2 日内退回开户银行，银行将有关结算凭证连同单证或应付款项证明书退回收款人开户银行转交收款人。付款人逾期不退回单证的，开户银行应按规定处以罚金，并暂停付款人委托银行向外办理结算业务，直到退回单证时止。

(4) 拒绝付款的规定。付款人收到银行传来的付款通知后，如发现款项有误，对收款人委托收取的款项需要拒绝付款的，可以办理拒绝付款。付款人应在付款期内填制“委托收款结算全部拒绝付款理由书”，并加盖银行预留印鉴章，连同有关单证送交开户银行，银行不负责审查拒付理由，将拒绝付款理由书和有关凭证及单证寄给收款人开户银行转交收款人。需要部分拒绝付款的，付款人应在付款期内出具“委托收款结算部分拒绝付款理由书”，并加盖银行预留印鉴章，送交开户银行，银行办理部分划款，并将部分拒绝付款理由书寄给收款人开户银行转交收款人。

工作流程

委托收款结算工作流程如下所示。

说明：

①委托银行办理收款。收款人办理委托收款，应当向开户银行填写委托收款凭证。结算凭证分为“邮划”和“电划”两种，均为一式五联。收款单位出纳应当按照规定逐项填明委托收款凭证的各项内容，然后在委托收款凭证第二联上加盖收款单位印章后，将委托

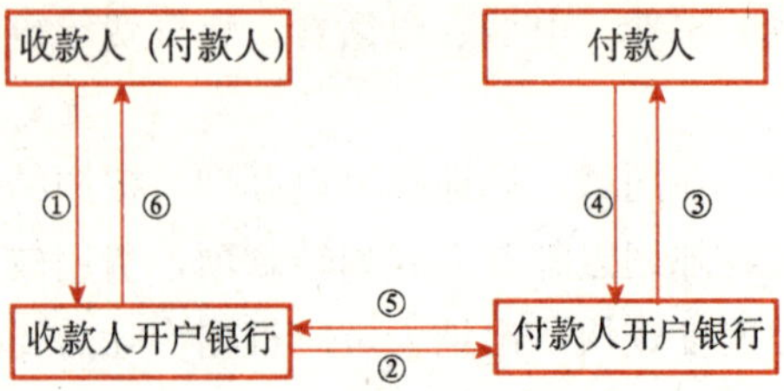

收款凭证和委托收款依据一同送交开户银行。银行受理后，在委托收款凭证第一联（回单）上加盖业务用公章后退给收款单位，同时按规定收取一定量的手续费和邮电费。托收凭证格式如下所示。

托收凭证（受理回单）1

委托日期　　年　月　日

业务类型	委托收款（□邮划、□电划）		托收承付（□邮划、□电划）		
付款人	全　称		收款人	全　称	
	账　号			账　号	
	地　址	市县　开户行		地　址	市县　开户行
金额	人民币（大写）			亿 千 百 十 万 千 百 十 元 角 分	
款项内容		托收凭据名　称		附寄单证张数	
商品发运情况			合同名称号码		
备注： 复核：　记账：		款项收妥日期 年　月　日		收款人开户银行签章 年　月　日	

此联作收款人开户银行给收款人的受理回单

托收凭证（贷方凭证）2

委托日期　　年　月　日

业务类型	委托收款（□邮划、□电划）		托收承付（□邮划、□电划）		
付款人	全　称		收款人	全　称	
	账　号			账　号	
	地　址	市县　开户行		地　址	市县　开户行
金额	人民币（大写）			亿 千 百 十 万 千 百 十 元 角 分	
款项内容		托收凭据名　称		附寄单证张数	
商品发运情况			合同名称号码		
备注： 收款人开户银行收到日期 年　月　日		上列款项随附有关债务证明，请予以办理 收款人签章		复核：　记账：	

此联作收款人开户银行贷方凭证

托收凭证（借方凭证）3

委托日期　　年　月　日　　　　付款期限　年　月　日

业务类型	委托收款（□邮划、□电划）　托收承付（□邮划、□电划）				
付款人	全称		收款人	全称	
	账号			账号	
	地址	市县　开户行		地址	市县　开户行
金额	人民币（大写）				亿 千 百 十 万 千 百 十 元 角 分
款项内容		托收凭据名称		附寄单证张数	
商品发运情况		合同名称号码			
备注： 收款人开户银行收到日期 年　月　日		款项收妥日期 收款人开户银行签章 年　月　日		复核：　记账：	

此联作付款人开户银行借方凭证

托收凭证（汇款依据或收账通知）4

委托日期　　年　月　日　　　　付款期限　年　月　日

业务类型	委托收款（□邮划、□电划）　托收承付（□邮划、□电划）				
付款人	全称		收款人	全称	
	账号			账号	
	地址	市县　开户行		地址	市县　开户行
金额	人民币（大写）				亿 千 百 十 万 千 百 十 元 角 分
款项内容		托收凭据名称		附寄单证张数	
商品发运情况		合同名称号码			
备注： 复核：　记账：		上列款项已划回收入你方账户内 收款人开户银行签章 年　月　日			

此联作付款人开户银行汇款依据或作收款人开户银行收账通知

托收凭证（付款通知）5

委托日期　　年　月　日　　　　付款期限　年　月　日

业务类型	委托收款（□邮划、□电划）　托收承付（□邮划、□电划）				
付款人	全称		收款人	全称	
	账号			账号	
	地址	市县　开户行		地址	市县　开户行
金额	人民币（大写）				亿 千 百 十 万 千 百 十 元 角 分
款项内容		托收凭据名称		附寄单证张数	
商品发运情况		合同名称号码			
备注： 付款人开户银行收到日期 年　月　日		付款人开户银行签章 年　月　日		付款人注意： （略）	

此联作付款人开户银行通知付款人按期付款通知

②由收款人开户银行向付款人开户银行寄送收款凭证及材料。

③付款人开户银行接到收款人开户银行寄来的委托收款凭证，经审查无误后，应当及时通知付款人，将委托收款凭证第五联“付款通知”传给付款人。

④付款人通知银行付款或默认付款。

⑤银行之间划转款项或退回有关债务证明。

⑥收款人开户银行通知收款人款项已收妥入账或退回材料。

小提示

邮划委托收款和电划委托收款两者结算程序基本相同，其区别就在于收款通知传递的方式不同，邮划是采用邮寄方式，而电划则采用发报的方式通知收款银行收款。因邮划使用较少，很多银行现已不开展此项业务，故此处略。

账务处理

（1）收款单位办理托收手续时，应根据银行盖章退回的委托收款凭证第一联（回单）、银行收费凭证进行账务处理。

借：财务费用

　贷：银行存款

（2）委托收款款项划回时，依据“收账通知”等原始凭证进行账务处理，邮划为委托收款凭证第四联，电划为电划贷方补充报单第四联。

借：银行存款

　贷：应收票据

（3）付款单位收到银行转来的委托收款凭证第五联“付款通知”，同意付款后，依据“付款通知”等原始凭证进行账务处理。

借：管理费用等

　贷：银行存款

情景一　办理委托收款业务

活动设计

2013年4月23日，北京华盛实业股份有限公司销售给北京红星公司A产品400件，单价105元，价款42 000元，增值税7 140元；B产品300件，单价95元，价款28 500元，增值税4 845元，已开具增值税专用发票并办理委托银行收款手续。

北京市增值税专用发票

全国统一发票监制 国家税务总局监制

记 账 联

开票日期：2013 年 4 月 23 日

购货单位	名　　称：北京红星公司 纳税人识别号：46060256792302 地 址、电 话：北京西城区解放大街 26 号　68988351 开户行及账号：工商银行北京西城支行 5600969696123456789				密码区	（略）		
货物或应税劳务名称	规格型号	单 位	数 量	单 价	金 额	税 率	税 额	
A 产品		件	400	105.00	42 000.00	17%	7 140.00	
B 产品		件	300	95.00	28 500.00	17%	4 845.00	
合　计					¥70 500.00		¥11 985.00	
价税合计（大写）	捌万贰仟肆佰捌拾伍元整					（小写）¥82 485.00		
销货单位	名　　称：北京华盛实业股份有限公司 纳税人识别号：110106802215046 地址、电话：北京海淀区翠微路 15 号　84061822 开户行及账号：工商银行北京海淀支行 4563510100888122489				备注	北京华盛实业股份有限公司 财务专用章		

收款人：罗燕红　　复核：赵丽　　开票人：李忠义　　销货单位：（章）

第一联：记账联　销货方记账凭证

业务办理

出纳填写一式五联的委托收款凭证，到开户银行办理委托收款手续。银行受理后退回委托收款凭证（受理回单），交审核人员审核无误后交制证会计。制证会计依据业务凭证、委托收款凭证（受理回单）编制记账凭证，并交有关人员审核。

托收凭证（受理回单）1

委托日期　2013 年 4 月 23 日

业务类型	委托收款（☐邮划、☑电划） 托收承付（☐邮划、☐电划）							
付款人	全　称	北京红星公司		收款人	全　称	北京华盛实业股份有限公司		
	账　号	5600969696123456789			账　号	4563510100888122489		
	地　址	北京西城区解放大街 26 号 市县	开户行 工商银行北京西城支行		地　址	北京海淀区翠微路 15 号 市县	开户行 工商银行北京海淀支行	
金额	人民币（大写）	捌万贰仟肆佰捌拾伍元整						
款项内容	货款	托收凭据名称	委托收款（电划）	附寄单证张数				
商品发运情况		合同名称号码						
备注： 复核：　记账：		款项收妥日期 年　月　日		收款人开户银行签章 中国工商银行股份有限公司 北京海淀支行 业务用公章 年　月　日				

金额（小写）：

亿	千	百	十	万	千	百	十	元	角	分
			¥	8	2	4	8	5	0	0

此联作收款人开户银行给收款人的受理回单

转 账 凭 证

2013 年 4 月 23 日　　　　　　　　　　转字第××号

摘要	总账科目	明细科目	记账	借方金额								记账	贷方金额							
				十	万	千	百	十	元	角	分		十	万	千	百	十	元	角	分
销售产品	应收账款	北京红星			8	2	4	8	5	0	0									
	主营业务收入													7	0	5	0	0	0	0
	应交税费	应交增值税（销项税额）												1	1	9	8	5	0	0
合计				¥	8	2	4	8	5	0	0		¥	8	2	4	8	5	0	0

附件1张

会计主管　张世达　　记账　李忠义　　复核　赵丽　　出纳　罗燕红　　制单　李忠义

情景二　收回委托收款

活动设计

2013 年 4 月 26 日，北京华盛实业股份有限公司收到委托收款收账通知，收回“情景一”中托收的款项。

业务办理

（1）出纳员罗燕红从银行取回托收凭证（收账通知），交相关会计审核。

托收凭证（汇款依据或收账通知）4

委托日期　2013 年 4 月 23 日　　　付款期限　年　月　日

业务类型	委托收款（□邮划、☑电划）　托收承付（□邮划、□电划）										
付款人	全　称	北京红星公司				收款人	全　称	北京华盛实业股份有限公司			
	账　号	5600969696123456789					账　号	4563510100888122489			
	地　址	北京西城区解放大街 26 号	市县	开户行	工商银行北京西城支行		地　址	北京海淀区翠微路 15 号	市县	开户行	工商银行北京海淀支行
金额	人民币（大写）	捌万贰仟肆佰捌拾伍元整						亿 千 百 十 万 千 百 十 元 角 分			
								¥ 8 2 4 8 5 0 0			
款项内容	货款	托收凭据名　称	委托收款（电划）			附寄单证张数					
商品发运情况				合同名称号码							
备注： 复核：　记账：		上列款项已划回收入你方账户内 （印章：中国工商银行股份有限公司 北京海淀支行 业务用公章） 收款人开户银行签章 2013 年 4 月 26 日									

此联作付款人开户银行汇款依据或作收款人开户银行收账通知

（2）制证会计依据审核无误的托收凭证（收账通知）编制记账凭证，并交凭证审核人员审核。

收　款　凭　证

借方科目：银行存款　　　　2013 年 4 月 26 日　　　　银收字第××号

摘　要	贷方科目		金　额								
	总账科目	明细科目	百	十	万	千	百	十	元	角	分
收回托收货款	应收账款	红星公司		¥	8	2	4	8	5	0	0
合　计				¥	8	2	4	8	5	0	0

附件 1 张

会计主管　张世达　　记账　李忠义　　复核　赵丽　　出纳　罗燕红　　制单　李忠义

（3）出纳依据审核无误的记账凭证登记银行存款日记账。

情景三　支付委托收款业务

活动设计

2013 年 6 月 9 日，北京华盛实业股份有限公司收到供电局委托银行收款的托收凭证（付款通知）及增值税专用发票（略），审核无误后支付本月电费。

托收凭证（付款通知）5

委托日期　2013 年 6 月 9 日　　付款期限　年　月　日

业务类型	委托收款（□邮划、☑电划）			托收承付（□邮划、□电划）				
付款人	全　称	北京华盛实业股份有限公司		收款人	全　称	北京市供电局		
	账　号	456351010088812248 9			账　号	12673655883097		
	地　址	北京海淀区翠微路 15 号 市县	开户行 工商银行北京海淀支行		地　址	市县	开户行 北京支行	
金额	人民币（大写）	伍仟捌佰伍拾元整				亿 千 百 十 万 千 百 十 元 角 分		
						¥ 5 8 5 0 0 0		
款项内容	电费	托收凭据名　称				附寄单证张数		
商品发运情况				合同名称号码				
备注： 付款人开户银行收到日期 年　月　日		付款人开户银行签章 中国工商银行股份有限公司 北京海淀支行 业务用公章 2013 年 6 月 9 日				付款人注意： （略）		

此联作付款人开户银行通知付款人按期付款通知

业务办理

(1) 出纳收到托收凭证（付款通知）和增值税专用发票，审核无误后交制证会计编制记账凭证，并交凭证审核人员审核。

付 款 凭 证

贷方科目：银行存款　　　　2013 年 6 月 9 日　　　　银付字第××号

摘　要	借方科目		金　额								
	总账科目	明细科目	百	十	万	千	百	十	元	角	分
支付电费	管理费用	电费				5	8	5	0	0	0
合　计					¥	5	8	5	0	0	0

附件 2 张

会计主管　张世达　　记账　李忠义　　复核　赵丽　　出纳　罗燕红　　制单　李忠义

(2) 出纳依据审核无误的记账凭证登记银行存款日记账。

知识拓展

一、委托收款结算方式付款人全部或部分拒绝付款的处理

付款单位收到委托收款的付款通知，审查有关单证后，认为所发货物的品种、规格、质量等与双方签订的合同不符，或因其他原因对收款单位委托收取的款项需要全部或部分拒绝付款的，应当在付款期内出具“委托收款结算全部或部分拒绝付款理由书”（以下简称“拒绝付款理由书”），连同开户银行转来的有关单证送开户银行。“拒绝付款理由书”一式四联，其基本格式如下所示。

委托收款结算 全部/部分 拒绝付款理由书（回单或付款通知）1

拒付日期　年　月　日　　　　原托收号码：

付款人	全　称		收款人	全　称		
	账　号			账　号		
	开户银行	行号		开户银行	行号	
托收金额		拒付金额		部分付款金额	千 百 十 万 千 百 十 元 角 分	
附寄单证	张	部分付款金额（大写）				
拒付理由： 付款人盖章						

此联作银行给付款人的回单或付款通知

委托收款结算全部/部分拒绝付款理由书（借方凭证）2

拒付日期　年　月　日　　　　原托收号码：

付款人	全　称			收款人	全　称		
	账　号				账　号		
	开户银行		行号		开户银行		行号
托收金额		拒付金额		部分付款金额	千百十万千百十元角分		
附寄单证	张	部分付款金额（大写）					
拒付理由： 付款人盖章				科目（借）＿＿＿＿ 对方科目（贷）＿＿＿＿ 转账日期　年　月　日 复核　记账			

此联银行作借方凭证或存查

委托收款结算全部/部分拒绝付款理由书（贷方凭证）3

拒付日期　年　月　日　　　　原托收号码：

付款人	全　称			收款人	全　称		
	账　号				账　号		
	开户银行		行号		开户银行		行号
托收金额		拒付金额		部分付款金额	千百十万千百十元角分		
附寄单证	张	部分付款金额（大写）					
拒付理由： 付款人盖章				科目（借）＿＿＿＿ 对方科目（贷）＿＿＿＿ 转账日期　年　月　日 复核　记账			

此联银行作贷方凭证或存查

委托收款结算全部/部分拒绝付款理由书（代通知或收账通知）4

拒付日期　年　月　日　　　　原托收号码：

付款人	全　称			收款人	全　称		
	账　号				账　号		
	开户银行		行号		开户银行		行号
托收金额		拒付金额		部分付款金额	千百十万千百十元角分		
附寄单证	张	部分付款金额（大写）					
拒付理由： 付款人盖章							

此联作银行给收款人的收账通知或全部拒付通知书

按照相关规定，银行收到付款单位的“拒绝付款理由书”、委托收款凭证第五联及所附有关单证，不审查拒绝付款理由，只对有关内容进行核对，核对无误即办理有关手续。实行部分拒付的，将部分付款款项划给收款单位，在“拒绝付款理由书”第一联上加盖业务专用章退还给付款单位，将“拒绝付款理由书”第四联寄给收款单位开户银行由其转交收款单位。

付款单位全部拒绝付款的，由于未引起资金增减变动，所以不必编制会计凭证和登记账簿，只需将银行盖章退回的“拒绝付款理由书”第一联妥善保管以备查，并在委托收款登记簿上登记全部拒付的情况。如果拒绝付款时，对方发出的货物已经收到，则应在代管物资登记簿中详细登记拒绝付款物资的有关情况。

二、委托收款结算应注意的事项

(1) 收款人委托银行收款时，应根据划款快慢的需要选择邮划或电划结算方式。在填制凭证时应将付款人全称、账号或地址、开户银行等内容标注清楚，并连同有关收款凭证向本单位开户银行办理托收手续。

(2) 付款人收到银行转来的付款通知后，应及时查明是否为本单位应付款项、款项的金额是否有误，并在付款期内决定是否予以承付。对应拒付的款项，要在付款期内及时填制“拒绝付款理由书”，连同付款通知一起送交开户银行办理拒付手续。

(3) 收付款双方在结算过程中发生纠纷时，应由收付双方自行协商解决或申请仲裁机构裁决，银行不负责监督扣款和监督拒绝付款。

工作任务七　商业汇票结算业务

知识准备

一、商业汇票的分类及适用范围

商业汇票是收款人或付款人（或承兑申请人）签发，由承兑人承兑，并于到期日向收款人或被背书人支付款项的票据。在实际工作中，商业汇票是企业之间进行交易最普遍的一种结算方式，它极大地促进了商业的发展。在银行开立存款账户的法人及其他组织之间，必须具有真实的交易关系或债权债务关系，才能使用商业汇票，即签发商业汇票以真实合法的商品交易为基础。

我国《票据法》按商业汇票承兑人不同，将商业汇票结算凭证分为商业承兑汇票和银行承兑汇票两种。

(1) 商业承兑汇票是指由收款人签发，交付款人承兑；或者由付款人签发并承兑的票据。商业承兑汇票的出票人，应为在银行开立账户的法人及其他组织，与付款人存在真实的委托付款关系，具有支付汇票金额的可靠资金来源。

(2) 银行承兑汇票是指收款人或承兑申请人签发，由承兑申请人向开户银行提出申请，经银行审查同意承兑的票据。

商业承兑汇票的票样、银行承兑汇票的票样如下所示。

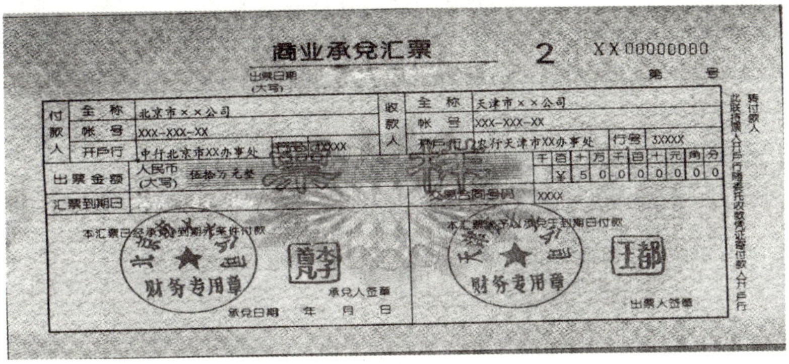
商业承兑汇票 2 XX 00000000
出票日期（大写） 第 号
付款人 全称 北京市××公司 账号 XXX-XXX-XX 开户行 中行北京市XX办事处
收款人 全称 天津市××公司 账号 XXX-XXX-XX 开户行 农行天津市XX办事处 行号 3XXXX
出票金额 人民币（大写） 伍拾万元整 ¥500000000
汇票到期日
交易合同号码 XXXX
本汇票已经承兑，到期无条件付款
承兑人签章 承兑日期 年 月 日
本汇票请予以承兑于到期日付款
出票人签章

商业承兑汇票票样

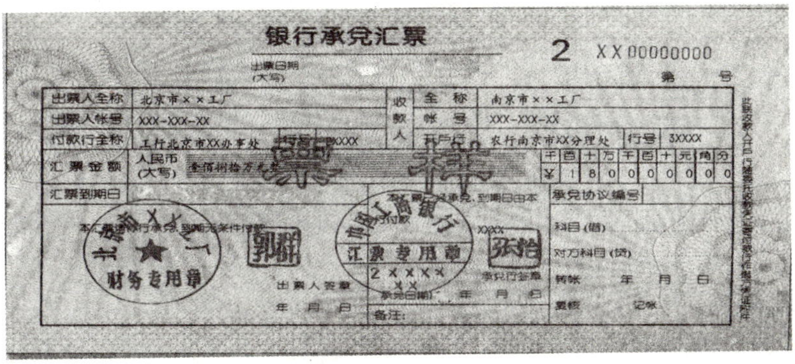
银行承兑汇票 2 XX 00000000
出票日期（大写） 第 号
出票人全称 北京市××工厂
出票人帐号 XXX-XXX-XX
付款行全称 工行北京市XX办事处
收款人 全称 南京市××工厂 账号 XXX-XXX-XX 开户行 农行南京市XX分理处 行号 3XXXX
汇票金额 人民币（大写） 壹佰捌拾万元整 ¥180000000
汇票到期日
承兑协议编号
本汇票请你行承兑，到期无条件付款
出票人签章 年 月 日
本汇票已经承兑，到期日由本行付款
承兑行签章 承兑日期 年 月 日
备注：
科目（借）
对方科目（贷）
转帐 年 月 日
复核 记帐

银行承兑汇票票样

二、商业汇票结算的基本规定

商业汇票结算的基本规定包括以下几个方面：

(1) 商业汇票一律记名，允许背书转让。同城或异地的货款结算均可使用商业汇票。

(2) 商业承兑汇票可以由付款人签发并承兑，也可以由收款人签发交由付款人承兑；银行承兑汇票应由在承兑银行开立账户的存款人签发。

(3) 商业汇票可以在出票时向付款人提示承兑后使用，也可以在出票后先使用再向付款人提示承兑。定日付款或出票后定期付款的商业汇票，持票人应当在汇票到期日前向付款人提示承兑。见票后定期付款的汇票，持票人应当自出票日起 1 个月内向付款人提示承兑。汇票未按规定期限提示承兑的，持票人丧失对其前手的追索权。

(4) 商业汇票的付款人接到出票人或持票人向其提示承兑的汇票时，应当向出票人或持票人签发收到汇票的回单，记明汇票提示承兑日期并签章。付款人应当在自收到提示承兑的汇票之日起 3 日内承兑或拒绝承兑。付款人拒绝承兑的，必须出具拒绝承兑的证明。

(5) 商业汇票的付款期限，最长不得超过 6 个月。

(6) 商业汇票的提示付款期限，自汇票到期日起 10 日，持票人超过提示付款期限提示付款的，持票人开户银行不予受理。

（7）银行承兑汇票的出票人应于汇票到期日前将票款足额交存其开户银行，承兑银行应在汇票到期日或到期日后的见票当日支付票款。银行承兑汇票的出票人于汇票到期日未能足额交存票款时，承兑银行除凭票向持票人无条件付款外，应将出票人尚未支付的汇票金额转入该出票人的逾期贷款户，每日按万分之五计收利息。

（8）商业承兑汇票到期。付款人账户存款不足而不能支付票款时，如果属于异地办理委托收款的，由付款人开户银行在委托收款凭证备注栏内注明“付款人无款支付”字样，按照委托收款结算无款支付手续处理，将委托收款凭证和商业承兑汇票退回收款人开户银行。

（9）存款人领购商业汇票，必须填写“票据和结算凭证领用单”并签章，签章应与银行预留印鉴相符。存款账户结清时，必须将全部剩余空白商业汇票交回银行注销。

工作流程

（1）商业承兑汇票结算工作流程如下所示。

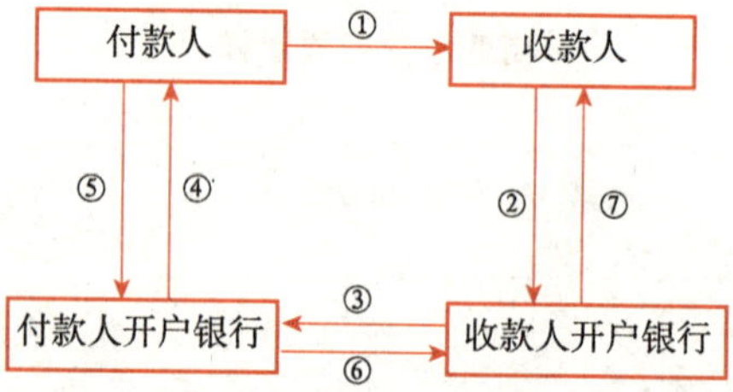

说明：

①交付已承兑商业承兑汇票。按照双方协定，商业承兑汇票可以由付款人签发，也可以由收款人签发。商业承兑汇票一式三联，汇票签发后，第一联为卡片，由承兑人留存；第二联为商业承兑汇票，由收款人开户银行随结算凭证寄往付款人开户银行作付出传票附件；第三联为存根联，由签发人留存备查。付款人承兑时，不需要填写承兑协议，也不通过银行办理，因而也就不需要向银行支付手续费，只需在商业承兑汇票的第二联正面签署“承兑”字样并加盖银行预留印鉴后交给收款单位即可。由收款人签发的商业承兑汇票，应先交付款人承兑，再交收款人专类保管。

②委托银行收款。收款人应计算从本单位至付款人开户银行的时间，在汇票还没有到期之前，提前委托银行收款。委托银行收款时，收款人应填写一式五联的“委托收款凭证”，在其中“名称”栏内注明“商业承兑汇票”字样及汇票号码，在商业承兑汇票第二联背面加盖收款人公章后，一并送交开户银行。开户银行审查后办理有关收款手续，并将盖章后的“委托收款凭证”第一联退回给收款人保存。

③发出委托收款。银行办理委托收款，处理过程同委托收款结算方式。

④付款人开户银行向付款人发出付款通知，处理过程同委托收款结算方式。

⑤到期兑付。付款人应于商业承兑汇票到期日前筹集款项，于到期日前将票款足额交存其开户银行，付款人收到开户银行转来的委托收款凭证第五联“付款通知”，与留底卡片（即商业承兑汇票第一联）核对无误后，应通知银行付款。具体处理过程同委托收款结算方式。

银行在办理划款时，付款人存款账户不足支付的，应填制付款人未付款通知书，在委托收款凭证备注栏注明“付款人无款支付”字样，按照委托收款无款支付的手续处理，连同商业承兑汇票邮寄给收款人开户银行转交收款人；银行在付款人接到通知日的次日起3日内收到付款人的拒绝付款证明时，按照委托收款拒绝付款的手续处理。由收款人和付款人自行协商票款的清偿问题。

⑥划回票款。付款人通知银行付款后，付款人开户银行将款项划给收款人或被背书人开户银行。

⑦ 收款人开户行通知收款人款项已收妥入账。

（2）银行承兑汇票结算工作流程如下所示。

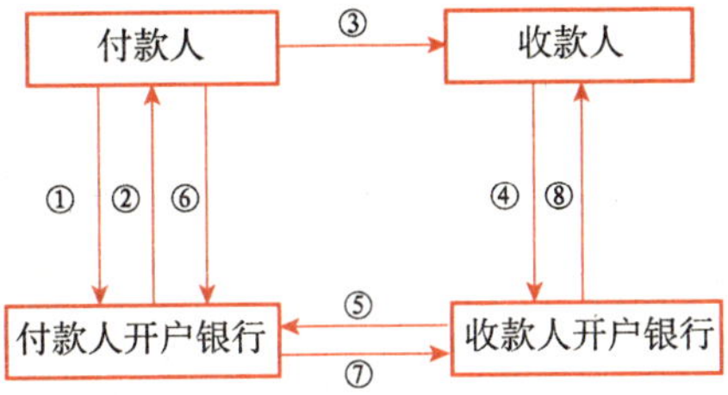

说明：

①签发银行承兑汇票并向开户银行申请承兑。银行承兑汇票应由在承兑银行开立账户的存款人签发，银行承兑汇票一式三联，汇票签发后，第一联为卡片，由承兑银行留存备查；第二联为银行承兑汇票，由收款人开户银行同委托收款凭证一起寄往付款人开户银行作付出传票附件；第三联为存根联，由出票人留存备查。承兑申请人（即付款人）持银行承兑汇票和购销合同，向其开户银行申请承兑。

②签订承兑协议办理承兑。承兑申请人向银行申请承兑，银行按有关规定同意后，与承兑申请人签订一式三联承兑协议。审核无误后，在第一、二联银行承兑汇票上注明承兑协议编号，并在第二联银行承兑汇票“承兑人签章”处加盖汇票专用章并由授权的经办人签名或盖章，将第二联银行承兑汇票连同一联承兑协议交给承兑申请人，同时按照规定向承兑申请人收取承兑手续费。承兑协议的基本格式如下所示。

银行承兑协议 1

编号：________________

银行承兑汇票的内容：

出票人全称________________________　收款人全称________________________

开 户 银 行________________________　开 户 银 行________________________

账　　　号________________________　账　　　号________________________

汇票号码__________________________　汇票金额（大写）__________________

出票日期______年______月______日　到期日期______年______月______日

以上汇票经银行承兑，承兑申请人（以下称申请人）愿遵守《支付结算办法》的规定及下列条款：

1. 申请人于汇票到期日将应付票款足额缴存银行。

2. 承兑手续费按票面金额千分之（　　）计算，在银行承兑时一次付清。

3. 承兑汇票如发生任何交易纠纷，均由收付双方自行处理。票款于到期前仍按第一条办理不误。

4. 承兑汇票到期日，承兑银行凭票无条件支付票款。如到期日之前申请人不能足额交付票款，承兑银行对不足支付部分的票款转作承兑申请人逾期贷款，并按照有关规定计收罚息。

5. 承兑汇票款付清后，本协议自动失效。

本协议第一、二联分别由承兑银行信贷部门和承兑申请人存执，协议副本由银行会计部门存查。

承兑银行（盖章）　　　　　　承兑申请人（盖章）

订立承兑协议日期____年____月____日

小提示

银行承兑协议一式三联，第一、二联分别由承兑银行信贷部门和承兑申请人存查，协议副本由银行会计部门存查。

③交付已承兑商业承兑汇票。付款人（即承兑申请人）将第二联银行承兑汇票交给收款人办理结算。

④汇票到期委托银行收款。收款人凭汇票委托开户银行向承兑银行收取票款时，应填写一式五联的“委托收款凭证”，在其中“委托收款凭证名称”栏内注明“银行承兑汇票”字样及汇票号码，连同汇票一并送交开户银行。开户银行审查后办理有关收款手续，并将盖章后的“委托收款凭证”第一联退回给收款人保存。

⑤发出委托收款。银行办理委托收款，处理过程同委托收款结算方式。

⑥到期兑付，支付票款。付款人在银行承兑汇票到期前应将票款足额交存其开户银行。承兑银行应在汇票到期日或到期日后的见票当日付款，银行承兑汇票的付款人于汇票到期日未能足额交存票款的，承兑银行除凭票向持票人无条件支付票款外，对出票人尚未支付的金额按照每天万分之五计收利息。

⑦划回票款。付款人开户银行见票后将款项划给收款人或被背书人开户行。

⑧收款人开户行通知收款人款项已收妥入账。

账务处理

1. 商业承兑汇票的账务处理

（1）付款人将经过承兑的商业承兑汇票交收款人，付款人根据商业承兑汇票存根联、购销发票等原始凭证编制记账凭证。

借：材料采购等

　　应交税费——应交增值税（进项税额）

　贷：应付票据

（2）收款人收到商业承兑汇票审核无误后，根据销货合同、销货发票等原始凭证编制记账凭证。

借：应收票据

　贷：主营业务收入

　　　应交税费——应交增值税（销项税额）

（3）商业承兑汇票到期日前，付款人足额交存票款，付款人根据开户银行转来的委托收款凭证第五联作为原始凭证编制记账凭证。

借：应付票据

　贷：银行存款

（4）收款人收到货款，根据银行转来的委托收款凭证第四联收账通知或电划贷方补充报单第三联代收账通知作原始凭证编制记账凭证。

借：银行存款

贷：应收票据

(5) 若商业承兑汇票到期，付款人无款支付或拒绝付款，则收款人依据银行转来的未付票款通知书、全部或部分拒绝付款理由书作原始凭证编制记账凭证。

借：应收账款

银行存款

贷：应收票据

付款人同样依据未付票款通知书、全部或部分拒绝付款理由书作原始凭证编制记账凭证。

借：应付票据

贷：应付账款

银行存款

2. 银行承兑汇票的账务处理

(1) 付款人将经过承兑的银行承兑汇票交收款人，付款人应根据银行承兑汇票存根联、银行承兑协议和购销发票等原始凭证编制记账凭证。

借：材料采购等

应交税费——应交增值税（进项税额）

贷：应付票据

付款人按规定要向银行支付承兑手续费，付款人应根据银行出具的收费收据编制记账凭证。

借：财务费用

贷：银行存款

出纳在交付汇票时，应同时逐项登记应付票据备查登记簿，其基本格式如下所示。

应付票据备查登记簿

年		凭证		摘要	合同号码	票据基本情况					到期付款		延期付款	
月	日	字	号			号码	签发日期	到期日期	收款人	金额	日期	金额	日期	金额

(2) 收款人收到银行承兑汇票审核无误后，根据销货合同、销货发票等原始凭证编制记账凭证。

借：应收票据

贷：主营业务收入等

应交税费——应交增值税（销项税额）

收款单位出纳在收到汇票时，应同时逐项登记应收票据备查登记簿，其基本格式如下所示。

应收票据备查登记簿

年		凭证		摘要	合同号码	票据基本情况				背书人及单位名称	贴现		承兑		转让			
月	日	字	号			号码	签发日期	到期日期	金额		日期	净额	日期	金额	日期	受理单位	票面金额	实收金额

(3) 银行承兑汇票到期日前，付款人足额交存票款，付款人根据开户银行转来的委托收款凭证第五联作原始凭证编制记账凭证。

借：应付票据

　贷：银行存款

小提示

付款单位出纳应经常检查专门保管的银行承兑协议和应付票据备查登记簿，并及时将应付票款足额交存银行。

(4) 银行承兑汇票到期，收款人收到货款，根据银行转来的委托收款凭证第四联收账通知或电划贷方补充报单第三联代收账通知作原始凭证编制记账凭证。

借：银行存款

　贷：应收票据

(5) 若银行承兑汇票到期，付款人无款支付，依据承兑协议银行仍对收款人作付款处理，而将付款人不足支付部分转作其逾期贷款，则付款人应根据银行转来的特种转账凭证编制记账凭证。

借：应付票据

　贷：银行存款

　　短期借款

情景一　签发并承兑银行承兑汇票

活动设计

2013 年 2 月 25 日，北京华盛实业股份有限公司从天津宏远商贸有限公司购入 A 材料 300 千克，单价 90 元/千克，价款 27 000 元，增值税 4 590 元；合同约定，使用银行承兑汇票结算货款。

天津市增值税专用发票

发票联

开票日期：2013 年 2 月 25 日

购货单位	名　　称：北京华盛实业股份有限公司 纳税人识别号：110106802215046 地 址、电 话：北京海淀区翠微路 15 号　84061822 开户行及账号：工商银行北京海淀支行 4563510100888122489					密码区	（略）	
货物或应税劳务名称	规格型号	单位	数量	单价	金额	税率	税额	
A 材料	974028	千克	300	90.00	27 000.00	17%	4 590.00	
合　计					￥27 000.00		￥4 590.00	
价税合计（大写）	叁万壹仟伍佰玖拾元整				（小写）￥31 590.00			
销货单位	名　　称：天津宏远商贸有限公司 纳税人识别号：3457965326678899 地 址、电 话：天津市和平区解放北路 33 号　23374540 开户行及账号：工商银行天津海河支行 95588004602447252386					备注	天津宏远商贸有限公司 财务专用章	

收款人：李萍　　复核：刘宁　　开票人：王蕾　　销货单位：（章）

第三联：发票联　购货方记账凭证

业务办理

（1）签发并申请承兑银行承兑汇票。北京华盛实业股份有限公司应按照双方所签合同的规定，由出纳罗燕红填制一式三联的银行承兑汇票，并将汇票的有关内容与交易合同进行核对，核对无误后填制一式三联的银行承兑协议，加盖公章后将银行承兑汇票和银行承兑协议及交易合同一并递交开户银行申请承兑。

银行承兑汇票　2

汇票号码 6083

出票日期（大写）：贰零壹叁年零贰月贰拾伍日

出票人全称	北京华盛实业股份有限公司	收款人	全　称	天津宏远商贸有限公司										
出票人账号	4563510100888122489		账　号	95588004602447252386										
付款行全称	工行北京海淀支行		开户银行	工行天津海河支行	行号	1023								
出票金额	人民币 （大写）叁万壹仟伍佰玖拾元整			千	百	十	万	千	百	十	元	角	分	
						￥	3	1	5	9	0	0	0	
汇票到期日（大写）	贰零壹叁年伍月贰拾伍日	本汇票已经承兑，到期日由本行付款 承兑行签章 承兑日期　年　月　日		承兑协议编号										
本汇票请你行承兑，到期无条件付款 北京华盛实业股份有限公司 财务专用章 出票人签章 2013 年 2 月 25 日		备注：		科目（借）＿＿＿＿ 对方科目（贷）＿＿＿＿ 转账　年　月　日 复核　　记账										

此联收款人开户行随委托收款凭证寄付款人开户行作借方凭证附件

另两联复写，填写方法与第二联相同，故此处略。

银行承兑协议 1

编号：100-008-3333

银行承兑汇票的内容：

出票人全称 北京华盛实业股份有限公司　　收款人全称 天津宏远商贸有限公司

开户银行 工行北京海淀支行　　开户银行 工行天津海河支行

账号 4563510100888122489　　账号 95588004602447252386

汇票号码 6083　　汇票金额（大写）叁万壹仟伍佰玖拾元整

出票日期 贰零壹叁年零贰月贰拾伍日　　到期日期 贰零壹叁年伍月贰拾伍日

以上汇票经承兑银行承兑，承兑申请人（以下称申请人）愿遵守《支付结算办法》的规定及下列条款：

1. 申请人于汇票到期日将应付票款足额缴存银行。

2. 承兑手续费按票面金额千分之（0.5）计算，在银行承兑时一次付清。

3. 承兑汇票如发生任何交易纠纷，均由收付双方自行处理。票款于到期前仍按第一条办理不误。

4. 承兑汇票到期日，承兑银行凭票无条件支付票款。如到期日之前申请人不能足额交付票款，承兑银行对不足支付部分的票款转作承兑申请人逾期贷款，并按照有关规定计收罚息。

5. 承兑汇票款付清后，本协议自动失效。

本协议第一、二联分别由承兑银行信贷部门和承兑申请人存执，协议副本由银行会计部门存查。

承兑银行（盖章）　　承兑申请人（盖章）

订立承兑协议日期　2013年2月25日

（2）银行审查同意后，与出票人（即北京华盛实业股份有限公司）签订银行承兑协议，在“银行承兑协议”上“承兑银行”处加盖银行公章，并将银行承兑协议第二联退给付款单位留存。银行在银行承兑汇票上注明承兑协议编号，并在银行承兑汇票第二联“承兑行签章”处加盖银行汇票专用章，用压数机在“出票金额”栏小写金额的下端压印汇票金额，将银行承兑汇票第二联、第三联退回付款单位。

银行承兑协议 2

编号：100-008-3333

银行承兑汇票的内容：

出票人全称 北京华盛实业股份有限公司　　收款人全称 天津宏远商贸有限公司

开户银行 工行北京海淀支行　　开户银行 工行天津海河支行

账号 4563510100888122489　　账号 95588004602447252386

汇票号码 6083　　汇票金额（大写）叁万壹仟伍佰玖拾元整

出票日期 贰零壹叁年零贰月贰拾伍日　　到期日期 贰零壹叁年伍月贰拾伍日

以上汇票经承兑银行承兑，承兑申请人（以下称申请人）愿遵守《支付结算办法》的规定及下列条款：

1. 申请人于汇票到期日将应付票款足额缴存银行。

2. 承兑手续费按票面金额千分之（0.5）计算，在银行承兑时一次付清。

3. 承兑汇票如发生任何交易纠纷，均由收付双方自行处理。票款于到期前仍按第一条办理不误。

4. 承兑汇票到期日，承兑银行凭票无条件支付票款。如到期日之前申请人不能足额交付票款，承兑银行对不足支付部分的票款转作承兑申请人逾期贷款，并按照有关规定计收罚息。

5. 承兑汇票款付清后，本协议自动失效。

本协议第一、二联分别由承兑银行信贷部门和承兑申请人存执，协议副本由银行会计部门存查。

承兑银行（盖章）　　承兑申请人（盖章）

订立承兑协议日期　2013年2月25日

银行承兑汇票　　2

汇票号码 6083

出票日期（大写）：贰零壹叁年零贰月贰拾伍日

出票人全称	北京华盛实业股份有限公司	收款人	全　称	天津宏远商贸有限公司										
出票人账号	4563510100888122489		账　号	95588004602447252386										
付款行全称	工行北京海淀支行		开户银行	工行天津海河支行	行号	1023								
出票金额	人民币 （大写）叁万壹仟伍佰玖拾元整			千	百	十	万	千	百	十	元	角	分	
						¥	3	1	5	9	0	0	0	
汇票到期日（大写）	贰零壹叁年伍月贰拾伍日	本汇票已经承兑，到期日由本行付款 承兑行签章 承兑日期　年　月　日 备注：		承兑协议编号	100-008-3333									
本汇票请你行承兑，到期无条件付款 出票人签章　印　振 2013 年 2 月 25 日				科目（借）＿＿＿＿ 对方科目（贷）＿＿＿＿ 转账　年　月　日 复核　　记账										

此联收款人开户行随委托收款凭证寄付款人开户行作借方凭证附件

（3）支付手续费。按照银行承兑协议的规定，付款单位办理承兑手续应向承兑银行支付手续费，由开户银行从付款单位存款账户中扣收。按照现行规定，银行承兑手续费按银行承兑汇票的票面金额的万分之五计收，每笔手续费不足 10 元的，按 10 元计收。

中国工商银行业务收费凭证

交易流水：983736263　　　　2013 年 2 月 25 日

户名	北京华盛实业股份有限公司	付款账号	4563510100888122489
费用项目	金　额	凭证号码	A009876114－75785
收费类型： 工本费 手续费	 15.80	会计分录	
合 计 金 额	（小写）¥15.80	（大写）壹拾伍元捌角整	

（4）出纳罗燕红将经过银行承兑的银行承兑汇票第二联（正反面）复印后，交有关人员按照合同规定，将银行承兑汇票第二联交给收款人办理款项结算。会计依据银行承兑汇票复印件、银行承兑协议第二联、增值税专用发票及入库单等编制记账凭证，并交凭证审核人员审核。

付　款　凭　证

贷方科目：银行存款　　　　2013 年 2 月 25 日　　　　银付字第××号

摘　要	借方科目		金　额								
	总账科目	明细科目	百	十	万	千	百	十	元	角	分
支付手续费	财务费用	手续费						1	5	8	0
合　计							¥	1	5	8	0

附件 1 张

会计主管　张世达　　记账　李忠义　　复核　赵丽　　出纳　罗燕红　　制单　李忠义

转 账 凭 证

2013 年 2 月 25 日　　　　转字第××号

摘要	总账科目	明细科目	记账	借方金额								记账	贷方金额							
				十	万	千	百	十	元	角	分		十	万	千	百	十	元	角	分
采购材料	原材料	A 材料			2	7	0	0	0	0	0									
	应交税费	应交增值税（进项税额）				4	5	9	0	0	0									
	应付票据	天津宏远												3	1	5	9	0	0	0
合计				¥	3	1	5	9	0	0	0		¥	3	1	5	9	0	0	0

会计主管　张世达　　记账　李忠义　　复核　赵丽　　出纳　罗燕红　　制单　李忠义

（5）出纳在把银行承兑汇票付出的同时应登记应付票据备查登记簿。

应付票据备查登记簿

2013 年		凭证		摘要	合同号码	票据基本情况					到期付款		延期付款	
月	日	字	号			号码	签发日期	到期日期	收款人	金额	日期	金额	日期	金额
2	25			货款	（略）	6083	2.25	5.25	天津宏远	31 590.00				

（6）出纳根据审核无误的付款凭证登记银行存款日记账。

情景二　银行承兑汇票到期缴存票据款

活动设计

2013 年 5 月 25 日，北京华盛实业股份有限公司上述银行承兑汇票到期。5 月 25 日前，该公司在开户银行存足上述票据款 31 590 元，以便银行到期支付天津宏远商贸有限公司票据款。5 月 26 日，北京华盛实业股份有限公司收到银行转来的委托收款凭证付款通知，通知已付款。

托收凭证（付款通知）5

委托日期 2013 年 5 月 26 日　　付款期限　年　月　日

业务类型		委托收款（□邮划、☑电划）				托收承付（□邮划、□电划）				
付款人	全　称	北京华盛实业有限公司			收款人	全　称	天津宏远商贸有限公司			
	账　号	4563510100888122489				账　号	95588004602447252386			
	地　址	北京海淀区翠微路 15 号	市县	开户行 工行北京海淀支行		地　址	天津市和平区解放北路 33 号	市县	开户行 工行天津海河支行	
金额	人民币（大写）	叁万壹仟伍佰玖拾元整					亿千百十万千百十元角分		¥3159000	
款项内容	收银行承兑汇票款	托收凭据名称	委托收款（电划）		附寄单证张数					
商品发运情况		已发运		合同名称号码						
备注： 付款人开户银行收到日期 2013 年 5 月 25 日		付款人开户银行签章 （印章：中国工商银行股份有限公司 北京海淀支行 业务用公章） 2013 年 5 月 25 日					付款人注意： （略）			

此联作付款人开户银行通知付款人按期付款通知

小提示

付款单位财务部门应经常检查专类保管的银行承兑协议和“应付票据备查登记簿”，及时将应付票款足额交存银行。

业务办理

（1）会计依据银行转来的付款通知（即对方企业发出的委托收款通知）编制记账凭证，并交凭证审核人员审核。

付　款　凭　证

贷方科目：银行存款　　2013 年 5 月 26 日　　银付第××号

摘　要	借方科目		金额								
	总账科目	明细科目	百	十	万	千	百	十	元	角	分
支付银行承兑汇票款	应付票据	天津宏远			3	1	5	9	0	0	0
合　计				¥	3	1	5	9	0	0	0

附件 1 张

会计主管　张世达　　记账　李忠义　　复核　赵丽　　出纳　罗燕红　　制单　李忠义

（2）出纳依据审核无误的记账凭证登记银行存款日记账，在应付票据备查登记簿上登记到期的日期和金额，并在注销栏内予以注销。

情景三 银行承兑汇票到期企业无款支付

活动设计

承接“情景一”，2013年5月25日，北京华盛实业股份有限公司银行账户无足够款项支付到期的银行承兑汇票款，收到开户银行的两张“特种转账凭证”。其中一张注明已支付款项20 000元，另一张注明未付部分11 590元转入逾期贷款户。

中国工商银行特种转账凭证

2013年5月25日

银行印章	交易序号：33 交易代码：00888 工作日期：2013-5-25 工作时间 11:30:55 币种：人民币 凭证号：×××××× 金额：20 000.00 柜员号：3368 网点号：×××× 授权柜号：××		
业务类型	☑转账 □其他		
金额	人民币（大写） 贰万元整	¥20 000.00	
户名	北京华盛实业股份有限公司	转账原因： 6083号银行承兑汇票已支付部分款项 银行盖章 2013年5月25日	
账号	4563510100888122489		
开户行	中国工商银行北京海淀支行		

中国工商银行特种转账凭证

2013年5月25日

银行印章	交易序号：33 交易代码：00888 工作日期：2013-5-25 工作时间 11:30:55 币种：人民币 凭证号：×××××× 金额：11 590.00 柜员号：3368 网点号：×××× 授权柜号：××		
业务类型	☑转账 □其他		
金额	人民币（大写） 壹万壹仟伍佰玖拾元整	¥11 590.00	
户名	北京华盛实业股份有限公司	转账原因： 6083号银行承兑汇票因存款不足，未付部分转入逾期贷款户 银行盖章 2013年5月25日	
账号	4563510100888122489		
开户行	中国工商银行北京海淀支行		

业务办理

（1）会计审核凭证无误后编制记账凭证，并交凭证审核人员审核。

付 款 凭 证

贷方科目：银行存款　　　　2013 年 5 月 25 日　　　　银付第××号

摘　要	借方科目		金　额								
	总账科目	明细科目	百	十	万	千	百	十	元	角	分
支付汇票款	应付票据	天津宏远			2	0	0	0	0	0	0
合　计				¥	2	0	0	0	0	0	0

附件 1 张

会计主管　张世达　　记账　李忠义　　复核　赵丽　　出纳　罗燕红　　制单　李忠义

转 账 凭 证

2013 年 5 月 25 日　　　　转字第××号

摘要	总账科目	明细科目	记账	借方金额								记账	贷方金额							
				十	万	千	百	十	元	角	分		十	万	千	百	十	元	角	分
汇票到期转逾期贷款	应付票据	天津宏远			1	1	5	9	0	0	0									
	短期借款													1	1	5	9	0	0	0
合计				¥	1	1	5	9	0	0	0		¥	1	1	5	9	0	0	0

附件 1 张

会计主管　张世达　　记账　李忠义　　复核　赵丽　　出纳　罗燕红　　制单　李忠义

（2）出纳依据审核无误的付款凭证登记银行存款日记账，同时在“应付票据备查簿”上登记到期的日期和金额，并在注销栏内予以注销。

情景四　签发并承兑商业承兑汇票

活动设计

承接“情景一”，假定北京华盛实业股份有限公司与天津宏远商贸有限公司购销合同中约定采用商业承兑汇票结算货款。

小 提 示

签发商业承兑汇票按照双方协定，既可由付款人签发，也可由收款人签发。本活动设计假定汇票由付款人（即北京华盛实业股份有限公司）来签发。

业务办理

（1）签发并承兑商业承兑汇票。根据购销合同，出纳罗燕红签发一式三联商业承兑汇票，经有关人员审核承兑后将第二联交给天津宏远商贸有限公司，第一联和第三联留存本单位。

商业承兑汇票　2　　　　汇票号码××××

出票日期（大写）：贰零壹叁年零贰月贰拾伍日

出票人全称	北京华盛实业股份有限公司	收款人	全　　称	天津宏远商贸有限公司
出票人账号	4563510100888122489		账　　号	95588004602447252386
付款行全称	工行北京海淀支行		开户银行	工行天津海河支行　行号 1023
出票金额	人民币（大写）叁万壹仟伍佰玖拾元整			千 百 十 万 千 百 十 元 角 分 ¥ 3 1 5 9 0 0 0
汇票到期日（大写）	贰零壹叁年伍月贰拾伍日		交易合同号码	
本汇票已经承兑，到期无条件支付票款 出票人签章 2013 年 2 月 25 日			本汇票请予以承兑于到期日付款 出票人签章	

此联收款人开户行随委托收款凭证寄付款行作借方凭证附件

第一联、第三联填写与第二联相同，故此处略。

小提示

商业承兑汇票承兑时不需要填写承兑协议，也不通过银行办理，因而不需要向银行支付手续费，付款人只需在商业承兑汇票的第二联承兑栏加盖银行预留印鉴即可。

（2）会计依据对方开来的增值税专用发票、材料入库单及商业承兑汇票存根联编制记账凭证，并交凭证审核人员审核。

转　账　凭　证

2013 年 2 月 25 日　　　　转字第××号

摘要	总账科目	明细科目	记账	借方金额 十	万	千	百	十	元	角	分	记账	贷方金额 十	万	千	百	十	元	角	分
采购材料	原材料	A 材料			2	7	0	0	0	0	0									
	应交税费	应交增值税（进项税额）				4	5	9	0	0	0									
	应付票据	天津宏远												3	1	5	9	0	0	0
合计				¥	3	1	5	9	0	0	0		¥	3	1	5	9	0	0	0

附件 1 张

会计主管　张世达　　记账　李忠义　　复核　赵丽　　出纳　罗燕红　　制单　李忠义

（3）出纳在把商业承兑汇票付出的同时应登记应付票据备查登记簿。

应付票据备查登记簿

2013年		凭证		摘要	合同号码	票据基本情况					到期付款		延期付款	
月	日	字	号			号码	签发日期	到期日期	收款人	金额	日期	金额	日期	金额
2	25			货款	（略）	××××	2.25	5.25	天津宏远	31 590.00				

小提示

由于市场经济所需的信用体系在我国尚未完全建立，商业承兑汇票目前使用范围并不广泛，我们在经济生活中大量使用的是银行承兑汇票。

情景五　商业承兑汇票到期兑付款项

活动设计

2013年5月25日，北京华盛实业股份有限公司上述商业承兑汇票到期。该公司于5月25日前在开户银行存足上述票据款31 590元，以便银行到期支付天津宏远商贸有限公司票据款。5月26日，北京华盛实业股份有限公司收到银行转来的委托收款凭证付款通知，通知已付款。

托收凭证（付款通知）5

委托日期 2013年5月26日　　付款期限　　年　月　日

<table>
<tr><td colspan="2">业务类型</td><td colspan="4">委托收款（□邮划、☑电划）</td><td colspan="5">托收承付（□邮划、□电划）</td></tr>
<tr><td rowspan="3">付款人</td><td>全　称</td><td colspan="4">北京华盛实业股份有限公司</td><td rowspan="3">收款人</td><td>全　称</td><td colspan="3">天津宏远商贸有限公司</td></tr>
<tr><td>账　号</td><td colspan="4">4563510100888122489</td><td>账　号</td><td colspan="3">9558800460244725238 6</td></tr>
<tr><td>地　址</td><td>北京海淀区翠微路15号</td><td>市县</td><td>开户行</td><td>工行北京海淀支行</td><td>地　址</td><td>天津市和平区解放北路33号</td><td>市县</td><td>开户行 工行天津海河支行</td></tr>
<tr><td>金额</td><td colspan="5">人民币（大写）叁万壹仟伍佰玖拾元整</td><td colspan="5">亿 千 百 十 万 千 百 十 元 角 分
¥ 3 1 5 9 0 0 0</td></tr>
<tr><td colspan="2">款项内容</td><td>收商业承兑汇票款</td><td>托收凭据名称</td><td colspan="3">委托收款（电划）</td><td colspan="2">附寄单证张数</td><td colspan="2"></td></tr>
<tr><td colspan="2">商品发运情况</td><td colspan="3">已发运</td><td colspan="3">合同名称号码</td><td colspan="3"></td></tr>
<tr><td colspan="3">备注：
付款人开户银行收到日期
2013年5月25日</td><td colspan="4">中国工商银行股份有限公司 北京海淀支行 业务用公章
付款人开户银行签章
2013年5月25日</td><td colspan="4">付款人注意：
（略）</td></tr>
</table>

此联作付款人开户银行通知付款人按期付款通知

业务办理

（1）会计依据银行转来的付款通知（即对方企业发出的委托收款通知）编制记账凭证，并交凭证审核人员审核。

付 款 凭 证

贷方科目：银行存款　　　　2013年5月26日　　　　银付字第××号

摘要	借方科目		金额								
	总账科目	明细科目	百	十	万	千	百	十	元	角	分
支付商业承兑汇票款	应付票据	天津宏远			3	1	5	9	0	0	0
合计				¥	3	1	5	9	0	0	0

附件1张

会计主管 张世达　　记账 李忠义　　复核 赵丽　　出纳 罗燕红　　制单 李忠义

（2）出纳依据审核无误的付款凭证登记银行存款日记账，同时在应付票据备查登记簿上登记到期的日期和金额，并在注销栏内予以注销。

情景六　商业承兑汇票到期无款支付

活动设计

承接“情景四”，2013年5月25日，收到银行转来的付款通知，北京华盛实业股份有限公司银行账户无足够款项支付到期的商业承兑汇票。

托收凭证（付款通知）5

委托日期 2013年5月26日　　付款期限　年　月　日

业务类型	委托收款（□邮划、☑电划）		托收承付（□邮划、□电划）			
付款人 全称	北京华盛实业股份有限公司		收款人 全称	天津宏远商贸有限公司		
付款人 账号	4563510100888122489		收款人 账号	95588004602447252386		
付款人 地址	北京海淀区翠微路15号	市县　开户行：工行北京海淀支行	收款人 地址	天津市和平区解放北路33号	市县　开户行：工行天津海河支行	
金额 人民币（大写）	叁万壹仟伍佰玖拾元整		亿 千 百 十 万 千 百 十 元 角 分	¥ 3 1 5 9 0 0 0		
款项内容	收商业承兑汇票款	托收凭据名称	委托收款（电划）	附寄单证张数		
商品发运情况	已发运		合同名称号码			
备注：付款人开户银行收到日期 2013年5月25日	付款人开户银行签章 2013年5月25日		付款人注意：（略）			

此联作付款人开户银行通知付款人按期付款通知

业务办理

（1）北京华盛实业股份有限公司收到银行转来的委托收款凭证（付款通知），经查存款账户不足支付，应及时将有关单证退回开户行，其开户行办理划款时填制付款人未付款通知书，在委托收款凭证备注栏注明“付款人无款支付”字样，连同商业承兑汇票一并邮寄持票人开户银行交持票人。

（2）会计依据相关原始凭证编制记账凭证，并交凭证审核人员审核。

转 账 凭 证

2013 年 5 月 25 日　　　　转字第××号

摘要	总账科目	明细科目	记账	借方金额								记账	贷方金额							
				十	万	千	百	十	元	角	分		十	万	千	百	十	元	角	分
汇票到期无款支付	应付票据	天津宏远			3	1	5	9	0	0	0									
	应付账款	天津宏远												3	1	5	9	0	0	0
合计				¥	3	1	5	9	0	0	0		¥	3	1	5	9	0	0	0

附件 1 张

会计主管　张世达　　记账　李忠义　　复核　赵丽　　出纳　罗燕红　　制单　李忠义

（3）出纳应在应付票据备查登记簿上登记到期未付款转应付账款金额，并在注销栏内予以注销。

小 提 示

商业承兑汇票到期不足支付的，银行无权罚款。因为商业承兑汇票是收付款双方依据商业信用签发的，与银行没有关系。只有通过银行进行结算的方式，如支票、银行承兑汇票等，如果出现空头票据，银行才会予以罚款。其中，银行承兑汇票如果到期无法兑付，银行是会将其转入不良贷款进行处理的。

情景七　收到商业汇票

活动设计

2013 年 6 月 1 日，北京华盛实业股份有限公司销售 A 产品给北京金诚公司，开出增值税专用发票，收到该公司交来的为期 30 天的银行承兑汇票。

北京增值税专用发票

记账联

开票日期：2013 年 6 月 1 日

购货单位	名　　称：北京金诚公司 纳税人识别号：110102524383698 地 址、电 话：北京市朝阳区东四环中路 28 号　62250067 开户行及账号：中国工商银行北大街支行 56019653123456789				密码区	（略）	
货物或应税劳务名称	规格型号	单位	数量	单价	金额	税率	税额
A 产品		件	4 000	200.00	800 000.00	17%	136 000.00
合　计					¥800 000.00		¥136 000.00
价税合计（大写）	玖拾叁万陆仟元整				（小写）¥936 000.00		
销货单位	名　　称：北京华盛实业股份有限公司 纳税人识别号：110106802215046 地 址、电 话：北京海淀区翠微路 15 号　84061822 开户行及账号：中国工商银行北京海淀支行 4563510100888122489				备注		

收款人：罗燕红　　复核：赵丽　　开票人：李忠义　　销货单位：（章）

第一联：记账联　销货方记账凭证

银行承兑汇票　　2

出票日期（大写）：贰零壹叁年陆月零壹日　　汇票号码 6093

出票人全称	北京金诚公司	收款人	全　　称	北京华盛实业股份有限公司	
出票人账号	56019653123456789		账　　号	4563510100888122489	
付款行全称	工商银行北大街支行		开户银行	工商银行北京海淀支行	行号 1234
出票金额	人民币 （大写）玖拾叁万陆仟元整		千 百 十 万 千 百 十 元 角 分	0 ¥ 9 3 6 0 0 0 0 0	
汇票到期日（大写）	贰零壹叁年柒月零壹日	本汇票已经承兑，到期日由本行付款		承兑协议编号	
本汇票请你行承兑，到期无条件付款 出票人签章 2013 年 6 月 1 日		承兑行签章 承兑日期 2013 年 6 月 1 日 备注：		科目（借）________ 对方科目（贷）________ 转账　年　月　日 复核　　记账	

此联收款人开户行随委托收款凭证寄付款人开户行作借方凭证附件

业务办理

（1）出纳收到银行承兑汇票，经审核无误后，正反面复印，将银行承兑汇票原件妥善保管，存放到保险柜里。

（2）出纳根据银行承兑汇票登记应收票据备查登记簿，逐项登记收到票据的种类（银行承兑汇票）、票据编号、签发日期、到期日期、付款单位及汇票金额等内容。

应收票据备查登记簿

2013年		凭证		摘要	种类	票据基本情况				背书人及单位名称	贴现		承兑		转让			
月	日	字	号			号码	签发日期	到期日期	金额		日期	净额	日期	金额	日期	受理单位	票面金额	实收金额
6	1			销售	银行承兑汇票	6093	6月1日	7月1日	936 000.00	北京金诚								

(3) 会计根据审核无误的增值税专用发票和银行承兑汇票复印件等原始凭证编制记账凭证。

转　账　凭　证

2013年6月1日　　　　转字第××号

摘要	总账科目	明细科目	记账	借方金额									记账	贷方金额								
				百	十	万	千	百	十	元	角	分		百	十	万	千	百	十	元	角	分
销售A产品	应收票据	北京金诚			9	3	6	0	0	0	0	0										
	主营业务收入	A产品													8	0	0	0	0	0	0	0
	应交税费	应交增值税（销项税额）													1	3	6	0	0	0	0	0
合计				¥	9	3	6	0	0	0	0	0		¥	9	3	6	0	0	0	0	0

附件2张

会计主管　张世达　　记账　李忠义　　复核　赵丽　　出纳　罗燕红　　制单　李忠义

小 提 示

收到商业承兑汇票的业务办理与银行承兑汇票完全相同，故此处省略。

情景八　商业汇票到期办理托收

活动设计

承接“情景七”，上述银行承兑汇票到期，出纳填写委托收款凭证，与到期的银行承兑汇票一起送交银行办理托收手续。

业务办理

(1) 出纳在银行承兑汇票背面盖章背书，填写一式五联委托收款凭证，在委托收款凭证第二联托收凭证（贷方凭证）收款人签章处加盖收款单位财务专用章和法人名章，与到期的银行承兑汇票一并提交开户银行，办理委托收款手续，银行受理后将第一联托收凭证（受理回单）加盖银行业务章后退回企业。

托收凭证（受理回单）　1

委托日期　2013 年 7 月 1 日

<table>
<tr><td colspan="2">业务类型</td><td colspan="10">委托收款（□邮划、☑电划）　托收承付（□邮划、□电划）</td></tr>
<tr><td rowspan="3">付款人</td><td>全　称</td><td colspan="4">北京金诚公司</td><td rowspan="3">收款人</td><td>全　称</td><td colspan="4">北京华盛实业股份有限公司</td></tr>
<tr><td>账　号</td><td colspan="4">56019653123456789</td><td>账　号</td><td colspan="4">4563510100888122489</td></tr>
<tr><td>地　址</td><td>北京市朝阳区东四环中路 28 号</td><td>市县</td><td>开户行</td><td>工行北大街支行</td><td>地　址</td><td>北京海淀区翠微路 15 号</td><td>市县</td><td>开户行</td><td>工行北京海淀支行</td></tr>
<tr><td>金额</td><td>人民币（大写）</td><td colspan="6">玖拾叁万陆仟元整</td><td colspan="4">亿 千 百 十 万 千 百 十 元 角 分
¥ 9 3 6 0 0 0 0 0</td></tr>
<tr><td colspan="2">款项内容</td><td>货款</td><td colspan="2">托收凭据名称</td><td colspan="3">委托收款（电划）</td><td colspan="2">附寄单证张数</td><td colspan="2"></td></tr>
<tr><td colspan="2">商品发运情况</td><td colspan="4"></td><td colspan="2">合同名称号码</td><td colspan="4"></td></tr>
<tr><td colspan="3">备注：
复核：　　记账：</td><td colspan="5">款项收妥日期
年　月　日</td><td colspan="4">工商银行海淀支行 转账 转讫
收款人开户银行签章
年　月　日</td></tr>
</table>

此联作收款人开户银行给收款人的受理回单

（2）7 月 3 日，出纳收到开户银行的委托收款（收账通知），通知款项已经收妥。

托收凭证（汇款依据或收账通知）4

委托日期　2013 年 7 月 1 日　　付款期限　年　月　日

<table>
<tr><td colspan="2">业务类型</td><td colspan="10">委托收款（□邮划、☑电划）　托收承付（□邮划、□电划）</td></tr>
<tr><td rowspan="3">付款人</td><td>全　称</td><td colspan="4">北京金诚公司</td><td rowspan="3">收款人</td><td>全　称</td><td colspan="4">北京华盛实业股份有限公司</td></tr>
<tr><td>账　号</td><td colspan="4">56019653123456789</td><td>账　号</td><td colspan="4">4563510100888122489</td></tr>
<tr><td>地　址</td><td>北京市朝阳区东四环中路 28 号</td><td>市县</td><td>开户行</td><td>工行北大街支行</td><td>地　址</td><td>北京海淀区翠微路 15 号</td><td>市县</td><td>开户行</td><td>工行北京海淀支行</td></tr>
<tr><td>金额</td><td>人民币（大写）</td><td colspan="6">玖拾叁万陆仟元整</td><td colspan="4">亿 千 百 十 万 千 百 十 元 角 分
¥ 9 3 6 0 0 0 0 0</td></tr>
<tr><td colspan="2">款项内容</td><td>货款</td><td colspan="2">托收凭据名称</td><td colspan="3">委托收款（电划）</td><td colspan="2">附寄单证张数</td><td colspan="2"></td></tr>
<tr><td colspan="2">商品发运情况</td><td colspan="4"></td><td colspan="2">合同名称号码</td><td colspan="4"></td></tr>
<tr><td colspan="3">备注：
复核：　　记账：</td><td colspan="6">工商银行海淀支行 转账 转讫
上列款项已划回收入你方账户内
收款人开户银行签章
2013 年 7 月 3 日</td><td colspan="3"></td></tr>
</table>

此联作付款人开户银行汇款依据或作收款人开户银行收账通知

（3）会计依据审核无误的委托收款（收账通知）单编制记账凭证，并交凭证审核人员审核。

收　款　凭　证

借方科目：银行存款　　　　2013 年 7 月 3 日　　　　银收字第××号

摘　要	贷方科目		金　额								
	总账科目	明细科目	百	十	万	千	百	十	元	角	分
商业汇票到期	应收票据	北京金诚		9	3	6	0	0	0	0	0
合　计			¥	9	3	6	0	0	0	0	0

附件 1 张

会计主管　张世达　　记账　李忠义　　复核　赵丽　　出纳　罗燕红　　制单　李忠义

（4）出纳依据审核无误的记账凭证登记银行存款日记账，并在应收票据备查登记簿上登记到期付款的日期和金额，并在注销栏内予以注销。

小提示

商业承兑汇票到期办理托收业务与银行承兑汇票完全相同，故此处省略。

知识拓展

一、商业汇票的贴现

所谓贴现，是指汇票持有人在票据到期前，为取得现款，将未到期的商业汇票背书后转让给银行，银行受理后从票据到期值中扣除按银行贴现率计算的贴息后，将剩余款项付给持票人的票据行为。

持票人申请贴现，申请时应填写一式五联的“贴现凭证”（格式如下所示），连同商业汇票及相关资料一并送交开户银行申请办理贴现。银行审查无误后，受理持票人贴现并将贴现款转入贴现申请人账户，待汇票到期时贴现银行再向付款人收取款项。

贴现凭证（代申请书）　　1

申请日期　　年　　月　　日　　　　　　第　　号

贴现汇款	种类	号码		持票人	名称	
	出票日	年　月　日			账号	
	到票日	年　月　日			开户银行	
汇票承兑人	名称		账号		开户银行	
汇票金额	人民币（大写）				千 百 十 万 千 百 十 元 角 分	
贴现率　‰	贴现利息	千 百 十 万 千 百 十 元 角 分		实付贴现金额	千 百 十 万 千 百 十 元 角 分	
附送承兑汇票申请贴现，请审核。 持票人签章	银行审批	负责人　信贷员			科目（借）______ 对方科目（贷）______ 复核　记账	

此联银行作贴现借方凭证

贴现凭证（贷方凭证） 2

申请日期　　年　月　日　　　　　　　　　　　　第　号

贴现汇款	种类		号码		持票人	名称	
	出票日	年　月　日				账号	
	到票日	年　月　日				开户银行	
汇票承兑人		名称		账号		开户银行	
汇票金额		人民币（大写）					千 百 十 万 千 百 十 元 角 分
贴现率	‰	贴现利息	千 百 十 万 千 百 十 元 角 分		实付贴现金额		千 百 十 万 千 百 十 元 角 分
备注：					科目（贷）________ 对方科目（借）________ 复核　　记账		

此联银行作持票人账户贷方凭证

贴现凭证（贷方凭证） 3

申请日期　　年　月　日　　　　　　　　　　　　第　号

贴现汇款	种类		号码		持票人	名称	
	出票日	年　月　日				账号	
	到票日	年　月　日				开户银行	
汇票承兑人		名称		账号		开户银行	
汇票金额		人民币（大写）					千 百 十 万 千 百 十 元 角 分
贴现率	‰	贴现利息	千 百 十 万 千 百 十 元 角 分		实付贴现金额		千 百 十 万 千 百 十 元 角 分
备注：					科目（贷）________ 对方科目（借）________ 复核　　记账		

此联作银行作贴现利息贷方凭证

贴现凭证（收账通知） 4

申请日期　　年　月　日　　　　　　　　　　　　第　号

贴现汇款	种类		号码		持票人	名称	
	出票日	年　月　日				账号	
	到票日	年　月　日				开户银行	
汇票承兑人		名称		账号		开户银行	
汇票金额		人民币（大写）					千 百 十 万 千 百 十 元 角 分
贴现率	‰	贴现利息	千 百 十 万 千 百 十 元 角 分		实付贴现金额		千 百 十 万 千 百 十 元 角 分
贴现款项已入你单位账户 银行盖章 年　月　日				备注：			

此联作银行给持票人的收账通知

贴现凭证（到期卡）　　5

申请日期　　年　月　日　　　　　　第　号

<table>
<tr><td rowspan="3">贴现汇款</td><td>种类</td><td></td><td>号码</td><td></td><td rowspan="3">持票人</td><td>名称</td><td colspan="2"></td></tr>
<tr><td>出票日</td><td colspan="3">年　月　日</td><td>账号</td><td colspan="2"></td></tr>
<tr><td>到票日</td><td colspan="3">年　月　日</td><td>开户银行</td><td colspan="2"></td></tr>
<tr><td colspan="2">汇票承兑人</td><td>名称</td><td colspan="2"></td><td>账号</td><td></td><td>开户银行</td><td></td></tr>
<tr><td colspan="2">汇票金额</td><td colspan="5">人民币
（大写）</td><td colspan="2">千 百 十 万 千 百 十 元 角 分</td></tr>
<tr><td>贴现率</td><td>‰</td><td>贴现
利息</td><td colspan="2">千 百 十 万 千 百 十 元 角 分</td><td colspan="2">实付贴
现金额</td><td colspan="2">千 百 十 万 千 百 十 元 角 分</td></tr>
<tr><td colspan="6">备注：</td><td colspan="3">科目（贷）________
对方科目（借）________
复核　　记账</td></tr>
</table>

此联会计部门按到期日排列保管，到期日作贴现贷方凭证

已贴现的商业承兑汇票到期时，若付款人存款不足或无款支付，应按《支付结算办法》的规定，银行将商业承兑汇票退回贴现申请人，并从贴现申请人（收款单位）账户收回贴现的票款；若此时贴现申请人账户存款余额不足，其余款应作逾期贷款处理。收款人收到银行特种传票后，可以立即向付款人追索票款。已贴现的银行承兑汇票到期，付款人银行账户不足支付时，与贴现申请人无关，承兑银行应向贴现银行无条件支付票款，同时对付款人执行扣款并计收罚息。

二、商业汇票挂失的处理手续

商业承兑汇票遗失或未使用办理注销，不需向银行办理注销手续，应由失票人向承兑人挂失，双方自行联系处理。已承兑的银行承兑汇票丧失，失票人到承兑银行挂失时，应当提交三联挂失止付通知书。承兑银行接到挂失止付通知书，应从专夹中抽出第一联汇票卡片和承兑协议副本，核对相符确未付款的，方可受理。在第一联挂失止付通知书上加盖业务公章作为受理回单，第二、三联于登记汇票挂失登记簿后，与第一联汇票卡片一并另行保管，凭以控制付款。

工作任务八　银行存款的清查业务

知识准备

银行存款的清查采用核对法，即将开户银行定期送来的对账单与本单位的银行存款日记账逐笔进行核对，以查明银行存款收入、支出及结存是否相符。在与银行对账之前，应先检查本单位银行存款日记账的正确性与完整性。通过核对，往往会发现双方账目不相符。其主要原因有以下两种：

（1）双方记账可能有差错，如错账、漏账。

（2）存在未达账项，包括：企业已经收款入账，而银行尚未入账；企业已经付款入账，而银行尚未入账；银行已经收款入账，而企业尚未入账；银行已经付款入账，而企业尚未入账。

以上任何一种情况的存在，都会使企业与银行的银行存款账面余额不相等。所以，企业在接到银行转来的对账单时，应尽快与银行存款日记账核对，找出未达账项，并据以编制银行存款余额调节表，清除未达账项的影响，以便检查双方记账有无差错，并确定企业银行存款实有数。

银行存款余额调节表的编制是以银行对账单的余额和企业银行存款日记账的余额为基础，各自分别加上对方收款入账而己方尚未入账的数额，减去对方已付款入账而己方尚未入账的数额，以调整双方余额使其一致的一种调节方法。银行存款余额调节表只是为了核对账目，不能作为调整银行存款账目余额的原始凭证。银行存款余额调节表是一种对账记录的工具，并不是凭证。调节后，如果双方余额相等，一般可以认为双方记账没有差错。调节后双方余额仍然不相等时，原因主要有两个：一是未达账项未全部查出，二是一方或双方账簿记录还有差错。无论是什么原因，都要进一步查清楚并加以更正，一定要使调节表中双方余额相等。对于因未达账项存在而使银行存款账面余额与对账单之间出现的差异，无须作账面调整，应待结算凭证到达后再进行账务处理并登记入账。调节后的余额既不是企业银行存款日记账的余额，也不是银行对账单的余额，它是企业银行存款的真实数字，也是企业当日可以动用的银行存款的极大值。

情景 编制银行存款余额调节表

活动设计

2013 年 6 月 30 日，北京华盛实业股份有限公司的银行存款日记账余额为 778 584 元，开户银行转来的银行对账单余额为 743 784 元，出纳罗燕红进行核对并编制银行存款余额调节表。

银行存款日记账

2013 年		凭证		银行凭证		摘要	借方	贷方	余额
月	日	字	号	名称	号数				
						期初余额			603 877.00
6	1	收	××	汇票	××××	销售产品	105 687.00		709 564.00
	2	付	××	转支	××××	付材料款		17 980.00	691 584.00
	5	付	××	转支	××××	付广告费		78 000.00	613 584.00
	7	付	××	现付	××××	支取现金		5 000.00	608 584.00
	10	收	××	转支	××××	收回货款	100 000.00		708 584.00
	16	收	××	特转	××××	收到税款返还	20 000.00		728 584.00
	25	付	××	汇票	××××	购入设备		100 000.00	628 584.00
	28	收	××	委收	××××	收回货款	150 000.00		778 584.00
						本月合计	375 687.00	200 980.00	778 584.00

银行存款对账单

2013 年 6 月 30 日　　币种：人民币　　单位：元

网点号：×××× [中国工商银行北京海淀支行]

户名：北京华盛实业股份有限公司　账号：456351010088812248 9　上月余额：603 877.00

2013 年		交易代码	凭证种类	凭证号	摘要	借方发生额	贷方发生额	余额	柜员号
月	日								
6	1		汇票	××××	收款		105 687.00	709 564.00	193
	2		转支	××××	付货款	17 980.00		691 584.00	193
	7		现付	××××	支取现金	5 000.00		686 584.00	196
	8		转支	××××	付失业保险金	9 800.00		676 784.00	193
	16		委收	××××	收货款		17 000.00	693 784.00	195
	25		汇票	××××	付设备款	100 000.00		593 784.00	192
	28		委收	××××	收货款		150 000.00	743 784.00	194
							可用余额：743 784.00		

业务办理

（1）核对前，出纳先检查银行存款日记账，确保所有经济业务均已经登记入账。

（2）出纳将银行存款日记账和银行对账单逐笔进行核对，查找未达账项。把本月银行对账单和银行存款日记账中的相同数额勾去（银行对账单借方对应银行存款日记账贷方，银行对账单贷方对应银行存款日记账借方，结算方式和结算号相同），找到未达账项。已达账项可以在银行对账单和银行存款日记账上对应数额旁用“√”标记。

（3）修改错误。将找出的未达账项录入调节表，之后检查企业账单记账时是否有银行存款入错行，科目记录颠倒，数额误差等错误。如果有，则在企业账单中进行修改，并修正对账单中的单位账面余额。

（4）根据未达账项编制银行存款余额调节表。

银行存款余额调节表

2013 年 6 月 30 日

项　目	金　额	项　目	金　额
企业银行存款日记账余额	778 584.00	银行对账单余额	743 784.00
加：银行已收、企业未收款	17 000.00	加：企业已收、银行未收款	100 000.00
			20 000.00
减：银行已付、企业未付款	9 800.00	减：企业已付、银行未付款	78 000.00
调节后的存款余额	785 784.00	调节后的存款余额	785 784.00

项目六 出纳常用机具的使用

能力目标

1. 能够熟练使用防伪点钞机；
2. 能够熟练使用自动支票打字机；
3. 能够熟练使用保险柜；
4. 能够熟练使用电子支付密码器。

工作任务一 防伪点钞机的使用

知识准备

一、防伪点钞机的外部介绍

防伪点钞机种类和型号众多，但其功能基本相同。智能防伪点钞机的外形结构如下所示。

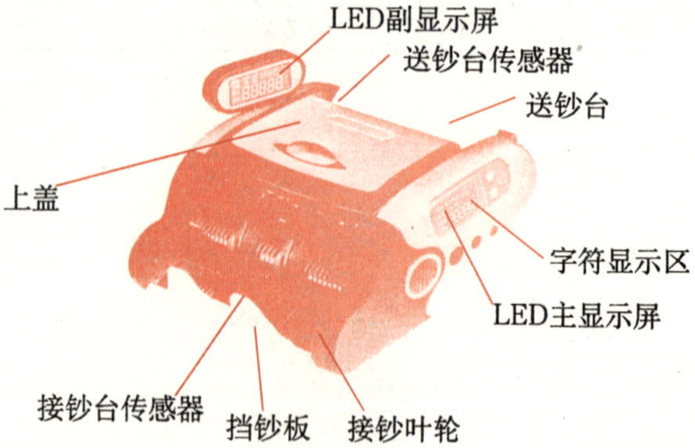

二、防伪点钞机的功能

智能防伪点钞机采用 LED 液晶显示，有四种显示状态，可根据需要，按“功能”键，选择智能、面额、分版（清分）和计数功能，显示屏显示相应字样。功能键顺序循环示意图如下所示。

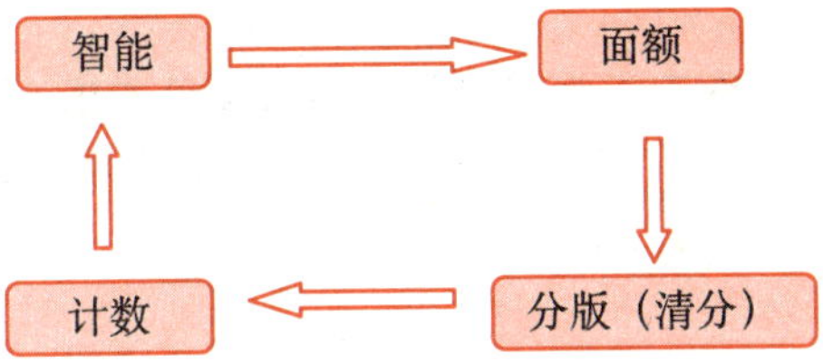

（1）智能：按“功能”键进入“智能”，以清点第一张纸币为准，可以混合清点第四套、第五套同一面额纸币，不同面额纸币或假币报警。

（2）面额：按“功能”键进入“面额”，此功能采用数字化检测，可以混合清点第五套人民币，并能将不同面值金额累加，显示在副显示屏上，同时具有极强的鉴伪能力。

（3）分版（清分）：按“功能”键进入“分版（清分）”，此功能在智能工作状态基础上增加了对第四套与第五套人民币同一面额纸币的分清。

（4）计数：按“功能”键进入“计数”，此功能具有荧光鉴伪功能，可混合清点不同版本和不同面值的纸币。

三、防伪点钞机的操作要领

点钞机的种类和型号众多，使用前要仔细阅读产品的使用说明书。说明书中会有该类型点钞机的外部构造、使用环境、基本操作方法和日常维护等必要信息。尽管点钞机的种类和型号众多，但其主要操作要领基本相同，有以下几个方面：

（1）开机。将电源线插入点钞机后盖电源插座中，另一头插到电源座上，打开电源开关，计数窗显示为“0”。

（2）剔出纸币。为避免错检和撕钞，点钞前应将下列纸币剔出，如：用白纸修补了的纸币；经过洗涤的纸币；污渍严重的纸币；有破损、有裂口的纸币等。

（3）纸币整理。点钞时应先将准备清点的纸币整理分类，按不同的面值分开并清除纸币上的纸补贴及污染物。

（4）设定预置张数。按“预置”键，LED 副显示屏显示“0”，“预置”字符亮，此时可以预置张数。按功能键“＋”快速递增，按功能键“－”快速递减，通常预置张数为 100 张。在点钞计数到预置数值时，机器发出一声报警音并自动停止，从出钞口取走纸币可直接进行下次进钞点数。

（5）自动点钞。将成摞的纸币按照机器下钞部分的外形均匀地捻成一个小斜坡状放入送钞台，只要将纸币放入送钞台，点钞机就自动点钞，清点完毕后自动停机。主显示屏显示本次清点的结果，取出纸币就自动清零，同时数据转移记忆在副显示屏上，再次清点则自动累加，主显示屏显示为累加结果。

（6）报警。清点过程中若发现“假币”，机器自动停机发出报警声提示，接钞口第一张纸币就是“假币”。取出假币，按“累加”键或在接钞口提钞，机器将重新启动点钞。点验时，对检出来的报警纸币，应仔细复检，方可确定真伪。因为纸币在流通过程中受污染、洗涤，以及个别印刷质量差的纸币，均可能导致误检。

情景 清点、整理现金

活动设计

2013 年 5 月 20 日营业终了，北京市华盛实业股份有限公司出纳罗燕红准备将当日收入的现金 75 860 元送存银行，在现金送存银行之前要对送存的现金进行清点，并进行分类整理。

业务办理

（1）出纳罗燕红对当日现金收入进行清理分类，将残破纸币剔出。

（2）打开验钞机，进行功能设定，按“功能”键进入“智能”，同时将预置张数设定为 100 张。

（3）将成摞的钞票按照机器下钞部分的外形均匀地捻成一个小斜坡状放入送钞台，每 100 张用纸拧扎成一把。

工作任务二 自动支票打字机的使用

知识准备

一、自动支票打字机的外部介绍

市场上销售的自动支票打字机种类和型号众多，但其功能和使用方法基本相同。自动支票打字机的外形结构如下所示。

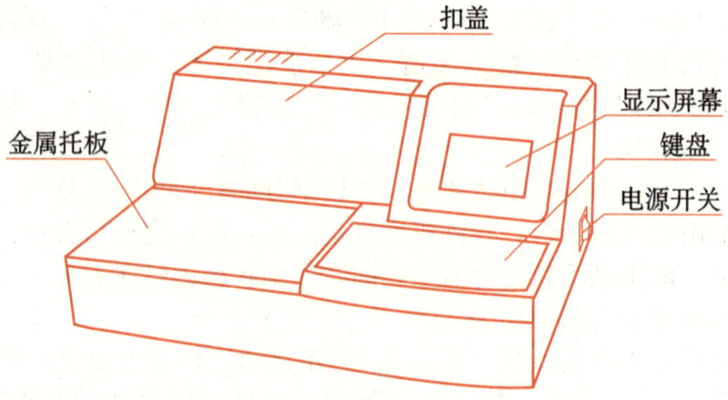

二、自动支票打字机的特点

自动支票打字机的特点包括以下几个方面：

(1) 打印规范，完全符合《支付结算办法》中关于支票填写的规定，绝对不会因写法不规范而引起支票退票。

(2) 操作简单、方便。签发支票时，出票日期用六位或八位数字键输入后即可打印，且显示在液晶屏幕上，便于校对。

(3) 支票金额按数字键输入后，同样显示于液晶屏幕上，确认后大小写金额便一次打印完成，字迹清晰，有凹凸感，能有效防止涂改。

(4) 打印日期和金额时，通过支票打印定位板上刻线对正的方法，能很方便地保证打印位置的准确性。

(5) 打印用的特种油墨不怕水浸及酸碱腐蚀，可以长期保存。

三、自动支票打字机的具体操作

市面上自动支票打字机的种类和型号众多，但其主要操作要领基本相同，使用前要仔细阅读该产品的使用说明书。

（一）键盘说明

自动支票打字机键盘如下所示。

1ABC	2DEF	3GHI	切换	返回
4JKL	5MNO	6POR	←÷	×→
7STU	8VWX	9YZ	↑+	−↓
删除	0	汉/. 英	确认=	

[0—9] 数字键，用于输入数字、汉字和英文字母。

[0] 用输入法输入汉字，当有多个拼音组合出现时，可按“0”键选择。

[汉/.英] 在输入数字时用于输入小数点，在输入汉字时用于转换输入法。

[删除] “删除”功能键，按下后删除输入的最后一位字符，按住不放则删除一行内容。

[确认=] “确认”功能键，用于确认所选菜单功能项或确认输入的一组数据，使用计算器功能时为等号。

[切换] “切换”功能键，用于快速选择收款人、账号、用途等，在输入金额时用于切换到计算器方式。

[返回] “返回”功能键，用于从当前层的菜单或功能返回到上一层的菜单或功能。

[← ÷] 光标选择键，使屏幕显示内容左移一项或在计算器功能中为除号。

[×→] 光标选择键，使屏幕显示内容右移一项或在计算器功能中为乘号。

[－↓] 光标选择键，使屏幕显示内容下移一项或在计算器功能中为减号。

[↑＋] 光标选择键，使屏幕显示内容上移一项或在计算器功能中为加号。

（二）操作说明

（1）打开电源开关，按屏幕上的相关提示键逐项填写确认即可。屏幕显示如下：

支票（不含存根）
支票（含存根）
汇票
背书（转账）

此时按“返回”键，回到本机的主菜单（最上层菜单），则屏幕显示如下：

票据打印
设定打印选项
预设常用信息
设定当日限额

第一项是票据打印，此时光标在第一项票据打印上，按“确认”键进入此项操作。选择“支票（不含存根）”后，按“确认”键就开始“支票（不含存根）”的填写。按照屏幕提示逐步输入即可。如有不需要输入的项目，按“确认”键跳过；若从此项开始以后其余项目都不需要填写，则按“返回”键直接跳到最后打印状态。

（2）输入出票日期。出票日期为8位数字，前4位代表年，中间2位代表月，最后2位代表日，月、日不足2位的前面补“0”。如“2010年8月1日”，应输入：20100801。一般情况下，系统自动提示当天日期。若不用当天日期，则先删除原来日期，再输入要打印的日期。日期输入完成后，按“确认”键进入下一项。

（3）输入收款人名称。收款人的输入一般以汉字为主，按“汉/. 英”键选择输入法。常用收款人名称可在“预设常用信息”中预先定义，调用时用“切换”键来回切换选择。收款人输入完成后，按“确认”键进入下一项。

（4）输入付款行名称。此项目系统一般默认，不需要填写；若需要填写，应预先在“设定打印选项”中设置为填写。填写时选择输入法直接输入付款行名称后，按“确认”键；若票据上已有此项，则不需要输入，直接按“确认”键进入下一项。

（5）输入出票人账号。此项目系统一般默认，不需要填写；若需要填写，应预先在“设定打印选项”中设置为填写。填写时输入出票人账号后，按“确认”键；若票据上已有此项，则不需要输入，直接按“确认”键进入下一项。

（6）输入出票金额。按“汉/. 英”键来回选择，当屏幕左下角不显示任何输入法时，可用来输入数字。输入出票金额检查无误后，直接按“确认”键进入下一项。

（7）填写支票的用途。自动支票打字机系统一般会提供货款、往来款、餐费、医疗费、服务费、保险费、广告费、住宿费等多种用途供用户选择。用“切换”键可选择其中之一，其他用途可用汉字输入法输入。

(8) 输入密码。输入密码后，按“确认”键进入打印准备，此时屏幕显示如下：

准备打印
按 确认 键打印
按 返回 键退出
按其他键修改

在支票填写过程中，若要修改已输入的内容，可用“←”退回到上一项内容进行修改。也可在任何时候按“返回”键跳过其余选项，直接进入打印。

(9) 打印支票。若确定打印，把支票放好，支票放置的方向是小写金额框在前，支票的底边紧贴铁板平台的右侧，向前推动支票直到推不动即放好支票。支票放好后，按“确认”键即开始打印。

情景 打印支票

活动设计

2013 年 4 月 19 日，北京华盛实业股份有限公司开出现金支票一张，金额 2 000 元，提取备用金，支付密码为 4047991252685706。

业务办理

(1) 罗燕红打开电源开关，屏幕显示如下：

支票（不含存根）
支票（含存根）
汇票
背书（转账）

(2) 按[－↓]，选择“支票（含存根）”后，按“确认”键就开始“支票（含存根）”的填写，按照屏幕提示逐步输入即可。

(3) 选择输入出票日期。输入“20130419”，按“确认”键进入下一项。

(4) 选择输入收款人名称。按“汉/. 英”键选择输入法，输入北京华盛实业股份有限公司，按“确认”键进入下一项。

(5) 选择输入付款行名称。直接输入中国工商银行北京海淀支行，按“确认”键进入下一项。

(6) 选择输入出票人账号。直接输入“4563510100888122489”，按“确认”键进入下一项。

(7) 选择输入出票金额。按“汉/. 英”键来回选择，当屏幕左下角不显示任何输入法时，输入“2 000”，按“确认”键进入下一项。

(8) 选择填写支票的用途。用"切换"键选择"备用金"，按"确认"键进入下一项。

(9) 输入密码"4047991252685706"后，按"确认"键进入打印准备，此时屏幕显示如下：

准备打印 按 确认 键打印 按 返回 键退出 按其他键修改

把支票放好后，按"确认"键即开始打印。

工作任务三 保险柜的使用

知识准备

防盗保险柜采用先进技术制造而成，生产材料选用优质冷轧钢板，并使用经国家质量部门认证的密码锁、防钻锁等重要元件，外形美观，坚固耐用，具有防盗、防火、防撬、保险性能可靠等特点，适合存放机密文件、重要票证、金银首饰和现金等。目前市面上使用的保险柜主要是电子式保险柜。

一、保险柜的组成

保险柜的组成元件包括以下几种：

(1) 门板。包括门板、机构、锁壳后盖、铰链（摇杆）。

(2) 箱体。包括外壳、后板、底板、槽型钢（或挡条）、隔层板、架脚（或橡胶脚）。

(3) 防盗锁具。电子锁具按显示方式可分为 LCD 液晶显示、LED 液晶显示、指示灯显示；按操作功能可分为密码型、磁卡型、指纹型、遥控型；按开启方式可分为电磁铁型、电机型。

(4) 传动机构。包括门栓固定板、滑板、门栓及辅助件。

二、电子式保险柜的使用方法

电子式保险柜的种类和型号众多，但其主要功能和使用方法基本相同，使用之前要仔细阅读该产品的使用说明书。

（一）操作键盘说明

电子式保险柜操作键盘如下所示。

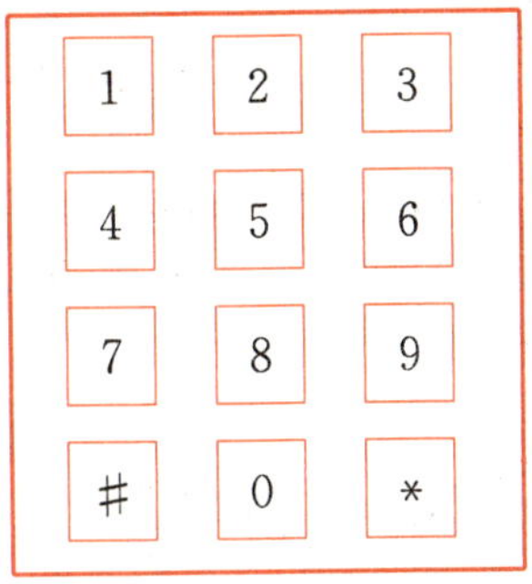

0—9 数字键，用于输入数字。每按一次数字键蜂鸣器“滴”一声，液晶屏显示该数字，表示数字已输入。

启动键，上电后密码锁自动扫描，扫描后屏幕显示“already”，并进入睡眠状态，按 # 键可开启液晶屏及线路板，使其进入工作状态。任意键按下 10 秒左右，无后续操作，电脑板自动进入睡眠状态。一旦进入睡眠状态则所有操作终止，须按下 # 键唤醒，重新进入功能操作。

* 清除键，用于对输入错误数字的清除，每按一次键清除一位数字，长按 2 秒钟清除所有数字。

（二）使用方法

1. 密码设置

电子式保险柜一般可以同时设置用户密码和管理密码两组密码，在产品出厂时已经设置好。为确保安全，在使用前应重新设置两组密码，且应在柜门开启状态下设置密码。

用户密码设置：

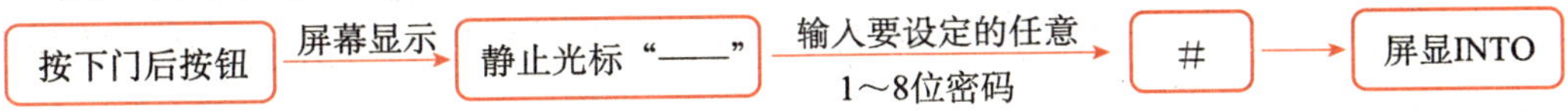

管理密码设置：

密码设置完毕后，分别对两组密码进行验证，确认无误后方可锁上柜门。

2. 保险柜开启

首先，插入门锁钥匙，转动至限位。

其次，按 # 键唤醒电脑板，输入正确的用户密码或管理密码，按 # 键确认，蜂鸣器“嘀”两声，屏幕显示“OPEN”表示密码正确，电磁铁吸合 6 秒钟，在 6 秒钟内向右转动手柄，往外拉开柜门即可。若输入密码时间超过 6 秒钟，则屏幕将熄灭，此时重复上述程序重新输入；若密码输入错误，则屏幕显示“ERROR”，并重新切换到待输入状态。如果连续三次输入错误，屏幕显示静止光标，并发出报警声。

最后，输入密码前按 * 键一次，则所输入的密码不显示数字，开门后自动恢复数字显示。

3. 保险柜应急开启

当保险柜内电子密码系统发生故障或密码遗忘时，要启用应急钥匙打开应急锁。开启时对准应急钥匙定位槽，插入钥匙，顺时针旋转应急钥匙打开电子锁，即可打开柜门。

4. 开门记录查询

（1）输入正确密码开门，显示屏显示“OPEN”，当“OPEN”消失但显示屏背光灯还亮时，按一下“0”键。

（2）显示屏显示上一次开门的时间，先显示日期，后显示时间，再显示用哪一种密码开门。“PASS1”为用户密码开门。“PASS2”为管理密码开门。

（3）在显示屏显示的“PASS1”或“PASS2”还未消失前，再按一下“0”键，则显示再上一次的开门记录，以此类推，一般可查询14次开门的时间记录。

情景　使用保险柜

活动设计

2013年3月20日，出纳罗燕红下班前，将其未使用的空白支票、现金、收据、印章等物品放入保险柜，开启密码为“35876143”。

业务办理

（1）罗燕红要开启保险柜，先插入门锁钥匙，转动至限位，按 # * 键 → 输入“35876143” → 按 # 键 → 屏幕显示“OPEN”，在6秒钟内向右转动手柄，往外拉开柜门即可。

（2）将未使用的空白支票、现金、收据、印章等物品放入电子保险柜。

（3）将保险柜柜门关闭，保险柜则自动上锁。

知识拓展

使用保险柜的注意事项

（1）保险柜的管理。保险柜通常由总会计师或财务处长授权，由出纳负责管理使用。

（2）保险柜钥匙的配备。保险柜必须配备两把钥匙，一把由出纳保管，供每日工作使用；另一把交由保卫部门封存，或由单位总会计师（或财务处长）负责保管，以备紧急情况下经有关领导批准后使用。出纳不能将保险柜钥匙交由他人代为保管。

(3) 保险柜的开启。保险柜必须由出纳开启使用，有特殊情况需要开启保险柜的，应根据规定的程序由总会计师或财务处长开启。开启、关闭柜门时，动作要轻，以免引起错误提示。

(4) 财物的保管。按规定，保险柜内不得存放私人财物。

(5) 保险柜的密码。出纳应对自己保管使用的保险柜密码严格保密，不得向他人泄密，以免被他人利用。出纳调动岗位时，新任出纳应启用新的密码。

(6) 保险柜被盗时的处理。出纳发现保险柜被盗后应保护好现场并及时报告公安机关，待公安机关勘查现场后才能清理财物被盗情况。节假日两天以上或出纳离开两天以上的，应将保险柜锁孔贴上封条，出纳到位工作时再揭封。若发现封条损坏，应迅速向公安机关或保卫部门报告，以便及时查清情况与备案。

工作任务四　电子支付密码器的使用

知识准备

一、电子支付密码简介

电子支付密码又称电子印鉴，它克服了传统票据验证方式效率低、安全性差的缺点，取代了银行传统的票据验证方式，是一种先进的防伪及身份识别技术，目前已被广泛应用于银行支票防伪、同城实时清算等系统中。

电子支付密码器外形如电子计算器，是一种小巧、便于携带的小型设备。用户在银行开设账户的同时会配备一个电子支付密码器，银行在电子支付密码器中设置了与银行校验机数据库中一致的加密算法和密钥。用户在日常开具兑付票据时，将票据上的票据种类、票据号码、账号、签发日期、金额等要素输入电子支付密码器中，计算并显示出一组数字密码即支付密码，用户将这组数字抄录或打印在票据上表明签发人的身份。票据受理银行收到票据时，把票据的诸要素和支付密码输入计算机中，迅速传送到该用户开户银行的校验计算机中进行正确性和合法性校验。开户银行将校验结果送回受理银行，受理银行将校验结果与票据上的数字串进行比较即可知票据的真伪。若结果正确，则立即进行自动转账或兑付。

为了便于管理，银行设立专人和使用专用管理软件对电子支付密码器的发放、回收、挂失、解挂、冻结、解冻及用户的预留密码进行有序管理。完整的支付密码系统由电子支付密码器、银行校验卡、银行校验辅助软件、银行管理软件等部分组成。中国农业银行现在常用的一种支付密码器如下所示。

二、电子支付密码系统的模式

在使用电子支付密码系统方面，各银行根据自身的实际情况，建立了不同的应用模式。主要有下列几种：

（1）密码签模式。由银行按照支票号码、用户账号等参数进行一次加密计算得到一组支付密码，并将其打印出来交给用户。在使用时，用户将这些支付密码抄写到支票上即可。其优点是简单，成本低；缺点是防伪能力差。

（2）单一的电子支付密码器。这种模式已经具备了典型的电子支付密码器的各种要素。用户使用电子支付密码器输入支票号码、金额、日期等要素，将电子支付密码器计算出的结果抄写到支票上，然后由银行执行同样的运算以验证真伪。在这种模式中，用户的预留密钥以及加密算法均存放于电子支付密码器中。由于成本和工艺技术的限制，电子支付密码器本身的安全防伪能力有限，这些核心机密能够被掌握一定技术的人获得。如果用户密钥甚至银行的加密算法失密，其后果不堪设想。这种单一的电子支付密码器应用比较广泛，但随着技术的不断发展，并且由于其自身潜在的不安全性，必然会被一种更安全、更方便的应用模式替代。

（3）使用 IC 卡的电子支付密码器。IC 卡也称智能卡，是 20 世纪 70 年代末兴起的一种先进的存储技术。IC 卡即在一张名片大小的卡片内安装了一小片集成电路，这片电路能够存储数据，进行复杂的数学计算，其功能相当于一台超小型的计算机。在使用 IC 卡的电子支付密码器模式中，采用了双重加密手段。由于 IC 卡具有强大的加密计算能力和堡垒式的防止非授权访问能力，使得 IC 卡的加密运算功能对由电子支付密码器计算出的结果进行第二次加密计算。即使电子支付密码器的用户密钥甚至银行加密算法被攻破，犯罪分子仍然无法获得所有的核心机密数据，也无法达到伪造支票数据的目的。而想要攻破 IC 卡的安全防卫体系，从现有的技术能力来看，需要付出的代价是非常高的。随着现代电子技术的不断进步，IC 卡的成本也迅速下降，高成本已经不再是 IC 卡电子支付密码器推广使用的主要障碍。IC 卡电子支付密码器代表了电子支付密码系统的发展方向。

三、电子支付密码系统的业务流程

电子支付密码系统的业务流程主要有如下三步：

第一步，客户申请使用电子支付密码器。

根据客户的申请，经开户行审核后，对发放给客户的电子支付密码器进行初始化，由开户行支付密码校验机的校验卡将加密算法参数、密码器程序解密密钥、密码器浮动调用参数等公有参数和开户账号设置在密码器内，并产生银行账户密钥注入电子支付密码器，客户在电子支付密码器中预留密钥并上送支付密码校验机的校验卡。

第二步，客户签发结算票据。

客户签发结算票据时，将票据的诸要素输入电子支付密码器，由电子支付密码器计算出该票据的支付密码，将支付密码填写在结算票据的特定位置。

第三步，支付密码的认证。

受理行受理该结算票据后，将票据的诸要素及支付密码输入计算机，计算机将所有输入要素送交该结算票据的开户行票据校验机，进行票据的真伪核验，并返回票据的核验结果。

四、电子支付密码器的使用方法

（一）电子支付密码器的功能

电子支付密码器的主要功能如下图所示。

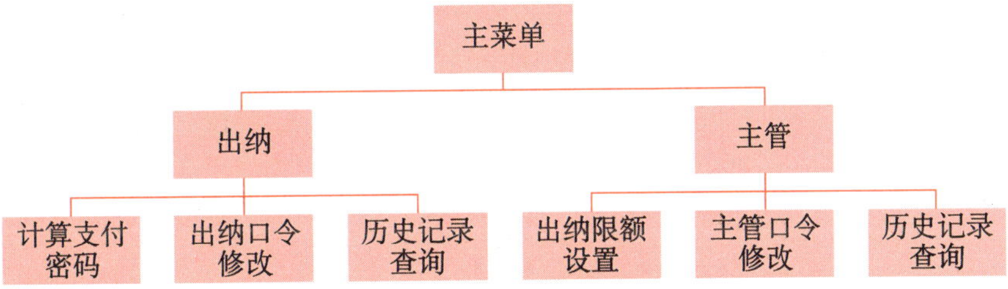

（1）出纳：主要实现计算支付密码、所签票据的查询及出纳密码的修改等功能。

（2）主管：主要完成电子支付密码器上签发票据信息的查询、核对及审计工作，有票据查询、修改主管密码以及限额的功能。

（3）出纳和主管的密码口令为6位定长。

（4）进入编制密码功能需要输入出纳口令，当口令输入连续出错5次后，出纳功能会自动锁死，必须到发放电子支付密码器的开户银行去进行解锁操作，此方式主要是防止有人无意或恶意尝试口令。主管也有此保护功能，其口令输入连续5次错误后，就会锁死，同样必须到开户银行进行解锁操作。

（二）电子支付密码器的出纳功能操作方法

电子支付密码器的操作简单，只要按照屏幕上的相关提示逐项操作即可。

（1）出纳从会计处拿到电子支付密码器后，按“开/关”键打开电源，再按任意键，屏幕显示如下：

请选择操作员	
出纳	主管

选择“出纳”项并按“确认”键后，屏幕显示如下：

请输入出纳口令

按提示输入出纳密码，密码正确后，即进入出纳功能菜单，否则会提示“口令不正确”。

（2）进入出纳功能菜单后的操作。

首先，计算支付密码，屏幕显示如下：

请选择出纳功能
计算支付密码
出纳口令修改
历史记录查询

选择“计算支付密码”项，按“确认”键后，屏幕显示如下：

签发人账号 01
055667788
055667789
055667790

用“↑↓”键选择要签发支付密码的账号。账号选定后按“确认”键，屏幕显示如下：

业务种类 1
支票
银行汇票申请书
银行本票申请书

用“↑↓”键选择要签发票据的类型（标准类型：支票、银行汇票申请书、银行本票申请书、汇兑凭证、其他），按“确认”键，屏幕显示如下：

签发日期 20100806
凭证号码 123456
金额 （不定额）
计算支付密码

屏幕显示最近一次签发日期，可用退格键“←”删除无效的日期，再输入新日期，相符后按“确认”键，屏幕显示如下：

签发日期 20100806
凭证号码 123456
金额 （不定额）
计算支付密码

屏幕显示最近一次签发的凭证号码，可用退格键“←”删除无效的号码，再输入新号

码，输入凭证号码后按“确认”键，屏幕显示如下：

签发日期 20100806
凭证号码 123456
金额　　（不定额）
计算支付密码

此时，直接按“确认”键，按不定额处理产生支付密码，此支付密码对支票上的任意金额均有效。若输入票据金额，金额不正确时，支付密码验证不能通过。注意：当票据种类为非支票时，屏幕显示如下：

签发日期 20100806
凭证号码 123456
金额
计算支付密码

不定额只对支票类型的票据有效。按“确认”键后，屏幕显示如下：

签发日期 20100806
凭证号码 123456
金额
计算支付密码

这时按“确认”键，将生成 16 位的支付密码，也可以用“↑↓”键浏览，修改票据参数。确认后，当签发不定额票据（金额为不定额）或超过主管设定的限额时，屏幕显示如下：

请输入主管口令
（按返回键查询）

此时需要将电子支付密码器给主管，主管可以按“返回”键进入浏览状态，浏览整个票据参数，确认无误后，输入主管口令。确认后，屏幕显示如下：

支付密码：
1234，5678
7890，4321
请抄录

把生成的支付密码写在票面指定位置，即完成了一次签发，支付密码器将以上的内容存入历史记录中。

其次，出纳口令修改。

进入出纳功能，屏幕显示如下：

请选择出纳功能
计算支付密码
出纳口令修改
历史记录查询

这时用"↑↓"键选择"出纳口令修改",按"确认"键后,屏幕显示如下:

请输入出纳口令
(按返回键查询)

输入新设置口令,再次按提示输入新设置口令,两次口令相同时,即完成修改,屏幕显示如下:

口令已修改

这表明出纳口令已修改成新的口令,下次再进入时需要使用新的口令,才能进入出纳功能。

最后,历史查询。

出纳与主管都拥有历史查询功能。以出纳为例,进入出纳功能,选择"历史记录查询",使用"↑↓"键浏览每笔票据信息,最新签发的票据在最前面,即第 001 笔。

情景 使用支付密码器计算支付密码

活动设计

2013 年 3 月 22 日,北京华盛实业股份有限公司出纳罗燕红开出现金支票一张,金额 2 000 元,提取备用金,账号为 055667788,支票号码为 13579,支票打印之前要先使用支付密码器计算该支票的支付密码,罗燕红的权限密码为"123456"。

业务办理

罗燕红从会计处拿到电子支付密码器后,按"开/关"键打开电源,再按任意键,屏幕显示如下:

请选择操作员	
出纳	主管

选择"出纳"项并按"确认"键后,屏幕显示如下:

> 请输入出纳口令

输入出纳密码“123456”，按“确认”键后，即进入出纳功能菜单，屏幕显示如下：

> 请选择出纳功能
计算支付密码
出纳口令修改
历史记录查询

选择“计算支付密码”项，按“确认”键后，屏幕显示如下：

> 签发人账号　01
055667787
055667788
055667789

用“↑↓”键选择要签发支付密码的账号“055667788”。账号选定后按“确认”键，屏幕显示如下：

> 业务种类　1
支票
银行汇票申请书
银行本票申请书

选择“支票”项，按“确认”键，屏幕显示如下：

> 签发日期 20130306
凭证号码 24680
金额　（不定额）
计算支付密码

用退格键“←”删除“20130306”，再输入“20130322”后，按“确认”键，屏幕显示如下：

> 签发日期 20130322
凭证号码 24680
金额　（不定额）
计算支付密码

用退格键“←”删除“24680”，再输入“13579”后，按“确认”键，屏幕显示如下：

> 签发日期 20130322
凭证号码 13579
金额　（不定额）
计算支付密码

此时，若输入“2000”，按“确认”键后，屏幕显示如下：

签发日期 20130322
凭证号码 13579
金额　　2000
计算支付密码

这时按“确认”键，将生成 16 位的支付密码，屏幕显示如下：

支付密码：
7890，4321
1234，5678
请抄录

把生成的支付密码写在现金支票正面指定位置或直接输入自动支票打字机，打印输出即可。

知识拓展

使用电子支付密码器的作用

(1) 有效防范金融风险。

由于每个企业的电子支付密码器的设备序列号在全国范围内都是唯一的，用户密钥与电子支付密码器设备序列号之间有着严格的对应关系，所以，只有在本单位使用的电子支付密码器上开具的票据才能够在银行合法地使用。在填写好支付密码以后，任何人对票面任何要素的更改都无法在银行验证通过，包括票据在传递过程中发生了丢失，因为拾到票据的人不知道随票密码也无法在银行验证通过，从而保障了企业资金的安全。

(2) 加强企业的内部财务监督。

在每台电子支付密码器上可以容纳至少 15 个账户，企业的法人可以将不同的账户授权给不同的人员进行管理，各个财务管理人员的授权金额还可以不同；同时，可以利用电子支付密码器实现财务共签，为法人对财务的管理监督提供了有力的技术保障。

(3) 加快资金的周转速度。

在银行的配合下，企业用电子支付密码器签发的票据提交银行后在验证票据合法、资金充裕的情况下可以当场抵用，不需要见票付款，票据可以作为事后监督使用，解决了原来支票提交后等待资金到账的情况，提高了资金的使用效率。

项目七 出纳资料的整理、归档与工作交接

能力目标

1. 能够熟练掌握出纳档案的保管；
2. 能够顺利完成出纳工作的交接。

知识准备

一、出纳归档资料的范围

《会计档案管理办法》第四条规定：各单位必须加强对会计档案管理工作的领导，建立会计档案的立卷、归档、保管、查阅和销毁等管理制度，保证会计档案妥善保管、有序存放、方便查阅，严防损毁、散失和泄密。

出纳档案是会计档案的重要组成部分，是记录出纳业务内容、明确相关经济责任的书面证明，一旦遗失或因保管不善而毁坏，将给出纳人员本人和单位带来严重的影响。因此，出纳人员必须按规定对有关的会计资料进行妥善的保管，保证出纳档案记录的真实性、完整性、连续性和准确性。出纳归档资料是指会计凭证、出纳账簿和出纳报告等核算资料，以及其他与财物管理相关的重要凭据等，它们是出纳收、支活动及其账务处理的重要史料与证据。具体包括以下内容：

（1）会计凭证类：反映资金收付业务的原始凭证、记账凭证、汇总记账凭证及其他出纳凭证。

（2）会计账簿类：现金日记账、银行存款日记账、其他货币资金明细账、辅助账簿及其他备查簿。

（3）财务报告类：包括月度、季度、年度的出纳报告、附注及文字说明，银行存款对账单、银行存款余额调节表及其他出纳报告。

（4）其他类：作为收付依据的合同、协议及其他文件；按规定应单独存放保管的重要票证单据，如作废的支票、作废的发票存根联与发票、作废的收据存根联与收据；出纳盘

点表和出纳考核报告等。

二、出纳归档资料的整理与保管

一般来说，出纳记账所编制和使用的各种收、付款记账凭证及其所附原始凭证，出纳过账以后要传递给记账会计，在年终归档前由记账会计进行整理与保存。出纳人员主要做好原始凭证的整理及全部会计凭证在出纳业务处理阶段的保管工作，对于“银行存款对账单”之类的原始凭证，为了保管与查对的便利，平时也可由出纳人员单独保管并整理成册，年终统一归档。

（一）出纳归档资料的整理

出纳人员对归档资料进行整理时，一般包括分类、装订和成册三个步骤。

（1）分类。出纳档案应按经济业务的性质和本单位的财务管理要求进行分类，一般应与本单位的会计分类相一致，兼顾档案装订和使用的需要。在对出纳档案进行分类时，应当对一些无效或不需用的单据进行剔除。

（2）装订。由于原始凭证大多比较零散，容易遗失，所以出纳人员在对档案归类后应加以装订。在装订时，应当注意厚度，以便于使用；使用活页账或卡片账的，在归档时应加以装订并编齐页码，对不宜装订的应当连号顺放，防止散落；对于采用财务软件记账的单位，其打印的纸质会计档案必须装订编号；对于具备采用磁盘、磁带、光盘、微缩胶片等磁性介质保存会计档案条件的单位，应根据国务院业务主管部门统一规定处理，并报财政部、国家档案局备案，保管时采用连号编排，保存在特定的档案盒中。

（3）成册。对于装订完毕的出纳资料，应当立卷成册，启用封面或扉页，用以记录每册的编号、所属单位、所属时期及页数、经办人员等详细内容，并加盖骑缝章或加贴封条。

需要强调的是，出纳账簿在更换新账簿后，应将旧账簿归入出纳档案。移交归档前应对旧账簿进行整理，编号、扉页内容、目录等项目填写不全的，应按照有关要求填写齐全；使用活页式（如用计算机记账的单位，账簿资料输出剪裁后类似活页账）或卡片式辅助账的单位，对于活页式或卡片式账，在归档时必须编齐页码，加以装订，加上注明单位名称、所属时期、共计页数等信息的扉页，并加盖公章。

（二）出纳归档资料的保管

1. 出纳归档资料的保管权限

（1）按照《会计档案管理办法》第六条的规定，各单位每年形成的会计档案，应当由会计机构按照归档要求负责整理成卷、装订成册，编制会计档案保管清册。

（2）在当年或本会计期间内形成的会计档案，在会计年度终了后，可暂由会计机构保管一年，期满之后，应当由会计机构编制移交清册，移交本单位档案机构统一保管；未设档案机构的，应当在会计机构内部指定专人负责保管，出纳人员不得兼管会计档案。

（3）移交本单位档案机构保管的会计档案，原则上应当保持原卷册的封装。个别需要拆封重新整理的，档案机构应当会同会计机构和经办人拆封整理，以分清责任。

（4）各单位保存的会计档案不得借出。如有特殊需要，经本单位负责人批准，可以提供查阅或者复印，并办理登记手续。查阅或者复印会计档案的人员，严禁在会计档案上涂画、拆封和抽换。

（5）出纳账证以外的其他出纳归档资料，主要是各种报表和文件，如各种经费开支计划表、决算表、出纳报告单、银行对账单等，应该分类整理并妥善保管，年末集中归入会计档案。

2. 出纳归档资料的保管要求

出纳归档资料的保管是一个长期过程，为了保证档案在保管期限内的安全和有效，各单位必须加强档案的保管工作。出纳档案保管的具体要求有以下几点：

（1）档案记录必须真实、完整、准确、连续，不得擅自篡改、涂抹或歪曲档案记录。

（2）档案整理、装订成册要按规定办理，做到不易散失、便于查阅。

（3）档案记录必须按照规定的保存年限进行保管。

（4）档案的使用、移交和销毁必须按照严格的程序办理。

（5）档案不得外借、撕毁或遗失。

（6）档案的存放地应当安全、防火、防盗、防潮及防虫。

（7）档案资料应能积极地为本单位所利用。

三、出纳归档资料的鉴定与销毁

（一）出纳归档资料的鉴定

出纳归档资料的保管期满，需要销毁的，由本单位档案机构会同会计机构提出销毁意见，严格审查，编制会计档案销毁清册，列明销毁会计档案的名称、卷号、册数、起止年度、档案编号、应保管期限、已保管期限、销毁时间等内容，单位负责人在会计档案销毁清册上签署意见。机关、团体和事业单位报本单位领导批准后销毁；国有企业经企业领导审查，报经上级主管部门批准后销毁。对于其中保管期满但未结算的债权、债务的原始凭证和涉及其他未了事项的原始凭证，不得销毁，应当单独抽出另行立卷，由档案管理部门保管到未了事项完结为止。单独抽出立卷的会计档案，应当在会计档案销毁清册和会计档案保管清册中列明。正在项目建设期间的建设单位，其保管期满的会计档案不得销毁。会计档案销毁清册格式如下所示。

会计档案销毁清册

单位名称： 填表日期：2011年6月1日

名称	年度	月份	数量	计量单位	已保管年限	备注
收款凭证	1995			本	15	已审核
付款凭证	1995			本	15	已审核
现金日记账	1985			本	25	已审核
银行存款日记账	1985			本	25	已审核
银行对账单	2005			本	5	已审核

财务负责人：王刚 会计主管：李丽 档案保管人：方华

（二）出纳归档资料的销毁

各单位按规定销毁出纳档案时，应由档案部门和财务部门共同派人监销。国家机关销毁出纳档案时，应当由同级财政部门、审计部门派员参加监销。财政部门销毁出纳档案时，应当由同级审计部门派员参加监销。监销时，监销人员应按销毁清册所列内容对档案逐一进行清点核对，确认其确实无保留必要。监销后，监销人员应在销毁清册上签名盖章，并将销毁情况报告本单位领导，销毁清册由档案部门另行保存。

四、出纳工作交接

出纳工作交接是指出纳人员因调动工作或者离职等原因，由离任出纳人员将有关工作和资料移交给继任出纳人员的工作过程。出纳人员交接要按照会计人员交接的要求进行，未办清交接手续的，不得调动或者离职。出纳人员调动工作或者离职时，与接管人员办清交接手续，是出纳人员应尽的职责，也是分清移交人员与接管人员责任的重大措施。办好交接工作，可以使出纳工作前后衔接，防止账目不清、财务混乱。《会计法》第二十四条规定："会计人员调动工作或者离职，必须与接管人员办理交接手续。一般会计人员办理交接手续，由会计机构负责人、会计主管人员监交。会计机构负责人、会计主管人员办理交接手续，由单位行政领导人监交，必要时可以由上级主管单位派人会同监交。"

（一）出纳工作交接的内容

出纳工作交接的具体内容应根据各单位的具体情况而定，情况不同，移交的内容也不一样。但总体来看，出纳工作的交接主要包括以下基本内容。

1. 财产、物品及相关印章和资料

（1）会计凭证（原始凭证、记账凭证）、会计账簿（现金日记账、银行存款日记账等）及相关报表（出纳报告等）。

（2）库存现金、银行存款、金银珠宝、有价证券和其他一切公有物品。

（3）用于银行结算的各种票据、票证、支票簿等；各种发票、收款收据，包括空白发票、空白收据、已用或作废的发票及收据的存根联等。

（4）印章（包括财务专用章、银行预留印鉴及"现金付讫"、"银行收讫"、"银行付讫"、"作废"等业务专用章），办公室、办公桌与保险柜等的钥匙，各种保密号码。

（5）各种文件资料和其他业务资料，如银行对账单，应由出纳人员保管的合同、协议等。

（6）本部门保管的各种档案资料和公用会计工具、器具等。

（7）经办未了的事项。

2. 电算化资料

实行电算化会计的单位，在交接工作中还应包括如下内容：

（1）会计软件及启动盘（如用友、金蝶财务软件）。

（2）与会计软件有关的密码或口令。

（3）存储会计数据资料的介质（磁带、磁盘、光盘、移动硬盘、U 盘、微缩胶片等）。

（4）有关电算化的其他资料、实物等，如软件使用说明书。

3. 业务介绍

（1）原出纳人员工作职责和工作范围的介绍。

（2）每期固定办理的业务介绍，如按期交纳电费、水费、电话费的时间等。

（3）所负责业务的具体说明，如交纳电话费的号码、台数，银行账户的开户银行地址、联系人等。

（4）历史遗留问题的说明。

（5）其他需要说明的业务事项。

（二）出纳工作交接的程序

1. 出纳工作交接前的准备工作

为了保证移交工作的顺利进行，移交的出纳人员应当在自己的工作范围之内，首先明确交接的内容，然后逐项清点整理，做到移交的财务资料完整无缺、移交的事项清楚明了、未尽的事宜继续办理。交接前的准备工作主要包括：

（1）将出纳日记账登记完毕，并在最后一笔余额后加盖名章。

（2）出纳日记账与现金、银行存款总账核对相符，现金账面余额与实际库存现金核对一致，银行存款账面余额与银行对账单核对无误。如有不符，要找出原因，加以解决，务求在移交前做到相符。

（3）在出纳日记账中的账簿启用表上填写移交日期，并加盖名章。

（4）整理应移交的各种资料，对未了事项要写出书面说明。

（5）根据清理情况，将应列入移交的内容填入移交清册。

（6）接管人应尽早做好接替准备，特别要做好交接人更换预留在银行的印鉴的准备工作，以便到任后就能开始工作。

2. 编制移交清册

移交清册是出纳人员明确交接责任的书面证明，即出纳工作移交表，主要包括库存现金移交表、银行存款移交表、有价证券和贵重物品移交表、核算资料移交表和物品移交表以及工作交接说明书等。在实际工作中，移交清册一般根据财务制度和本单位的管理要求编制，一式三份，交接双方各持一份，监交人存档一份。

（1）库存现金、银行存款移交表。

填制时先确定截止日期，按其实有数量逐项填写，具体情况应在备注栏中反映，如有关账簿中已反映的应注明“详情见银行存款日记账（或××备查簿）”字样。库存现金移交表和银行存款移交表如下所示。

库存现金移交表

币种：　　　　　　　　　　　　移交日期：　年　月　日　　　　　　　单位：元　　第　页

币种	数量（张）	移交金额	接收金额	备注
100元				
50元				
20元				
10元				
5元				
1元				
5角				
1角				
合计				

单位负责人：　　　　　　移交人：　　　　　　监交人：　　　　　　接管人：

银行存款移交表

移交日期：　　年　月　日　　　　　　　　单位：元　　第　页

开户银行	账号	币种	账目数	实有数	备注
合计					

附件及说明：
(1) 账面数为银行存款日记账金额，实有数为银行对账单金额；
(2) 银行存款余额调节表（　　）份；
(3) 银行印鉴卡片（　　）张。

单位负责人：　　　　移交人：　　　　监交人：　　　　接管人：

（2）有价证券、贵重物品移交表。

有价证券、贵重物品是出纳经管的单位财产。移交时，出纳人员应根据清理核对后的有价证券和贵重物品按品种、价值等分别登记。贵重物品较多的单位，可单独编制有价证券移交表与贵重物品移交表等分别登记，其格式可以自行设计。

（3）核算资料移交表。

核算资料主要包括出纳账簿、发票、银行结算凭证、收据、票据领用使用登记簿以及其他文件资料等。核算资料移交表如下所示。

核算资料移交表

移交日期：　　年　月　日

名　称	年　度	数　量	起止时间	备　注
现金日记账				
银行存款日记账				
收据领用登记簿				
支票领用登记簿				
收据				
现金支票				
转账支票				

单位负责人：　　　　移交人：　　　　监交人：　　　　接管人：

（4）物品移交表。

物品主要包括会计用品、公用会计工具等。出纳可以根据具体移交的物品编制物品移交表。

（5）出纳人员工作交接说明书。

出纳人员工作交接说明书是把移交表中无法列入或尚未列入的内容做具体说明的文件。该交接说明书至少包括：单位名称、交接日期、交接双方及监交人员的职务和签名、移交清册页数、需要说明的问题和意见。出纳人员工作交接说明书如下所示。

出纳人员工作交接说明书

原出纳人员________因工作调动，财务处已决定将出纳工作移交给________接管。现办理如下交接：

一、交接日期

____年____月____日。

二、具体业务的移交

1. 库存现金：____月____日账面余额______元，与实存相符，现金日记账余额与其总账相符；
2. 库存国库券：______元，经核对无误；
3. 银行存款______元，经编制“银行存款余额调节表”，核对相符。

三、移交的会计凭证、账簿、文件

1. 本年度现金日记账____本；
2. 本年度银行存款日记账____本；
3. 空白现金支票____张（____号至____号）；
4. 空白转账支票____张（____号至____号）；
5. 托收承付登记簿____本；
6. 付款委托书____本；
7. 信汇登记簿____本；
8. 金库暂存物品明细表____份，与实物核对相符；
9. 银行对账单____月份共____份；____月份未达账项说明书____份。

四、印鉴及其他

1. __________公司财务处“转讫”印章一枚；
2. __________公司财务处“现金收讫”印章一枚；
3. __________公司财务处“现金付讫”印章一枚。

五、交接前后工作责任的划分

____年____月____日前的出纳责任事项由____负责，____年____月____日起的出纳责任事项由________负责。以上移交事项均经交接双方认定无误。

六、本交接说明书一式三份，双方各持一份，存档一份

移交人：__________（签名盖章）
接管人：__________（签名盖章）
监交人：__________（签名盖章）
____________公司财务处（公章）
____年____月____日

3. 正式办理工作交接

出纳工作交接一般应在本单位领导的监督下进行。移交人先介绍移交内容及情况，接管人对移交的内容逐项进行核对，监交人监督双方认真交接和履行交接手续，协调交接工作。具体操作如下：

（1）会计账簿的交接。账簿交接时，接管人应着重核对账账、账物是否一致。核对无误后，移交人应在结账数字下签章，以示对之前的工作负责。同时，交接双方在账簿启用表中的交接记录上签章，并注明交接的日期。

（2）银行存款以及有关票据、票证、印鉴的交接。在进行银行存款及有关票据、票证的移交及更换印鉴时，接管人应首先进行银行存款日记账与银行存款对账单的核对，交接双方对有疑义的问题要一同到开户银行当场复核；核对无误后，再移交票据、票证，同时更换预留在银行的私人印鉴。

（3）库存现金、有价证券、金银珠宝和其他贵重物品的移交。对库存现金、有价证券、

金银珠宝和其他贵重物品进行移交时，应根据会计账簿有关记录，由移交人向接管人逐一点交。核对无误后，接管人在库存现金、有价证券、贵重物品移交表上签章，以示收到。

（4）保险柜密码，重要工作台、室的钥匙的移交。保险柜密码，重要工作台、室的钥匙应先按照实际情况进行交接，待交接完毕后应重新更换保险柜密码和重要工作台、室的锁具。

（5）工作计划的移交。工作计划的移交，要由移交人详细介绍计划执行情况以及在日后执行过程中可能出现的问题，以便接管人接管后顺利地开展工作。

（6）移交待办事项。移交待办事项时，移交人应将处理方法和有关注意事项向接管人交代清楚，便于工作的继续进行。

（三）出纳工作交接应注意的事项

（1）出纳人员进行交接时，一般应由会计主管人员监交，必要时，还可请上级领导监交。

（2）监交过程中，如果移交人交接不清，或者接管人故意为难，监交人应及时处理裁决。移交人不作交代或者交代不清的，不得离职；否则，监交人和单位领导人均应负连带责任。

（3）移交时，交接双方一定要当面看清、点准、核对，不得由别人代劳。

（4）交接后，接管的出纳人员应及时向开立账户的银行办理更换出纳人员印鉴的手续，检查保险柜的使用是否正常，保管现金、有价证券、贵重物品、公章等的环境是否安全。如不够安全，要立即采取改善措施。

（5）接管的出纳人员应继续使用移交的账簿，不得自行另立新账，以保持会计记录的连续性。对移交的银行存折和未用的支票，应继续使用，不要搁置、浪费，以免单位遭受损失。

（6）交接后，移交人应对自己经办的已经移交的资料的合法性、真实性承担法律责任，不能因为资料已经移交而推脱责任。

情景　出纳工作交接

活动设计

2013年10月末，由于出纳罗燕红表现突出，调离出纳岗位担任会计，其工作由王艳接手。2013年11月1日，办理原出纳罗燕红与现出纳王艳的工作交接手续。

（1）单位主管会计工作的负责人为张世达，由他监督出纳工作移交的全过程，出纳交接时暂不办理现金、银行存款收支业务。

（2）2013年11月1日，罗燕红清点库存现金6 352元，与昨日的现金日记账核对无误；保险柜钥匙一把及密码三个；五珠算盘、多功能计算器、电子保险柜、支付密码器各一个；多功能防伪点钞机、电动凭证装订机、自动支票打字机各一台，功能完好。

（3）银行存款余额为562 453.89元。

（4）本年度现金日记账一本；银行存款日记账两本；空白转账支票42张（00107295号至00107336号）；空白现金支票12张（00123521号至00123532）；托收承付登记簿一本；付款委托书三本；信汇登记簿一本；金库暂存物品明细表两份，与实物核对相符；2013 年 1～10 月银行对账单共十份（每月一份），10 月份未达账项说明书一份。

（5）相关印鉴有：财务处“转讫”印章一枚；财务处“现金收讫”印章一枚；财务处“现金付讫”印章一枚。

要求：根据上述资料编制出纳人员工作交接说明书。

业务办理

（1）出纳工作交接时，现任出纳王艳应对罗燕红交接的各项内容进行审验。审验无误后，填写出纳工作交接说明书，在各项目上予以确认，并妥善保管各种财产、物资及相关出纳核算资料。以上业务的出纳人员工作交接说明书填制如下：

出纳人员工作交接说明书

原出纳人员罗燕红因工作调动，财务处已决定将出纳工作移交给王艳接管。现办理如下交接：

一、交接日期

2013 年 11 月 1 日。

二、具体业务的移交

1. 库存现金：10 月 30 日账面余额 6 352 元，与实存相符，现金日记账余额与其总账相符；
2. 银行存款 562 453.89 元，经编制“银行存款余额调节表”，核对相符。

三、移交的会计凭证、账簿、文件

1. 本年度现金日记账一本；
2. 本年度银行存款日记账两本；
3. 空白现金支票 12 张（00123521 号至 00123532 号）；
4. 空白转账支票 42 张（00107295 号至 00107336 号）；
5. 托收承付登记簿一本；
6. 付款委托书三本；
7. 信汇登记簿一本；
8. 金库暂存物品明细表两份，与实物核对相符；
9. 银行对账单 1～10 月共十份，10 月份未达账项说明书一份。

四、印鉴及其他

1. 北京华盛实业股份有限公司财务处“转讫”印章一枚；
2. 北京华盛实业股份有限公司财务处“现金收讫”印章一枚；
3. 北京华盛实业股份有限公司财务处“现金付讫”印章一枚；
4. 五珠算盘、多功能计算器、电子保险柜、支付密码器各一个；多功能防伪点钞机、电动凭证装订机、自动支票打字机各一台，功能完好；保险柜钥匙一把，功能完好；电脑的密码、电子保险柜的密码、出纳支付密码器的密码都核对无误。

五、交接前后工作责任的划分

2013 年 11 月 1 日前的出纳责任事项由罗燕红负责，2013 年 11 月 1 日起的出纳责任事项由王艳负责。以上移交事项均经交接双方认定无误。

六、本交接说明书一式三份，双方各持一份，存档一份

移交人：罗燕红（签名盖章）

接管人：王艳（签名盖章）

监交人：张世达（签名盖章）

北京华盛实业股份有限公司财务处（公章）

2013 年 11 月 1 日

（2）至此，出纳工作移交完毕，接管人王艳应立即更换预留在银行的私人印鉴，并启用新的密码，交接后出纳责任将由王艳承担。

知识拓展

会计档案的保管期限

会计档案的保管期限，根据其特点，分为永久、定期两类。永久档案即长期保管、不可以销毁的档案；定期档案根据保管期限分为3年、5年、10年、15年、25年5种。会计档案的保管期限，从会计年度终了后的第一天算起。以企业会计为例，会计档案的保管期限见下表。

会计档案保管期限表

序号	档案名称	保管期限	备注
一	会计凭证类		
1	原始凭证	15年	
2	记账凭证	15年	
3	汇总记账凭证	15年	
二	会计账簿类		
4	总账	15年	
5	明细账	15年	
6	日记账	15年	现金和银行存款日记账保管25年
7	固定资产卡片		固定资产报废清理后5年
8	辅助账簿	15年	
三	财务报告类		
9	月、季度财务报告	3年	包括文字分析
10	年度财务报告（决算）	永久	包括文字分析
四	其他类		
11	会计移交清册	15年	
12	会计档案保管清册	永久	
13	会计档案销毁清册	永久	
14	银行存款余额调节表	5年	
15	银行对账单	5年	

参考文献

[1] 田国强．出纳实务［M］．上海：立信会计出版社，2006.

[2] 杨令芝．出纳实务［M］．上海：立信会计出版社，2009.

[3] 郭晓颖．一本书学会做出纳［M］．北京：人民邮电出版社，2010.

[4] 周东黎．出纳岗位实务［M］．大连：大连出版社，2011.

[5] 中国人民银行支付结算管理办公室．支付结算制度汇编［M］．北京：新华出版社，2002.

[6] 陈学玲．会计基本技能［M］．天津：天津教育出版社，2010.

[7] 马元驹．结算业务基本技能训练教程［M］．北京：中国人民大学出版社，2005.

图书在版编目（CIP）数据

出纳实务／蔡蓉主编．—北京：中国人民大学出版社，2014.8
21 世纪高职高专会计类专业课程改革规划教材
ISBN 978-7-300-19150-8

Ⅰ.①出… Ⅱ.①蔡… Ⅲ.①出纳-会计实务-高等职业教育-教材 Ⅳ.①F233

中国版本图书馆 CIP 数据核字（2014）第 117321 号

21 世纪高职高专会计类专业课程改革规划教材
出纳实务
主　编　蔡　蓉
副主编　毕克如　刘　宁
Chuna Shiwu

出版发行	中国人民大学出版社		
社　　址	北京中关村大街 31 号	**邮政编码**	100080
电　　话	010－62511242（总编室）		010－62511770（质管部）
	010－82501766（邮购部）		010－62514148（门市部）
	010－62515195（发行公司）		010－62515275（盗版举报）
网　　址	http://www.crup.com.cn		
	http://www.ttrnet.com(人大教研网)		
经　　销	新华书店		
印　　刷	北京易丰印捷科技股份有限公司		
规　　格	185 mm×260 mm　16 开本	**版　　次**	2014 年 9 月第 1 版
印　　张	14.25	**印　　次**	2014 年 9 月第 1 次印刷
字　　数	332 000	**定　　价**	35.00 元

教师信息反馈表

为了更好地为您服务，提高教学质量，中国人民大学出版社愿意为您提供全面的教学支持，期望与您建立更广泛的合作关系。请您填好下表后以电子邮件或信件的形式反馈给我们。

<table>
<tr><td>您使用过或正在使用的我社教材名称</td><td></td><td>版次</td><td></td></tr>
<tr><td>您希望获得哪些相关教学资料</td><td colspan="3"></td></tr>
<tr><td>您对本书的建议（可附页）</td><td colspan="3"></td></tr>
<tr><td>您的姓名</td><td colspan="3"></td></tr>
<tr><td>您所在的学校、院系</td><td colspan="3"></td></tr>
<tr><td>您所讲授课程名称</td><td colspan="3"></td></tr>
<tr><td>学生人数</td><td colspan="3"></td></tr>
<tr><td>您的联系地址</td><td colspan="3"></td></tr>
<tr><td>邮政编码</td><td></td><td>联系电话</td><td></td></tr>
<tr><td>电子邮件（必填）</td><td colspan="3"></td></tr>
<tr><td>您是否为人大社教研网会员</td><td colspan="3">□ 是，会员卡号：____________
□ 不是，现在申请</td></tr>
<tr><td>您在相关专业是否有主编或参编教材意向</td><td colspan="3">□ 是　　　　□ 否
□ 不一定</td></tr>
<tr><td>您所希望参编或主编的教材的基本情况（包括内容、框架结构、特色等，可附页）</td><td colspan="3"></td></tr>
</table>

我们的联系方式：北京市海淀区中关村大街甲 59 号文化大厦 1508 室

中国人民大学出版社教育分社

邮政编码：100872

电话：010-62516312

网址：http://www.crup.com.cn/jiaoyu/

E-mail：crupwhl@163.com